敖鲁古雅使鹿部落鄂温克语言（词汇）

民族文字出版专项资金资助项目

何海青 何岸 著

远方出版社

图书在版编目（CIP）数据

敖鲁古雅使鹿部落鄂温克语言：词汇 / 何海青，何岸著 . -- 呼和浩特：远方出版社，2019.11
ISBN 978-7-5555-0571-6

Ⅰ . ①敖… Ⅱ . ①何… ②何… Ⅲ . ①鄂温克语（中国少数民族语）—词汇 Ⅳ . ①H223.3

中国版本图书馆CIP数据核字（2019）第243079号

敖鲁古雅使鹿部落鄂温克语言（词汇）
AOLUGUYA SHILU BULUO EWENKE YUYAN（CIHUI）

出 品 人	郭志超
总 策 划	苏那嘎　胡丽娟
作　　者	何海青　何岸
责任编辑	刘洪洋　武舒波　蔺洁　王叶
责任校对	刘洪洋　武舒波
封面设计	晓乔
版式设计	王改英
出版发行	远方出版社
社　　址	呼和浩特市乌兰察布东路666号　邮编：010010
电　　话	（0471）2236473总编室　2236460发行部
经　　销	新华书店
印　　刷	廊坊市海涛印刷有限公司
开　　本	170mm×240mm　1/16
字　　数	645千
印　　张	35.5
版　　次	2019年11月第1版
印　　次	2019年11月第1次印刷
印　　数	1—2000册
标准书号	ISBN 978-7-5555-0571-6
定　　价	198.00元

如发现印装质量问题，请与出版社联系调换

前 言

敖鲁古雅使鹿鄂温克族具有悠久的历史和传统文化，饲养驯鹿也有1000多年的历史。早在俄罗斯人还没有到达西伯利亚时，使鹿鄂温克人就居住在勒拿河地区，以饲养驯鹿和狩猎为生。后来，雅库特人来了，他们已掌握了铁制的先进生产工具，鄂温克人从雅库特人手中获得了砍刀、斧子等工具，并且学会了制作铁器工具。1689年，中俄《尼布楚条约》的签订使大批俄罗斯人进入贝加尔湖地区，甚至有的到勒拿河地区打猎。鄂温克人便用猎物从俄罗斯人手中换回燧石枪。受外来文化的影响，鄂温克人逐渐改变了落后的生产方式。但是由于雅库特人和俄罗斯人的相继到来，猎物越来越少，尤其是战争的蔓延，迫使鄂温克人不得不去寻找新的出路。1820年，使鹿部落有300多人，携带着600多头驯鹿离开了勒拿河，路经腾底河、威吕河，顺着石勒科河翻山越岭来到漠河对岸，渡江迁入我国黑龙江漠河一带的森林地区——杜林尼河、克坡河、老槽河、阿尔巴吉河

流域等地。他们分布居住在这些地方，仍以饲养驯鹿和狩猎为生。

几十年之后，他们找到了适合饲养驯鹿的苔原地带贝尔茨河（激流河）。这条河流全长482千米，流域面积达15667平方千米。1858年，他们迁移到贝尔茨河地区，以"乌日楞"的形式分布居住在河流两侧的广大区域，仍进行游猎活动。在这浩瀚无垠的林海之中，唯有使鹿鄂温克人在这里游猎、生产、生活。他们除了每年定期到中俄边界进行必要的交易，与外界几乎没有接触来往，这种封闭式的原始社会状态一直延续到1949年新中国成立。在100余年的历史发展进程中，使鹿鄂温克部落形成了具有森林狩猎文化特点的独特生产生活方式和风俗习惯，到现在仍然保留着一些原始社会的痕迹。敖鲁古雅使鹿鄂温克语言正是这一历史忠实的记录者，它始终保留着独特的本民族语言的特点，包括语音、语法、词汇等方面。

鄂温克族只有语言，没有文字，在过去很长一段时间里使用俄文记音。鄂温克语属于阿尔泰语系通古斯语族鄂温克语支。由于过去经常跟俄罗斯商人接触，鄂温克语借用俄语较多，也有很多和其他少数民族语言相通的地方。比如睡觉，鄂温克语为"阿然"或"阿加然"，索伦语为"阿米"，鄂伦春语为"阿嘿纳伊"，乌德盖语为"阿玛黑"；身体状况，鄂温克语为"阿巴嘎日阿"，索伦语为"阿沃嘎日"，埃文基语为"阿波嘎日"；树叶子，鄂温克语为"阿波丹纳"，涅吉达尔语为"阿波丹尼"，鄂伦春语为"阿波达萨"，满语为"阿波达合"；空地，鄂温克语为"阿沃兰"，埃文基语为"阿洼拉内"；帽子，鄂温克语为"阿沃恩",索伦语为"阿维内",涅吉达尔语为"阿乌恩",乌德盖语为"阿乌讷";姐夫、妹夫,鄂温克语为"阿沃斯",埃文基语为"阿洼斯",鄂罗奇语、鄂伦春语、乌德盖语为"阿乌斯",雅库特语为"阿布兹";多少,鄂温克语为"阿地"或"伊日班",索伦语、涅吉达尔语、埃文基语、鄂伦春语均为"阿迭因";渔网,鄂温克语为"阿地利",涅吉达尔语为"阿迭利",鄂伦春语、乌尔奇语为"阿杜利";等候,鄂温克语为"阿拉阿特恩",索伦语为"阿拉师伊",埃文基语为"阿拉奇",鄂伦春语为"阿拉奇伊";砍做板材,鄂温克语为"阿尔地然",涅吉达尔语、埃文基语为"阿里达";向后、朝后,鄂温克语为"阿玛日杜"或"阿玛斯剋",索伦语为"阿玛斯黑",埃文基语、涅吉达尔语为"阿玛斯剋",鄂伦春语为"阿玛斯";河对岸,鄂温克语、索伦语、埃文基语均为"巴日给达",涅吉达尔语为"巴伊给达",乌德盖语为"巴给达",乌尔奇语为"巴迭";月亮,鄂温克语为"别厄阿",索伦语、涅吉达尔语为"别嘎",埃文基语为"别格",鄂罗克语、鄂伦春语为"别亚",涅涅茨语、乌德盖语为"别阿";江、河,鄂温克语为"别日阿",涅吉达尔语为"别雅",索伦语、乌尔奇语、纳奈语、满语均为"比日阿"。

编写这本小册子是为了让敖鲁古雅使鹿鄂温克语得以保存和传承下去。本书从语言功能出发,考虑现实的表达需要,选择日常用词、用语及句子汇编成册,内容以符合实际运用为主。采用的方法是以汉字标音拼读鄂温克语,拼读时按单位组合来念,需要连读的地方要连读,有的两个字要连

前言

起来使用，有的两个字要读一个音。

在本书编写过程中，我们得到了内蒙古社会科学院民族研究所白兰和阿岩两位研究员的大力支持和悉心指导。我们在此表示衷心的敬意和感谢！

总之，编写本书是为敖鲁古雅鄂温克语言的运用者和研究者提供实用的语言借鉴，学说时要在实际中掌握和运用。书中难免有不准确之处，欢迎批评指正。

第一章　日常用语

1. 人称 ……………………………………………3
2. 亲属称呼 ………………………………………4
3. 问候（祝愿）…………………………………5
4. 介绍、相识 ……………………………………6
5. 请客、邀请 ……………………………………8
6. 感谢、话别 ……………………………………9
7. 打电话 …………………………………………10
8. 聊天 ……………………………………………12
9. 询问 ……………………………………………20
10. 年、季节、月份、星期、天气 ………………27
11. 数字 …………………………………………31

第二章　商业用语

1. 在商场购物……………………………………37
2. 买粮、油………………………………………39

第三章　饮食用语

1. 饮食……………………………………………43
2. 餐具……………………………………………44
3. 用餐……………………………………………44
4. 食品……………………………………………45
5. 水果……………………………………………45
6. 饮料……………………………………………46
7. 蔬菜……………………………………………46
8. 肉类……………………………………………46
9. 调料……………………………………………47

第四章　单位用语

1. 在医院 ································· 51
2. 文化、体育 ···························· 54
3. 自然 ···································· 57
4. 宗教信仰 ······························ 71
5. 一些常用语 ··························· 71

第五章　一些词汇用语

1. 时间 ···································· 77
2. 空间 ···································· 85
3. 数量 ···································· 98
4. 中介 ··································· 110
5. 生活 ··································· 119

6. 社交·················151

7. 程度·················184

8. 连接·················228

9. 敬语·················237

10. 动作部分············239

11. 面部表情············301

12. 生理现象············305

13. 头脑反映············321

14. 思维活动············331

15. 思想情绪的变化······357

16. 事、事物············371

17. 事由、事理··········391

18. 物·················398

19. 物体的部分··········399

20. 外貌················408

21. 性能…………………………………………410

22. 外形…………………………………………419

23. 表象…………………………………………430

24. 性质…………………………………………456

25. 品行…………………………………………489

26. 境况…………………………………………500

27. 物体状态……………………………………506

28. 事态…………………………………………523

29. 境遇…………………………………………530

30. 始末…………………………………………534

31. 变化…………………………………………538

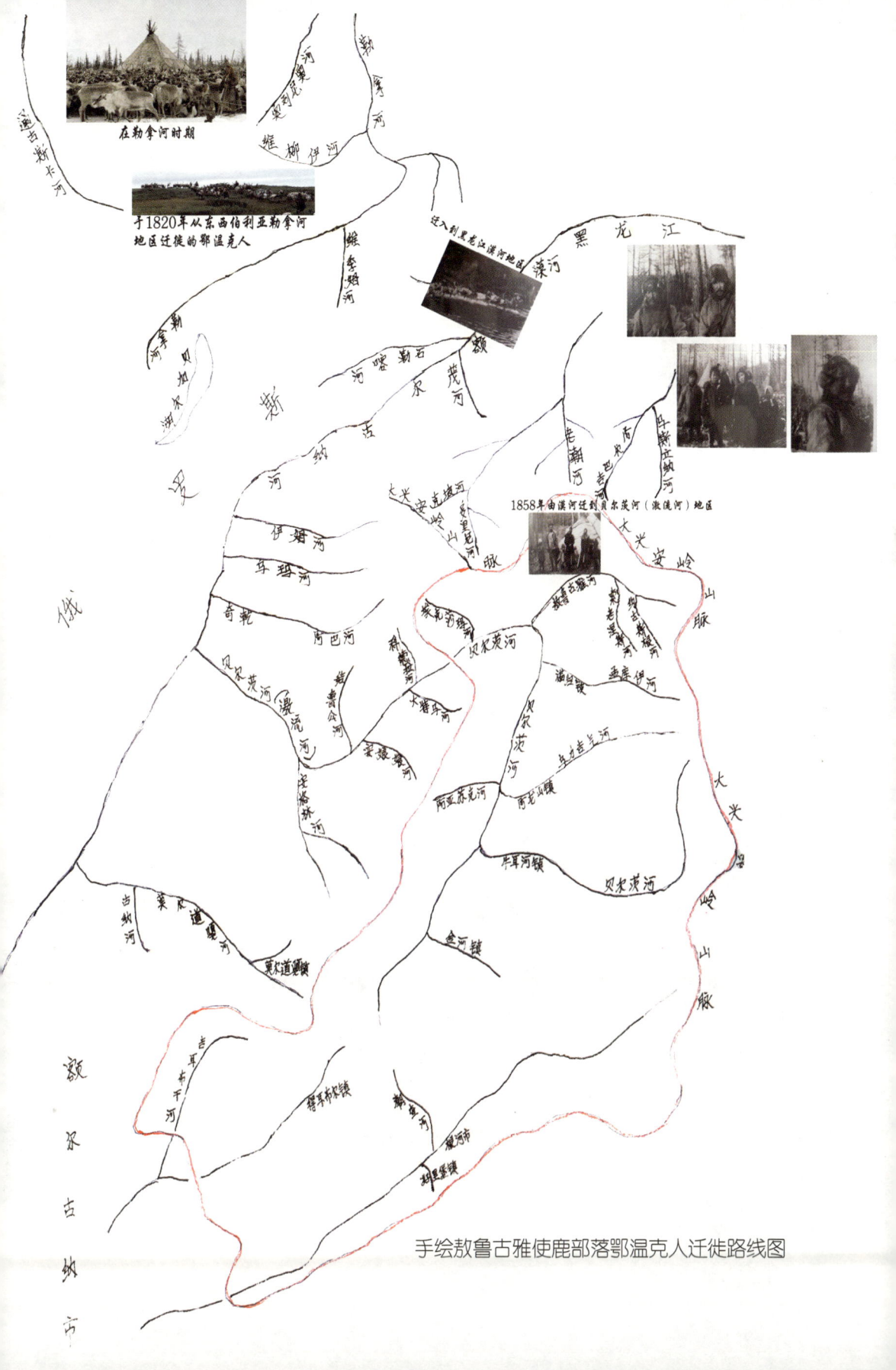

手绘敖鲁古雅使鹿部落鄂温克人迁徙路线图

丛丛簇簇的驯鹿鹿角

第一章　日常用语

驯鹿鹿群

第一章 日常用语

da ku er gu nei wo en　　tu ran
达库尔故内沃恩　　图然

1. 人称　bo ye　gu ke te lin
　　　　波叶　故克特林

我	我们	我的	你	你们	你的
bi	bu wu	min ni	si yi	su wu	si yin ni
毕	布乌	敏尼	司伊	苏乌	司因尼

他	他们	他	他的
nong an	nong a ri ti yin	nong an ni yin	ta ri ni
农安	农阿日提因	农安尼因	塔日尼

她们	她的	它	它们	谁
nong a re ta ri	ta ri ni	ta re	ta ri li ta re	ni yi
农阿热塔日	塔日尼	塔热	塔日里塔热	尼伊

自己	别人
man ji (man mi)	hong tu bo ye
曼吉（曼米）	洪图波叶

2. 亲属　ha di
　　　　哈地

亲戚	亲人	近亲	远亲
ha di na re	ha di wo	ha di li	gao rao ha di
哈地纳热	哈地沃	哈地里	高扰哈地

家属	长辈	老一辈	祖宗
jiu e an（si mei ya）	sa ge di li	sa ge da e a an	nao nao pei ti
纠厄安（斯玫亚）	萨格地里	萨格达厄阿安	闹闹培提

曾祖	曾祖母	外祖父	外祖母	祖父	祖母
he ka	e wo	he ka	he ka er	he ka	e wo
和卡	额沃	和卡尔	额沃尔	和卡	额沃

伯祖	伯祖母	叔祖	叔祖母
he ka	e wo	a kei	e wo
和卡	额沃	阿剋	额沃

爸爸	妈妈	先父	先母	继父	继母
a mi	e ni	a mi e a ha	e ni e he	a mi ran	e ni ran
阿米	额尼	阿米厄阿哈	额尼厄和	阿米然	额尼然

伯	伯母	叔	婶	姑父	姑母	小姑父	小姑母
he ka	e wo	a kei	e kei	he ka	e wo	a wo si	e kei
和卡	额沃	阿剋	额剋	和卡	额沃	阿沃斯	额剋

大舅	大舅母	小舅	小舅母	大姨夫	大姨	小姨父	小姨母
he ka	e wo	gu hei	e kei	he ka	e wo	gu hei	e kei
和卡	额沃	古黑	额剋	和卡	额沃	古黑	额剋

夫妻	爱人	丈夫	妻子
su pu ru ge	gei ri kei wei	mu ri yi	gei ri kei
苏普如格	给日剋为	姆日伊	给日剋

兄弟	姊妹	弟兄	弟姐
bo ri a te	e ku nen（xie si te ri a）	ne ku nen a kei yin	ne ku ne kei yin
波日阿特	额库恁（协斯特日阿）	讷库恁阿剋因	讷坤额剋因

嫂子	弟媳	姐夫	妻兄	妻嫂	妻弟
e kei	ku kei yin	a wo si	su ri yin	ku kei yin	su ri yin
额剋	库剋因	阿沃斯	苏日因	库剋因	苏日因

妻弟媳	妻姐	妻姐夫	妻妹	妻妹夫
ku kei yin	si wa te qia	si wa te	si wa te qia	si wa te
库剋因	斯瓦特恰	斯瓦特	斯瓦特恰	斯瓦特

大姑	大姑父	小姑	小姑父
e wo	he ka	e kei	a wo si
额沃	和卡	额剋	阿沃肆

孙子	孙女
hu te hu te en（wu nu ke）	hu te hu te nen（wu nu qi ka）
呼特呼特恩（乌奴克）	呼特呼特恁（乌奴其卡）

侄子	侄女	外甥	外甥女
pu lie mi ya ni ke	pu lie mi ya ni cha	pu lie mi ya ni ke	pu lie mi ya ni cha
扑列米亚尼克	扑列米亚尼察	扑列米亚尼克	扑列米亚尼察

岳父	岳母
kei yin nei	e ni kei yin nei
剋因内	额尼剋因内

3. 问候（祝愿） pa ke lao en（a ya kei ti tan）
帕克劳恩（阿牙剋提坦）

你好！	你好吗？
si yi a ya	si yi a ya wu
司伊阿牙	司伊阿牙乌

很	高兴	见到	你！
shao ma te	wu run nei mi	yi qie ha	si yi ne
少玛特	乌闰内米	衣切哈	司伊讷

祝	你	一切	如意！
e ya e qie mo	si yi ne	wei si yin	jiu kei ti bi dan
厄亚厄切莫	司伊讷	危斯因	纠剋提比丹

祝	你	一路	平安！
e ya e qie mo	si yi ne	hao kao tao du si	a ya bi dan
厄亚厄切莫	司伊讷	好考涛杜斯	阿亚比丹

祝	你	健康！	
e ya e qie mo	si yi ne	a bo ga ri a bi ke er	
厄亚厄切莫	司伊讷	阿波嘎日阿比克尔	

祝	你	长	寿！
e ya e qie mo	si yi ne	gao rao	ku na bi da si
厄亚厄切莫	司伊讷	告饶	库纳比达斯

祝	你	走	运！
e ya e qie mo	si yi ne	ku tu qi	bi ke er
厄亚厄切莫	司伊讷	库图其	比克尔

4. 介绍、相识　sa li di wo ka nen（sa er di ran）
　　　　　　　萨里地沃卡恁（萨尔地然）

他	是	谁？
nong an	bi qia	ni yi
农安	比恰	尼伊

这是	我的	朋友。
e re	min ni	gei ri kei wei
厄热	敏你	给日剋为

这是	我的	父亲。
e re	min ni	a min mi
厄热	敏尼	阿敏米

这是	我的	母亲。
e re	min ni	e ni yin mi
厄热	敏尼	额尼因米

你	贵	姓?
si yi	ao en	a mu kei si
司伊	敖恩	阿姆剋斯

我们	好像	见过面。
bu wu	mo te re	yi qie er di ri ti
布乌	莫特热	衣切尔地日提

你	不	认识	我吗?
si yi	ban nei	sa ri a	min ne
司伊	班内	萨日阿	敏讷

我	是	何协。
bi	bie hei mo	he xie
毕	别黑莫	何协

我	叫	建克。
bi	ge re bi wo	jian ke
毕	格热比沃	建克

我们	是不是	在哪儿	见过面?
min ti	bi qia bu ka	yi du ke	yi qie er di qia
敏提	比恰布卡	衣杜克	衣切尔地恰

我	忘了	你	叫	什么	名字。
bi	ao mo e ao qiao	si ne	zha wu tei	ai kun	ge re bi wo si
毕	敖莫厄敖乔	司讷	扎务忒	埃坤	格热比沃斯

我们		没		见过。
min ti		e qia		yi qie er di re
敏提		厄恰		衣切尔地热

这	是	我们	第一次	见面。
e re	te ri	min ti	e le ke si	yi qie er di ren
厄热	特日	敏提	厄勒克斯	衣切尔地任

很	高兴	认识	您!	
shao ma te	wu run nei mo	sa li di ha	si ne	
少玛特	乌闰内莫	萨里地哈	司讷	

我	也	很	高兴。	
bi	tao sha	shao ma te	wu run nei mo	
毕	桃沙	少玛特	乌闰内莫	

客人	请	进,	请	坐,	请	吃饭。
ma ta bo ye	ke	yi ke er	ke	te e ke er	ke	shi lu ke er
马塔波叶	可	伊克尔	可	特厄克尔	可	师录克尔

请	尝尝	列巴。
ke	a ma ta ka er	kei lie bo ye
可	阿马塔卡尔	剋列波耶

5. 请客、邀请　qia yi mei ran（bao er jiao rao en）
　　　　　　　恰伊玫然（包尔交扰恩）

请	你	来	我	家	做客,好吗?
ke	si yi	e mo ke er	bi	jiu la wo	yi re ma ke er
可	司伊	厄莫克尔	毕	纠拉沃	伊热马克尔

我	一定		去。
bi	ou bi sha qi li na		hu ru ji e a wo
毕	欧比沙其利纳		呼如基厄阿沃

把	你的	朋友	也带来。
ta re	man ni wei	gei ri kei wei	e mu da wei
塔热	曼尼危	给日剋为	厄姆达危

你	今天	有	空吗?
si yi	e hei ti kan	bi hei	shao lao qi wu
司伊	厄黑提坎	比黑	少劳其乌

我	今天	很忙。	
bi	e hei ti kan	ge re bo jie mo	
毕	厄黑提坎	格热波介莫	

不行，	我	不能	去。
eng e a te	bi	eng e a ti wo	ru ru
鞥厄阿特	毕	鞥厄阿提沃	如入

谢谢	你的	热情	款待！
si pa xi ba	si yi ne	a ya ma te	ma nei lan nei
斯帕西巴	司伊讷	阿牙马特	玛内兰内

谢谢	你	帮助了	我！
si pa xi ba	si yi	bo le qin yin nei	min ne
斯帕西巴	司伊	波勒芹因内	敏讷

非常	感谢	你！	
eng e nei mo	si pa xi ba ran	si yi ne	
鞥厄内莫	斯帕西巴然	司伊讷	

6. 感谢、话别　si pa xi ba　a ya kan ji（pao rao wo ji ran）
　　　　　　　斯帕西巴　阿亚坎基（泡扰沃基然）

我	要	感谢	你的	善意。
bi	na da	si pa xi ba	si yin ni	a ya wa si
毕	纳达	斯帕西巴	司因尼	阿牙瓦斯

太晚了。
eng e nei a man nei qia
鞥厄内阿曼内恰

我	该	走了。
bi	e hei le	hu jiu mo
毕	厄黑勒	呼纠莫

有时间		再来。
bi mi shao lao qi		da kei yin e mo ren
比米少劳其		达剋因厄莫任

再见！
a ya kan ji
阿亚坎基

7. 打电话　jie lie fou en da ren
　　　　　介列否恩达任

您	要	哪里？
si yi	na da li ran	yi ri ti kei
司伊	纳达利然	伊日提剋

您	找	谁？
si yi	ge la ke te ren	ni wo
司伊	格拉克特任	尼沃

我	找	何协。
bi	ge la ke te ren	he xie wo
毕	格拉克特任	何协沃

何协，	你的	电话。
he xie	si yin ni	jie lie fou en
何协	司因尼	介列否恩

您	是	谁呀？		
si yi	bi hei	ni yi ke		
司伊	比黑	尼伊克		

我	是	维恰。		
bi	bi hei mo	wei qia		
毕	比黑莫	维恰		

我	有	事	找	你。
bi	bi hei	jie la qi	ge la ke te ren	si yi ne
毕	比黑	介腊其	格拉克特任	司伊讷

请	你	帮忙。		
ke	si yi	bo le te ke er		
可	司伊	波勒特克尔		

到底	什么	事呀？		
bi qia	ai kun	jie la se		
比恰	埃坤	介腊色		

最好	你	还是	来一趟。	
lu wu qi	si yi	te er kei	e mo ke er	
录乌其	司伊	特尔剋	厄莫克尔	

明天	我	去。		
ti mi	bi	hu ru run		
提米	毕	呼如润		

好吧，	明天	可得来呀！		
la te na	ti mi	te jie mo e mo da wei		
腊特纳	提米	特介莫厄莫达危		

8. 聊天　　wu lu gu qia　　ma te en
　　　　　乌录故恰　　　马特恩

您	多大	岁数？	
si yi	a di yin	jia qi	
司伊	阿地因	加其	

我	五	十	多了。
bi	tun e a	jia ri	du ke hu le ke
毕	屯厄阿	加日	杜克呼勒克

一点儿	不像。		
e qie se	wu re re		
厄切色	乌热惹		

我	看	你	四十来岁。
bi	gu ne kei wei	si yi	di yin jia qi wo er
毕	故讷剋危	司伊	地因加其沃尔

那您	多大	岁数了？	
si yi ke	yi ri	ba qi bi hei	
司伊克	伊日	巴其比黑	

也	五	十	多了。
tao sha	tun e a	jia ri	du ke hu le ke
桃沙	屯厄阿	加日	杜克呼勒克

我	显得	老。	
bi	yi qie e te mi	sa ge di	
毕	衣切厄特米	萨格地	

看来	你	太	操劳了。
yi qie wo ren	si yi	eng e nei	ge re bo ren
衣切沃任	司伊	鞥厄内	格热波任

要	注意	身体呀！			
na da	se ren qie da	man mei			
纳达	色任切达	曼玫			

你	每月	挣	多少	钱？	
si yi	bie e a du	ba ke wo kei	yi ri ban	meng e wu ne	
司伊	别厄阿杜	巴卡沃剋	伊日班	蒙厄乌讷	

三	千	多点。
ai lan	dei hei qia	du ke hu le ke
埃兰	得黑恰	杜克呼勒克

你呢？
si yi ke
司伊克

我	挣得	也	和你	一样，
bi	ba ke wo kei	tao sa	si yin niu en	wu ri a te
毕	巴克沃剋	桃萨	司因妞恩	乌日阿特

不过	我	家	花费大。
tuo er ke	bi	jiu du	ga wo en ta ri ke te
托尔克	毕	纠杜	嘎沃恩塔日克特

为孩子	花	不少	钱，
hu te er du	ga wo en	ta ran ke te	meng e wu en mo
呼特尔杜	嘎沃恩	塔然克特	蒙厄乌恩莫

所以	生活	不	宽裕。
ti ka jin	bi de du wo	e qie	qiu mu ku
提卡劲	比得杜沃	厄切	秋姆库

你	目前	独身	生活，
si yi	e hei ti kan	e mu kei yin	bi jie ren
司伊	厄黑提坎	厄姆剋因	比介任

就			轻松些。		
bi ri			yi ni mu ku te mo re		
比日			伊尼木库特莫热		

我们	好多	年		没	见了。
min ti	a di ka te	an e a nei wa		e qia	yi qie er di re
敏提	阿地卡特	安厄阿内洼		厄恰	衣切尔地热

您	生活	怎样？
si yi	bi jie en nei	ao en
司伊	比介恩内	敖恩

还可以。	您呢？
shao ya da te	si yi ke
少亚达特	司伊克

也很好。
tao sa shao ya
桃萨少牙

你的	房子	在	什么	地方？
si yin ni	jiu si	bi qia	yi la	mie se te en
司因尼	纠斯	比恰	衣拉	灭色特恩

在	新	楼区，		离这儿	不	远。
ta re	ao ma ke ta	wu e ma er ta er du		e du ke	e qie	gao rao
塔热	敖马克塔	乌厄马尔塔尔杜		厄杜克	厄切	告饶

到了，	这栋	就是。
ai si ta	e re	jiu bi hei
埃斯坦	厄热	纠比黑

我	住在	二层	楼房里。
bi	jiu ta ran	jiu ri	wu e ma er ta du
毕	纠塔然	纠日	乌厄马尔塔杜

几	间房？		
a di	kao mo na kei yin		
阿地	考莫纳剋因		

四	间房，	设备	齐全。
di yin	kao mo na ke	se pi lin	wei si qi
地因	考莫纳克	色批林	危斯其

房子	宽敞，	相当	漂亮。
jiu wu	e mo e kun	eng e nei mo	a ya ta re
纠乌	额莫厄坤	鞥厄内莫	阿牙塔热

以前	林	区	都是	木头房，
gao rao du	e ge dan	mie si te li	wei si	mao ma er jiu
高扰杜	厄格丹	灭斯特里	危斯	毛马尔纠

现在	是	砖瓦房。	
e hei ti kan	ao qia	kei pi ti qie mo jiu	
厄黑提坎	敖恰	剋批提切莫纠	

现在	国家	每	年
e hei ti kan	kan ti	ka si nai	an e a nei du
厄黑提坎	刊提	卡斯耐	安厄阿内杜

拨给	巨大	资金	盖楼，
bu ren	ke te wo	meng e wu ne	jiong da
布任	克特沃	蒙厄乌讷	窘达

改善	居民的		住房条件。
jiu kei ran	wu ri yin qie ri bo ye er		jiu ta ri bi wei kei wan
纠剋然	乌日因切日波叶尔		纠塔日比危剋万

这里	冬天	天气	怎样？
e du	tu e	bu e a	ao en bi ren
厄杜	图厄	布厄阿	敖恩比任

这	地方	冬天	通常	是	很冷的，
e re	mie si te du	tu e	da ku er	bi ri	yi ni ni wei kei
厄热	灭斯特杜	图厄	达库尔	比日	伊尼尼危剋

但		有时	也		暖和的。
ta re		ha er dun	tao sa		niang ma wo kei
塔热		哈尔盾	涛萨		酿马沃剋

这儿的	夏天	怎么样？	
e du ke	jiu e a	ao en bi wei kei	
厄杜克	纠厄阿	敖恩比危剋	

夏天	只是	白天	热，
jiu e a	tuo er ke	yi neng	he ku ren
纠厄阿	托尔克	伊能	何库任

早	晚	都很	凉快。
te er te ne	a hei le ta na	shao ma	shang e wu en
特尔特讷	阿黑勒塔纳	少玛	尚厄乌恩

天气	总是	这样	热吗？
bu e a	da ku er ma	e re ge qin	he ku wo kei
布厄阿	达库尔马	厄热格芹	和库沃剋

今天	是	入夏	以来	最热的	一天。
e hei ti kan	bi ri	jiu e a	ri a kei yin	sa mai he ku hei	yi ne e yi
厄黑提坎	比日	纠厄阿	日阿剋因	萨迈和库黑	伊讷厄衣

你	喜欢	哪个	季节？
si yi	a ya kei ran	yi ri a	wei ri ai mo wan
司伊	阿亚剋然	伊日阿	卫日艾莫万

最	好的	季节	是	春天。
sa mai	a ya di	shi run	bi hei	neng nie
萨迈	阿牙地	师闰	比黑	能涅

春天	的确	非常	美好。
neng nie	te jie mo	eng e nei mo	a ya ta re
能涅	特介莫	鞴厄内莫	阿牙塔热

要不然	人们	都	喜欢	春天
ao li hei yin	bo ye er	wei si	a ya kei ran	neng nie wo
敖利黑因	波叶尔	危斯	阿牙剋然	能涅沃

不过	秋天的	景色	也是	很	美的。
ta re ka na	bao lao nei	bi wei kei yin	tao sha	shao ma	a ya bi wei kei
塔热卡纳	包劳内	比危剋因	桃萨	少玛	阿牙比危剋

到了	秋天，
yi si ta kei yin	bao lao ne
伊斯塔剋因	包劳内

森林	往往	特别	美丽。
yi ri a ke te er	da ku er ma	eng e nei mo	a ya ao wo kei
伊日阿克特尔	达库尔玛	鞴厄内莫	阿牙敖沃剋

人们	称之为	金色的	秋天。
bo ye er	gu nei wei kei li	shao lu ta ma ri	bao lao
波叶尔	故内危剋利	绍录塔玛日	包劳

你	身体	好吗？
si yi	a ba ga ri a si	a ya wu
司伊	阿巴嘎日阿斯	阿牙乌

不太	好。
e qie ma te	a ya
厄切玛特	阿牙

不知怎么，	总闹	小毛病。
ai ha ke	da ku er e nu	kei jie mo
埃哈克	达库尔厄奴	剋介莫

你	应该	去	医院	检查	一下。
si yi	na da	hu ru hao	bao er ni sa du	ai ru ke	ta wo kan da
司伊	纳达	呼如好	包尔尼萨杜	埃如克	塔沃坎达

你	怎么样?
si yi	ao en bi hei
司伊	敖恩比黑

我的	身体	还可以,
min ni	man mei	shao a ya
敏尼	曼玫	少阿牙

近半	年	没	生病。
ka er ta ka	an e a nei du	e qie wo	e nu kei re
卡尔塔卡	安厄阿内杜	厄切沃	厄奴剋热

他的	身体	不太好。
nong an ni	a ba ga ran	e qie a ya
农安尼	阿巴噶然	厄切阿牙

他的	身体	很	健康。
nong an	man nei yin	shao ma	a ba ga ri a
农安	曼内因	少玛	阿巴嘎日阿

烟	酒	无	缘	身体	健康。
da ma ga	a ri a kei du	a qin	bao er jiao ne	man mei	a ba ga ri a
大马嘎	阿日阿剋杜	阿芹	包尔叫讷	曼玫	阿巴嘎日阿

为了	长	寿	应该	锻炼	身体。
a ri a ji	gao rao yao	bi mo re ke	na da	zha ka lia qi	man mei
阿日阿基	告饶要	比莫热克	纳达	扎卡俩其	曼玫

您	是	哪	国	人?
si yi	bi hei	yi re	kan	bo ye
司伊	比黑	伊热	坎	波叶

我	是	美国	人。
bi	bi hei	a mei ri kan	bo ye
毕	比黑	阿玫日坎	波叶

我	是	英国	人。
bi	bi hei	ang gei li	bo ye
毕	比黑	昂给利	波叶

我	是	德国	人。
bi	bi hei	gei ri man	bo ye
毕	比黑	给日曼	波叶

我	是	法国	人。
bi	bi hei	fu ran qia	bo ye
毕	比黑	弗然恰	波叶

我	是	俄罗斯	人。
bi	bi hei	lu qia	bo ye
毕	比黑	鲁恰	波叶

我	是	日本	人。
bi	bi hei	ya pao en	bo ye
毕	比黑	亚泡恩	波叶

你	是哪里	人？	
si yi	yi ri gei da qian	bo ye en	
司伊	依日给达迁	波叶恩	

我	是	北京	人。
bi	bi hei	bei jing	bo ye
毕	比黑	北京	波叶

您	是	哪个	民族？
si yi	te re	yi ri	na ri qi ya
司伊	特热	伊日	纳日其亚

我	是	蒙古族。
bi	bi hei	meng gao le
毕	比黑	蒙高勒

我	是	达斡尔族。
bi	bi hei	da wu re
毕	比黑	达乌热

我	是	汉族。
bi	bi hei	bao gao dao
毕	比黑	包高道

我	是	鄂伦春族。
bi	bi hei	ao rao qian
毕	比黑	敖绕迁

我	是	鄂温克族。
bi	bi hei	e wen kei
毕	比黑	鄂文剋

9. 询问　han e wu ran
　　　　汉厄乌然

（1）问　　　　路
　　han e wu ran　　hao kao tao wo
　　汉厄乌然　　　好考涛沃

去	敖鲁古雅乡	怎么	走？
hu ru mi	hu lu wu ya la	ao en	e ne wo ren
呼如米	呼鲁乌雅拉	敖恩	厄讷沃仁

坐	三路	车	直接到。
te e ne	ai lan hao kao tao	ma si na du	ai si wei kei
特厄讷	埃兰好考涛	马斯纳杜	埃斯危剋

敖鲁古雅乡	旅游点	离这儿	远吗？
hu lu wu ya la	e wei na kei ti	e du ke	gao rao wu
呼鲁乌雅拉	厄为纳剋提	厄杜克	告饶乌

坐	三	路	车	十	分钟	就到了。
te e ha	ai lan	hao kao tao	ma si na du	jia an	mi nu ti li	ai si tan
特厄哈	埃兰	好考涛	马斯纳杜	加安	米奴提里	埃斯坦

附近	有	狩猎	点吗？
da e a du	bie hen	an e a li qian	wu ri yin qie ri
达厄阿杜	别很	安厄阿里迁	乌日因切日

对不起，	我	也	不	清楚。
yi zi wei ni ke er	bi	tao sa	e qie wo	sa ri a
伊兹危尼克尔	毕	桃萨	厄切沃	萨日阿

去	狩猎	点	有	车	可坐吗？
hu ru mi	an e a li qian	gu ru po la	bie hen	ma si na	wu ge da
呼如米	安厄阿里迁	故如坡拉	别很	马斯那	乌格达

没有	便车	去。
a qin	ma si na ma	hu ru ri
阿芹	马斯纳马	呼如日

可以	乘	出租车	去。
mao si na	te e ne	da ke xi du	hu ru dao
毛斯纳	特厄讷	达克西杜	呼如到

百货	商店	在哪儿？
ke te yi de e qi	ke de xie	yi du ke
克特伊得厄其	克得协	伊杜克

就在	前面。
e re da te	jiu la si kei
厄热达特	纠拉斯剋

制作猎刀刀鞘

打制猎刀

吹鹿哨

夜间烤肉干

"驯鹿之乡"路标

到	市场	怎么	走？
ta re	ba zha ri a	ao en	e ne wo ren
塔热	巴扎日阿	敖恩	厄讷沃任

一直往前	走	就到了。	
jiu la si ka kei	e ne ha	yi si tan	
纠拉斯卡剋	厄讷哈	伊斯坦	

你	知道	在哪吗？	
si yi	sa ran	yi du ke	
司伊	萨然	伊杜克	

我	带	您	去。
bi	bao dao wo nao	si yi	hu ru run
毕	包到沃闹	司讷	呼如润

（2）问	时间
han e wu ran	wei ri mo wan
汉厄乌然	危日莫万

现在	几	点了？
e re da te	a di	qia si
厄热达特	阿地	恰斯

一点	二点	三点	四点
wu mu kuan qia si	jiu ri qia si	ai lan qia si	di yin qia si
乌姆宽恰斯	纠日恰斯	埃兰恰斯	地因恰斯

五点	六点	七点	八点
tun e a qia	niu e xwu en qia si	na dan qia si	jia pu kun qia si
屯厄阿恰	妞厄乌恩恰斯	纳丹恰斯	加扑坤恰斯

九点	十点	十一点
ye e yin qia si	jia an qia si	jia an du ku wu mu kuan qia si
叶厄因恰斯	加安恰斯	加安杜库乌姆宽恰斯

十二点
jia an du ku jiu ri qia si
加安杜库纠日恰斯

（3）问　　　　　日期
han e wu ran　　a di nao mei ri wan
汉厄乌然　　　　阿地闹玫日万

今天　　　　　　几号？
e hei ti kan　　　a di yin
厄黑提坎　　　　阿地因

一号　　　　　　二号
wu mu kuan nei yin　jiu ri yin
乌姆宽内因　　　纠日因

三号　　　　　　四号
ai lan nei yin　　di yin nei yin
埃兰内因　　　　地因内因

五号　　　　　　六号
tun e a an　　　niu e wu nei yin
屯厄阿安　　　　妞厄乌内因

七号　　　　　　八号
na dan nei yin　　jia pu kun nei yin
纳丹内因　　　　加扑坤内因

九号　　　　　　十号
ye e yin nei yin　　jia an nei yin
叶厄因内因　　　加安内因

十一号　　　　　　十二号
jia an du ku wu mu kuan nei yin　　jia an du ku jiu ri yin
加安杜库乌姆宽内因　　　加安杜库纠日因

十三号	十四号
jia an du kuai lan nei yin 加安杜库埃兰内因	jia an du ku di yin nei yin 加安杜库地因内因

十五号	十六号
jia an du ku tun e a en 加安杜库屯厄阿恩	jia an du ku niu e wu en nei yin 加安杜库妞厄乌恩内因

十七号	十八号
jia an du kuna dan nei yin 加安杜库纳丹内因	jia an du ku jia pu kun nei yin 加安杜库加扑坤内因

十九号	二十号
jia an du ku ye e yin nei yin 加安杜库叶厄因内因	jiu ri jia ri yin 纠日加日因

二十一号
jiu ri jia ri wu mu kuan nei yin 纠日加日乌姆宽内因

二十二号	二十三号
jiu ri jia ri jiu ri yin 纠日加日纠日因	jiu ri jia ri ai lan nei yin 纠日加日埃兰内因

二十四号	二十五号
jiu ri jia ri di yin nei yin 纠日加日地因内因	jiu ri jia ri tun e a en 纠日加日屯厄阿恩

二十六号	二十七号
jiu ri jia ri niu e wu nei yin 纠日加日妞厄乌内因	jiu ri jia ri na dan nei yin 纠日加日纳丹内因

二十八号	二十九号
jiu ri jia ri jia pu kun nei yin 纠日加日加扑坤内因	jiu ri jia ri ye e yin nei yin 纠日加日叶厄因内因

三十号	三十一号
ai lan jia ri yin	ai lan jia ri wu mu kuan nei yin
埃兰加日因	埃兰加日乌姆宽内因

10.

年	季节	月份	星期	天气
an e a nei	xie run	bie e a en	ne die le	bu e a bi ri yin（pa guo da）
安厄阿内	协闰	别厄阿恩	讷迭勒	不厄阿比日因（帕国达）

（1）年

an e a nei
安厄阿内

去年	今年	明年
gei wan e an	e re an e a nei	gou qin
给万厄安	厄热安厄阿内	勾芹

前年	大前年
gei wan e an qia wu du	ta ri gei wan e an qia wu du
给万厄安恰乌杜	塔日给万厄安恰乌杜

后年	大后年
gou qin qia wu du	ta ri gou qin qia wu du
勾芹恰乌杜	塔日勾芹恰乌杜

一九五七年
di hei qia ye e yin niang ma tun e a jia ri na dan an e a nei du
第黑恰叶厄因酿马屯厄阿加日纳丹安厄阿内杜

（2）季节

xie run
协闰

春	夏	秋	冬
neng nie	jiu e a	bao lao	tu e
能涅	纠厄阿	包劳	图厄

（3）月份

bie e a en
别厄阿恩

一月	二月	三月
wu mu kao yi ti yin bie e a 乌姆考伊提因别厄阿	jiu ri ti yin bie e a 纠日提因别厄阿	ai li ti yin bie e a 埃里提因别厄阿
四月	五月	六月
di yin ti yin bie e a 地伊提因别厄阿	tun ni ti yin bie e a 屯尼提因别厄阿	niu e yi ti yin bie e a 妞厄伊提因别厄阿
七月	八月	九月
na di ti yin bie e a 纳地提因别厄阿	jia pei kei ti yin bie e a 加培剋提因别厄阿	ye e yi ti yin bie e a 叶厄伊提因别厄阿
十月	十一月	
jia e yi ti yin bie e a 加厄伊提因别厄阿	jia an du ku wu mu kao yi ti yin bie e a 加安杜库乌姆考伊提因别厄阿	

十二月
jia an du ku jiu ri ti yin bie e a
加安杜库纠日提因别厄阿

上月	本月	下月
a ma ri pi ti bie e a 阿马日批提别厄阿	e re bie e a 厄热别厄阿	da kei pi ti bie e a 达剋批提别厄阿
月初	月中	月末
bie e a ao ke tan 别厄阿敖克坦	bie e a dou lin nei yin 别厄阿斗林内因	bie e a mu dan nei yin 别厄阿姆丹内因

（4）星期
ne die le（nie jie lia）
讷迭勒（涅节俩）

一星期
wu mu kuan ne die le
乌姆宽讷迭勒

今天　　　　星期　　　　几？
e hei ti kan　　ne die le　　a di yin
厄黑提坎　　　讷迭勒　　　阿地因

今天　　　　是　　　　星期六。
e hei ti kan　　bi hei　　ne die le niu e wu nei yin（su bao ta）
厄黑提坎　　　比黑　　　讷迭勒妞厄乌内因（苏包塔）

明天　　　　星期日。
ti mi　　　　ne die le
提米　　　　讷迭勒

星期一　　　　　　　　星期二　　　　　　　星期三
ne die le wu mu kuan nei yin　　ne die le jiu ri yin　　ne die le ai lan nei yin
讷迭勒乌姆宽内因　　　　　　　讷迭勒纠日因　　　　　讷迭勒埃兰内因

星期四　　　　　　　　星期五
ne die le di yin nei yin　　ne die le tun e a en
讷迭勒地因内因　　　　　　讷迭勒屯厄阿恩

（5）天气
bu e a bi hei（ba guo dei）
布厄阿比黑（巴果得）

晴天
nie eng de le
捏鞥得勒

敖鲁古雅使鹿部落鄂温克语言（词汇）

今天	天气	晴朗。
e hei ti kan	bu e a	nie eng de le
厄黑提坎	布厄阿	捏鞡得勒

阴天
tu hu
图呼

天气	又	阴	上了。
bu e a	ao pie ti	tu hu	ao jia ran
布厄阿	敖撇提	图呼	敖加然

今天	天气	怎么样？
e hei ti kan	bu e a	ao en
厄黑提坎	布厄阿	敖恩

今天	天气	很好。
e hei ti kan	bu e a	shao a ya
厄黑提坎	布厄阿	少阿牙

今天	天气	不好。
e hei ti kan	bu e a	e qie a ya
厄黑提坎	布厄阿	厄切阿牙

今天	天气	冷。
e hei ti kan	bu e a	yi ni ni hei
厄黑提坎	布厄阿	伊尼尼黑

今天	有	雨。
e hei ti kan	bie a te	ti ge dei
厄黑提坎	比厄阿特	提格得

今天	有	雪。
e hei ti kan	bie a te	yi ma na
厄黑提坎	比厄阿特	伊马纳

今天	风	大。
e hei ti kan	e di yin	he ge di
厄黑提坎	地因	和格地

风	停了。
e di yin	e te ren
厄地因	厄特仁

春天	暖和。
neng nie	niang ma hei
能涅	酿马黑

夏天	热。
jiu e a	he ku hei
纠厄阿	和库黑

秋天	凉爽。
bao lao	shang e wu en
包劳	尚厄乌恩

冬天	寒	冷。
tu e	yi ni	ni hei
图厄	伊尼	尼黑

11. **数字** tang e yi wo en
　　　堂厄伊沃恩

一	二	三	四	五
wu mu kuan	jiu ri	ai lan	di yin	tun e a
乌姆宽	纠日	埃兰	地因	屯厄阿
六	七	八	九	十
niu e wu en	na dan	jia pu kun	ye yin	jia an
妞厄乌恩	纳丹	加扑坤	叶厄因	加安

十一	十二
jia an du ku wu mu kuan	jia an du ku jiu ri
加安杜库乌姆宽	加安杜库纠日

十三	十四
jia an du ku ai lan	jia an du ku di yin
加安杜库埃兰	加安杜库地因

十五	十六
jia an du ku tun e a	jia an du ku niu e wu en
加安杜库纳丹	加安杜库妞厄乌恩

十七	十八	十九
jia an du ku na dan	jia an du ku jia pu kun	jia an du ku ye e yin
加安杜库纳丹	加安杜库加扑坤	加安杜库叶厄因

二十	二十一	二十二
jiu ri jia ri	jiu ri jia ri wu mu kuan	jiu ri jia ri jiu ri
纠日加日	纠日加日乌姆宽	纠日加日纠日

二十三	二十四	二十五
jiu ri jia ri ai lan	jiu ri jia ri di yin	jiu ri jia ri tun e a
纠日加日埃兰	纠日加日地因	纠日加日屯厄阿

三十	四十	五十	六十
ai lan jia ri	di yin jia ri	tun e a jia ri	niu e wu en jia ri
埃兰加日	地因加日	屯厄阿加日	妞厄乌恩加日

七十	八十	九十	百
na dan jia ri	jia pu kun jia ri	ye e yin jia ri	niang ma
纳丹加日	加扑坤加日	叶厄因加日	酿玛

一百	二百
wu mu kuan niang ma	jiu ri niang ma
乌姆宽酿玛	纠日酿玛

千	一千
dei hei qia	wu mu kuan dei hei qia
得黑恰	乌姆宽得黑恰

一万	一亿	十亿
jia an dei hei qia	niang ma mi li wo en	mi lia ri de
加安得黑恰	酿玛米利沃恩	米俩日得

初生的小驯鹿

第二章　商业用语

驯鹿鹿群

第二章 商业用语

ke de xie qian　tu ran ti yin
克得协迁　图然提因

1. 在商场　购物　wu nei ye kei ti tu　ga ran yi de e le
　　　　　　　　乌内耶剋提图　　噶然伊得厄勒

你	买	什么？
si yi	ga dan	ai ku na
司伊	嘎丹	埃库纳

请	把那件	男士	服装	给我	拿来	看看。
ke	ta ri te ri a	bo ya hei	te te ke wo	min du	e mu ke er	yi qie ke te
可	塔日特日阿	波亚黑	特特克沃	敏灶	厄姆克尔	衣切克特

你	穿	大概不	合适。
si yi	te te ke si	bu ka e tan	jiu ke ta
司伊	特特克斯	布卡厄坦	纠克塔

颜色	很深。
kei ri a si kan	song ta
剋日阿斯坎	松塔

你	看	这套	怎么样？	
si yi	yi qie ke er	eri a	ao en bi qia	
司伊	衣切克尔	厄日阿	敖恩比恰	

这	是	最新	样式的	服装。
e re	bi hei	ao ma ke ta	ao mo ran	te te ke
厄热	比黑	敖马克塔	敖莫然	特特克

我	穿	试试。		
bi	te ti mo	ka ke te		
毕	特提莫	卡克特		

你	穿上	很	合适。	
si yi	te te kei si	shao ma	jiu kei ti ma	
司伊	特特剋斯	少玛	纠剋提马	

我	买了。	多少	钱？	
bi	ga dan	yi ri ban	meng e wu en	
毕	嘎丹	伊日班	蒙厄乌恩	

太	贵了，	能否	再	便宜些？
eng e nei	dao rao gao yi	mao si na	yi suo	ji si wo yi du
鞥厄内	到扰高衣	毛斯纳	伊索	基斯沃衣杜

这是	最	低	价。	
e re	ji si wo yi	di mo	ta ma nei yin	
厄热	基斯沃衣	地莫	塔马内因	

我	买	上衣、	裤子。	
bi	ga dan	pa er tao	yi si tan	
毕	嘎丹	帕尔桃	伊斯坦	

衬衣	帽子	鞋子	袜子	衬裤
wu ru ba kei	a wo en	wu en ta	qiu lu ku	dao wu yi si tan
乌如巴剋	阿沃恩	乌恩塔	秋录库	到乌伊斯坦

皮衣	毛衣	大衣	裙子
na ya ma	ku pa yi kei	kong gu	jiu pu ka
纳亚玛	库帕衣剋	孔古	纠扑卡

毛巾	手帕	手套	
a wo pu ti yin	yi li pu tun	pei ri qia ti kei	
阿沃扑提因	伊里扑屯	培日恰提剋	

围巾	皮带	皮箱	皮鞋
sha re pa	te le e yi	qiu mu dan	sha pa kei
沙热帕	特勒厄衣	秋木丹	沙帕剋

照相机	望远镜	打火机	盆
nie mie ta wo en	bei nao ke	yi si pi si ke	ti e
涅灭塔沃恩	贝闹克	伊斯批斯克	提厄

手表	眼镜	化妆品	领带
e a la pu tun qia si	ai ha pu tun	ku ma da wo en	ka wa ka pu tun
厄阿拉扑屯恰斯	艾哈扑屯	库马达沃恩	卡瓦卡扑屯

蜡烛	抹布	童装	
si wei qi ke	a wo wo en	kong a ka hei	
斯危其克	阿沃沃恩	孔阿卡黑	

男士服装	女式服装
bo ya hei te te ke	a ha hei te te ke
恩波亚黑特特克	阿哈黑特特克

2. **买粮、油**   ga ran   bu ru du ke   yi mu ren
               嘎然   **布如杜克**   **伊姆任**

你	要	买	什么?
si yi	na da	ga ran	ai kun na
司伊	纳达	噶然	埃坤纳

买	一	袋	大米。
ga ran	wu mu kuan	ku er kan	yi ri si
噶然	乌姆宽	库尔坎	伊日斯

一	袋	面。	
wu mu kuan	ku er kan	bu ru du ke	
乌姆宽	库尔坎	布如杜克	

再	买	一	桶	豆油。
yi suo	ga ran	wu mu kuan	ban ke	yi mu ren
伊索	嘎然	乌姆宽	班克	伊姆任

一共	多少	钱?	
wei hei yin	yi ri ban	meng e wu en	
为黑因	伊日班	蒙厄乌恩	

共	二百四十	元。	
wei si yin	jiu ri niang ma di yin jia ri	wu ru po	
危斯因	纠日酿玛地因加日	乌如坡	

米	大米	小米	玉米	高粱米
ka hei	yi ri si	qiu mi se	gu ku ru se	gao lia en
卡黑	伊日斯	秋米色	谷库如色	高俩恩

面	精粉	油	豆油
bu ru du ke	ku ru pu qia ti kei	yi mu ren	ba bao wai
布如杜克	库如扑恰提剋	伊姆任	巴包外

第三章 饮食用语

第三章　饮食用语

si lu wo ri　　tu ran
斯录沃日　　图然

1. 饮食　si lu wo ri
斯录沃日

吃	喝	尝	闻	香
jie po te en	o mo ran	a ma ta mo ka ran	a mo ta te tan	a ya mu hei
介坡特恩	欧默然	阿马塔莫卡然	阿莫塔特坦	阿亚姆黑

甜	软	硬	油腻的
sa ka ri mu hei	du you kun	mang e a hei	yi mu re ri ke te
萨卡日姆黑	杜尤坤	芒厄阿黑	伊姆热日克特

煎的	烤的	炒的	生的
yi ri wei qia	hei e qi wo qia	yi sa ri wei qia	e hei kei yin
伊日为恰	黑厄奇沃恰	伊萨日为恰	厄黑剋因

熟的	新鲜的	腐烂的	酸的
yi ri qia	ao ma ka ta	mu nu qia	yi da ri hei
伊日恰	敖马卡塔	姆奴恰	伊达日黑

坏的	辣的	咸的	苦的
hou ke qia wa qia	pieri si mu hei	tu ru ke qi	yi da ri jia ran
侯克恰瓦恰	撇日斯姆黑	图如克其	伊达日加然

2. **餐具**　jie pei wo en se pi
　　　　　介培沃恩色批

碗	盘子	筷子	勺子
ta si kei	nei po te	sha ri pu	lao si ka
塔斯剀	内坡特	沙日扑	劳斯卡

刀子	叉子	杯子	茶杯
kao tao kao en	li wo ke	wu ru mu ke	yi si ta kan
考涛考恩	里沃克	乌如姆克	伊斯塔坎

小碟子
nei po te kan
内坡特坎

3. **用餐**　si luer qia (si lu jie ren)
　　　　　斯录尔恰（斯录介任）

吃早饭	吃午饭	吃晚饭
te e le te ne re ti ren	ao bie da ran	a hei li ta na ri ti ran
特厄勒特讷热提任	敖别达然	阿黑里塔纳日提然

列巴	馒头	大米饭	油条
kei lie ba	bao mo bu si ka	ka hei hei ke qie ran	a la ji
剀列巴	包莫布斯卡	卡黑黑克切然	阿拉吉

甜饼	包子
sha ka ri qi lie pao si ke	pa ri a wei ye pi ri a si gei
沙卡日其列泡斯克	帕日阿为也批日阿斯给

炸鱼	炖肉
yi sha ri ran ao er lao wo	wu luo ren wu er le wo
伊沙日然敖尔劳沃	乌罗任乌尔勒沃

肉炖土豆	炖豆角
wu er le wo wu luo ren ka re tao po ka te	wu luo ren fa suo li
乌尔勒沃乌罗任卡热涛坡卡特	乌罗任发索利

青椒炒肉	红烧鱼
pie ri hei ti yi sha ri ran wu er le wo	tu shao na ya ao er lao
撇日黑提伊沙日然乌尔勒沃	图少纳亚敖尔劳

4. 食品　jie pei wo en
　　　　介培沃恩

饼干	果酱	糖	香肠
pi ran ni kei	wa ran ni	sha ka ri	ka er ba si
皮然尼剋	洼然尼	沙卡日	卡尔巴斯

面包	汤	米饭	面条
kei lie bo	si le	ka hei hei ke qie ran	ga lu si ka
剋列波	斯勒	卡黑黑克切然	嘎录斯卡

果子	饺子
a la ji	po li mian
阿拉吉	坡利面

5. 水果　ya pu lu kei li (fu lu ke dei)
　　　　亚扑录剋里（夫录克得）

苹果	草莓	葡萄	山楂
ya pu lu ke	gu die	qiu ri di	ba ya ri shi ni ke
亚扑录克	谷地厄	秋日地	巴亚日师尼克

6. 饮料　ou mei wo re（ou mo kei qi li）
　　　欧玫沃热（欧莫剋其里）

奶	牛奶
wu kun mi	hu ku ru wu kun mi
乌坤米	呼库如乌坤米

驯鹿	矿泉水
ao rao en	kei si le yi
敖饶恩	剋斯勒伊

7. 蔬菜　ka pu si ta er
　　　卡普斯塔尔

白菜	卷心菜	蒜
ka pu si ta	mu ke qie ri yin ka pu si ta	qi si nao ke
卡普斯塔	姆克切日因卡普斯塔	奇斯闹克

葱	洋葱
lu ke	bu mo bo ri yinlu ke
录克	布莫波日因录克

土豆	蘑菇
ka ri tao po ka	de wo en e ke te
卡日桃坡卡	得沃恩厄克特

8. 肉类　wu er le li
　　　乌尔勒里

肉	羊肉
wu er le	ba ran wu er le
乌尔勒	巴然乌尔勒

牛肉	鱼肉
hu ku ru wu er le	ao er lao
呼库如乌尔勒	敖尔劳

犴肉	鹿肉	鸡肉
tao kei wu er le	ku ma ka wu er le	ku ri qia wu er le
涛剋乌尔勒	库马卡乌尔勒	库日恰乌尔勒

9. 调料　shou dao wo re
　　　　收到沃热

味精	黄油	盐	胡椒
a ya mu li wei ka	ari yi	tu ru ke	pie ri si mu ri
阿亚姆里危卡	阿日伊	图如克	撒日斯姆日

酱油
tu ru ke mu li wei ka（shao ye wei yi）
图如克姆里危卡（绍也危伊）

驯鹿装饰

第四章　单位用语

雄壮的驯鹿

第四章　单位用语

ye jini ca　tu ran ti yin
叶基尼擦　图然提因

1. 在　医院　ta re　bu li ni sa du
　　　　　　塔热　布里尼萨杜

请	坐，	哪儿	不	舒服？
te e	ke er	yi li	ba ran	jiu ke ta
特厄	克尔	伊里	巴然	纠克塔

我	咳嗽	得	很	厉害。
bi	si mi kei	jie mo	shao ma	te te en
毕	斯米剋	介莫	少玛	特特恩

量一下	体温。
mie ri ren	he ku wo si
灭日仁	和库沃斯

你	体温	很高。
si yi	he ku si	gou ge da
司伊	和库斯	勾格达

你	不过是	感冒了。
si yi	tuo er ke	pa ri a si tu da qia
司伊	托尔克	帕日阿斯图达恰

把上衣	脱了,	让我	听听。
pa er tao wei	lu ke ka er	bi dao er	qia qi ke ta
帕尔涛卫	录克卡尔	毕到尔	恰其克塔

肺	没有	毛病。
o wo te se	a qin	e nu ke ye
哦沃特色	阿芹	厄奴克叶

给你	开张	方子。
si yin du	dou ke tan	bo e le bo
司因杜	斗克坦	波厄勒波

到药房	去取	药。
bo e ru ke la	ga na ka er	bo e ye
波厄如克拉	嘎纳卡尔	波厄叶

这是	你的	药。
e re	si yin ni	bo e si
厄热	司因尼	波厄斯

每天	服	三次,
yi neng e yi du	jie po te en	ai la ri a
伊能厄衣杜	介坡特恩	埃拉日阿

每次	两片。
ka si nai	jiu re
卡斯耐	纠热

我	头	痛。
bi	di li wei	e nu hei
毕	地利危	厄奴黑

我	胃	痛。	
bi	gu di wei	e nu hei	
毕	谷地危	厄奴黑	

我	全身	都痛。	
bi	wei hei wei	e nu hei	
毕	为黑危	厄奴黑	

我	泻	肚。	
bi	ao hu ru	jie mo	
毕	奥呼如	介莫	

我	总	失眠。	
bi	da ku er	a hei ne eng ne mo	
毕	达库尔	阿黑讷鞰讷莫	

医院	药	诊断	手术
bu li ni ca	bo e	ai ru ke ta ran	mi na ren
布里尼擦	波厄	埃如克塔然	米纳仁

内科	外科
dao wa ai ru ke ta kei ti	ao yao liai ru ke ta kei ti
到瓦埃如克塔剋提	敖要里埃如克塔剋提

打针	输液	医生	护士
gei da ran	wei li wani ye	dao ku tu ri	gei da mue wu
给达然	危里瓦尼叶	到库图日	给达姆厄乌

住院		出院	
bi li ren bu li ni ca du		you ren bu li ni ca du ke	
比里仁布里尼擦杜		又任布里尼擦杜克	

2. 文化、体育　ku li tu ri a　si pao le le te
　　　　　　　　库利图日阿　斯炮勒勒特

学院	学校
ta ti kei ti	ta ti wei kei te
塔提剋提	塔提为剋特

师范	学院
wu qi qi li	ta ti kei te
乌其其利	塔提剋特

大学	中学
gou ge da wu ta ti kei te	dou lu gu ta ti kei te
勾格达乌塔提剋特	斗录古塔提剋特

小学	教室	教师
wu sha te gu ta ti kei te	ta te ka kei ti	wu qi qi li
乌沙特古塔提剋特	塔特卡剋提	乌其奇利

男老师	女老师
bo ye wu qi qi li	a hei wu qi qi li
波叶乌其奇利	阿黑乌其奇利

学生	大学生
wu qini kei	he ge di wu wu qini kei
乌其尼剋	和格地乌乌其尼剋

中学生	小学生
dou lu gu wu qi ni kei	wu sha te gu wu qi ni kei
斗录古乌其尼剋	乌沙特古乌其尼剋

男学生	女学生
bo ye te kan wu qi ni kei	a ha te kan wu qi ni kei
波叶特坎乌其尼剋	阿哈特坎乌其尼剋

书包	钢笔	铅笔	画
su mo ka	se le mo ka ran da si	ka ran da si	ao niao en
苏莫卡	色勒莫卡然达斯	卡然达斯	敖鸟恩

白纸	笔记本
gou ma e yi	dou kei wo en kei ni si ke
勾马厄衣	斗剋沃恩剋尼斯克

备课	考试
bo le ke ren ta te ka wo ri bi	ai ge zha mie en
波勒克任塔特卡沃日比	埃格扎灭恩

学习	功课
ta te qia ran	ta ti wo ri bi
塔特恰然	塔提沃日比

学习	汉	语。	
ta te tan	bao gao dao di	tu ran mo	
塔特坦	包高到地	图然莫	

学习	俄	语。
ta te tan	lu qia di	tu ran mo
塔特坦	鲁恰地	图然莫

学习	英	语。
ta te tan	ang gei li	tu ran mo
塔特坦	昂给利	图然莫

学习	外	语。
ta te tan	hong tu di	tu ran mo
塔特坦	洪图地	图然莫

在	大学		学习。
ta du	gou ge da di ta ti kei ti tu		ta te tan
塔杜	勾格达地塔提剋提图		塔特坦

在	学院	学习。
ta du	ta ti kei ti tu	ta te en
塔杜	塔提剀提图	塔特恩

在	中学	学习。
ta du	dou lu gu ta ti kei ti tu	ta te tan
塔杜	斗录古塔提剀提图	塔特坦

上学去。
ta te na jia mo
塔特纳加莫

上学了吗？
ta ti li qia wu
塔提利恰乌

上	几年级了？
ta te tan	a di du ti yi yin
塔特坦	阿地杜提伊因

上	学校	去。
ta re	ta ti kei te la	hu ru jiu mo
塔热	塔提剀特拉	呼如纠莫

好好	学习。
a ya ke ke en ji	ta te tan
阿牙克可恩基	塔特坦

体育馆	体育场	比赛
e wei kei ti	e wei na kei ti	da bo di nan
厄危剀提	厄危纳剀提	达波地南

赛	球
da bo di nan	ma qiu kei ti
达波地南	马秋剀提

足球	排球	乒乓球
ha er gan di ma qiu ke	yi li ti ha ma qiu ke	he te ku ri ma qiu ke
哈尔甘地马秋克	伊里提哈马秋克	和特库日马秋克

篮球	射击	滑冰	游泳
ma qiu ke	na er li ran	si ru ka te en wu mu hu li	a er bi ren
马秋克	纳尔利然	斯如卡特恩乌姆呼里	阿尔比任

跳高	象棋	扑克
he te ken nen	dao wei ti	ka ri ti
和特肯恁	到危提	卡日提

3. 自然

（1）狩猎　　　　点

　　an e a li qian　gu ru wu po
　　安厄阿里迁　　故如乌坡

山林（山上）	放牧小组（狩猎点）	撮罗子
e ge dan	wu ri yi le en	jiu wu
厄格丹	乌日伊勒恩	纠乌

皮制的撮罗子下边围篷	撮罗子上边篷布	撮罗子下边篷布
wu ne kan	wu ne wo en	ba la a te ka
乌讷坎	乌讷沃恩	巴拉阿特卡

简易棚	放驯鹿鞍子和食物的架子
er le ba lan	wu mo e wo en
尔勒巴兰	乌莫厄沃恩

挂盐肉条的横杆架子	在外边做饭烧水用的支架
lao wan	shao nan
牢万	绍南

用石垒制的烤列巴炉	给驯鹿驱蚊子笼的火
pie qi	sa mi ni yin
撇其	萨米尼因

打铁做刀的地方（铁匠炉）	树上盖的仓库	地窖子
yi ya	kao lao bao	wu tan
伊亚	考劳包	乌坦

用犴脑皮制作的驮兜	用犴脑皮制作的垫子
yi yin mo ke	ku ma lan
伊因莫可	库马兰

犴皮垫子	熊皮被	驯鹿鞍子
se ke te wo en	na ka ta ha ma	e mo e en
色克特沃恩	纳卡塔哈马	厄莫厄恩

被子	褥子	犴皮夹克	犴腿皮毛靴
hu wu er la	se ke te wo en	na ya ma	he mu qiu re
呼乌尔拉	色克特沃恩	纳亚玛	合姆秋热

女士皮制绣花靴	皮毛装	皮质的鞋
di wo en	ku pu	ao lao qi
地沃恩	库普	敖劳其

犴腿皮制作的套裤	毛皮手套	喂驯鹿的盐口袋
ao lao hei kei	pi ri qia ti kei	tu ru ke ru ke
敖劳黑剋	皮日恰提剋	图如克如克

皮制工具包	木质工具盒	桦树皮碗具盒
ka pi	a wa ha	tu ru su ke
卡皮	阿瓦哈	图如苏克

桦树皮针线盒	桦树皮盒	桦树皮口烟盒
de ke te ke	tu ni si	ban ka
得克特克	图尼斯	班卡

枪	矛枪	弓箭	砍刀	斧子
bo re	gei da	bo re kan	wu te kan	su ke
波热	给达	波热坎	乌特坎	苏克

叫犴鹿的用具		摇车	桦树皮船
wu ri ai wo en		e mo ke	jia wo
乌日埃沃恩		厄莫克	佳沃

滑雪板	壶	小茶壶	打猎
kei ying la	ku pu qiu ke	wu rong	an e a na ran
剋应拉	库扑秋克	乌荣	安厄阿纳然

（2）山川、 河流

wu re　bei ri a er
乌热尔　贝日阿尔

山	山崖	山头	山沟
wu re	ka da ri	wu re hao rao nei yin	te wo ke
乌热	卡达日	乌热好扰内因	特沃克

山梁	山脉	山岗
wu re gou ge da di lin	wu re er yi ke ri yin	wu re ke qia en
乌热勾格达地林	乌热尔伊克日因	乌热克恰恩

山坡	山腰	山根
wu re tu ku ti ri yin	wu re dou lin nei yin	wu re he re en
乌热图库提日因	乌热斗林内因	乌热和热恩

山阴坡	山阳坡	山涧	山谷
yi mu nu en	an ta e a	te wo ke qia en	de wo ke
伊姆奴恩	安塔厄阿	特沃克恰恩	得沃克

敖科里堆山	河	小河	河口
hu ku lu du	bei ri a	bei ri a kan	bei ri a da pu tun
呼库鲁都	贝日阿	贝日阿坎	贝日阿达扑屯

河槽	河沿	河曲	河滩
e mo ke re	bei ri a jia po kan	gao qiao	bei ri a yie a en
厄莫克热	贝日阿加坡坎	高乔	贝日阿伊厄阿恩

额尔古纳河	贝尔茨河	根河	敖鲁古雅河
e re gu ne	bei si ta ri a ai	ge an	hu lu wu ya
厄热古讷	贝斯塔日阿埃	格安	呼鲁乌雅

潮查河	莫尔道嘎河	得耳布尔河	伊图里河
qiu e a qia	mo ri yi ti ka	ji ri bu ri	tu ri yi
秋厄阿恰	莫日伊提卡	基日布日	图日伊

卡马兰河	阿尔八音河	呼玛河	阿巴河
ka ma la	a er ba ji	ku ma re	pa a
卡玛拉	阿尔巴基	库玛热	帕阿

多里纳河	老曹河	大林河	阿里河
dou lin e yi	la qiao po	mao ao	a ri yi
斗林厄伊	拉乔坡	毛敖	阿日伊

（3）林区　　部分　　动物

e ge dan ni	ha di li ti yin	bo you re
厄格丹尼	哈地里提因	波尤热

驼鹿	马鹿	袍子	獐子
tao kei	ke ma ka	gei wei qia en	mu ku qia en
涛剋	库马卡	给危恰恩	姆库恰恩

野猪	松鸡	飞龙	猫头鹰
an da e yi	hao rao kei	hei ying kei qia an	wu mu er
安达厄伊	好饶剋	黑应剋恰安	乌姆尔

鸭子	老鸹	乌鸦	鹅
nei kei	ao li	tu ri a kei	niu e niang kei
内剋	敖里	图日阿剋	妞厄娘剋

金雕	鸟	松鸦	野禽
kei ran	qi wei ka qia an	ao eng e ao lao	de e yi qia an
剋然	奇危卡恰安	敖鞥厄敖老	得厄伊恰安

雪兔	松鼠	黄鼠狼	紫貂
tu ha kei	wu lu kei	ku ru ka	an da yi qia an
图哈剋	乌录剋	库如卡	安达伊恰安

白鼬	水獭	貂熊	熊
kei ri na si	jiu kun	a e li kan	e ti ri yi ka e a（he bai）
剋日纳斯	玖坤	阿厄利坎	厄提日伊卡厄阿（合摆）

狼	猞猁	狐狸	狗	虎
bo ying e a	nao en nao	su la kei	e yi na kei yin	qi gei ri
波应厄阿	闹恩闹	苏拉剋	厄伊纳剋因	奇给日

（4）季节

wei ri ai mo wan
卫日艾莫万

鄂温克	语	季节	怎么说？
e wen kei	tu ran ji	wei ri ai mo wan	ao en gu nen
鄂文剋	图然基	卫日艾莫万	敖恩故恁

我们把	一	年
bu wu	wu mu kuan	an e a nei du
布乌	乌姆宽	安厄阿内杜

划分为	六	季。
ao wo ka nen	niu e wu en	wei ri ai mo en
敖沃卡恁	妞厄乌恩	卫日艾莫恩

阴历二至三		月	为
jiu ri ai li ti yin		bie e a du	ao wo kei
纠日埃里提因		别厄阿杜	敖沃剋

第一	季，	叫	"讷尔剋"。
e le ke hei pi ti	wei ri ai mo en	gu nen	ne er kei
厄勒克黑批提	卫日艾莫恩	故恁	讷尔剋

四	至	五	月	为
di yin	—	tun e yi ti yin	bie e a du	ao wo kei
地因		屯厄伊提因	别厄阿杜	敖沃剋

第二		季，	叫	"能涅"。
gei pi ti		wei ri ai mo en	gu nen	neng nie
给批提		卫日艾莫恩	故恁	能涅

六	至	七	月	为
niu e wu en	—	na di ti yin	bie e a du	ao wo kei
妞厄乌恩		纳地提因	别厄阿杜	敖沃剋

第三		季，	叫	"玖厄阿"。
yi li ti yin		wei ri ai mo en	gu nen	jiu e a
伊里提因		卫日艾莫恩	故恁	玖厄阿

八	至	九	月	为
jia pu kun	—	ye e yi ti yin	bie e a du	ao wo kei
加扑坤		叶厄伊提因	别厄阿杜	敖沃剋

第四		季，	叫	"包劳"。
di yi ti yin		wei ri ai mo en	gu nen	bao lao
地伊提因		卫日艾莫恩	故恁	包劳

十	至	十	一	月
jia an		jia an du ke	wu mu kuan	bie e a du
加安	—	加安杜克	乌姆宽	别厄阿杜

为	第五	季，	叫	"斯厄勒和"。
ao wo kei	tun e yi ti yin	wei ri ai mo en	gu nen	si e le he
敖沃剋	屯厄伊提因	卫日艾莫恩	故恁	斯厄勒和

十二		至	一	月
Jia an du ke jiu ri		—	wu mu kao yi ti yin	bie e a du
加安杜克纠日			乌姆考伊提因	别厄阿杜

为	第六	季,	叫	"图厄"。
ao wo kei	niu e yi ti yin	wei ri ai mo en	gu nen	tu e
敖沃剋	妞厄伊提因	卫日艾莫恩	故恁	图厄

注：由于地理环境和气候条件的影响，猎民根据不同时期的狩猎特点，在生产和实践中总结出适合狩猎生产的季节划分。这种季节的划分只适用于这个地区的鄂温克猎民狩猎和放牧情况。

（5）饲养　驯鹿
　　yi ri gei ri du　ao rao en
　　伊日给日杜　敖饶恩

你	有	多少头	驯鹿？
si yi	bie hen	ke te wu	ao rao en
司伊	别很	克特乌	敖饶恩

七	十多头。		
na dan	jia ri du ke hu le ke		
纳丹	加日杜克呼勒克		

你的	驯鹿	挺多。	
si yi ni	ao rao en nei	shao ma ke te	
司伊尼	敖饶恩内	少玛克特	

不多,	有	比我	多的。
e qie ke te	bi ri	min du	ke te e te mo qi
厄切克特	比日	敏杜	克特厄特莫其

驯鹿	好	饲养吗？	
ao rao en	a ya	yi ri gei ri du	
敖饶恩	阿牙	伊日给日杜	

都吃	什么？		
jie pei wei	kei ai kun ma		
介培为	剋埃坤玛		

驯鹿	在	不同	季节，
ao rao en	bi ri	hong tu tao ne	wei ri ai mo du
敖饶恩	比日	洪图涛讷	卫日艾莫杜

采食		不同的	食物。
ao eng kao wo kei		hong tu tao ne er	jie pei kei ti wo
敖鞴考沃剋		洪图涛讷尔	介培剋提沃

一年当中，	地衣（苔藓）		
an e a nei du	ao eng kao		
安厄阿内杜	敖鞴考		

是	驯鹿	唯一的	食物。
bi hei	ao rao en	sa mai di man	bi li gan
比黑	敖饶恩	萨买地曼	比利甘

五	至	六	月份，
tun e a		niu e wu en	bie e a du
屯厄阿	—	妞厄乌恩	别厄阿杜

采食	胡子草	和	苔草。
ao eng kao wo kei	pu shei sha	de	mao he wo
敖鞴考沃剋	普谁沙	得	毛合沃

六	至	七	月份，	喜	食
niu e wu en		na dan	bie e a du	a ya wo ri	ao eng kao en
妞厄乌恩	—	纳丹	别厄阿杜	阿牙沃日	敖鞴考恩

各种	青草，	如	柳兰、
sa ke yi	qiu ka er ba	bi wei kei	kei pi ri
萨克伊	秋卡尔巴	比为剋	剋批日

天竺葵、	蓟树叶等。		
gei ran nei	bo jia ke a ba dan na er ban		
给然内	波加克阿巴丹纳尔板		

各种	柳树、	桦树的	枝叶
sa ke yi	sai ke ta	qia er ban	a ba dan nan
萨克伊	塞克塔	恰尔板	阿巴丹南

都是	驯鹿	极重要的	食物。
wei si	ao rao e	na da di ma lin	bu li gan
危斯	敖饶恩	纳达地马林	比利甘

夏季，	驯鹿	都在	小河	边
jiu e a	ao rao en	wei si tun	bei ri a kan	teng ke li
纠厄阿	敖饶恩	危斯屯	贝日阿坎	腾克里

和	潮湿	地段	采食。
de	wu la pu kun	dun ne li	ao eng kao wo kei
得	乌拉扑坤	盾讷里	敖鞯考沃剋

八	月份，	觅食	蘑菇，
jia pi kei ti yin	bie e a du	jie pei li wei kei	de wo en e ke te le
加批剋提因	别厄阿杜	介培里危剋	得沃恩厄克特勒

如	红	菇	属、	曲线乳菌、
bi wei kei	hu la la ma	de wo en	e ke te	a ri ma de wo en e ke te
比为剋	呼拉腊马	得沃恩	厄克特	阿日玛得沃恩厄克特

凤菌		属等。
si e a ri yin de wo en		e ke te er
司厄阿日因得沃恩		厄克特尔

十	月份，	主要	饲料
jia e yi ti yin	bie e a du	sa mai	bi li gan
加厄伊提因	别厄阿杜	萨买	比利甘

山地	苔原、	平地	冰孢	地衣，
wu re du	ao eng kao wo	a mu nu	en na	ao eng kao wo
乌热杜	敖鞯考沃	阿姆奴	恩纳	敖鞯考沃

也	采食	干	草。
tao sa	ao eng kao wo kei	ka ta kei yin	ao rao ke tao wo
涛萨	敖鞦考沃剋	卡塔剋因	敖扰克涛沃

松萝（黑丝草）	是	驯鹿	冬季
le wo ke te	bi ri	ao rao en	tu e nei du
勒沃克特	比日	敖饶恩	图厄内杜

爱吃的	食物。
jie pei kei qin	bi li gan
介培剋芹	比利甘

节骨草（林向荆）	也是	驯鹿	常	吃的	食物。
si yi wa ke te	tao sa	ao rao en	da ku er	jie pei kei qin	bi li gan
司伊瓦克特	涛萨	敖饶恩	达库尔	介培剋芹	比利甘

从	驯鹿	食性	来看,
e ri	ao rao en	jie pei kei ti wan	yi qie mi
厄日	敖饶恩	介培剋提万	衣切米

地衣	是	驯鹿	唯一的	食物,
ao eng kao	bi qia	ao rao en	e le mo en	bi li gan
敖鞦考	比恰	敖饶恩	厄勒莫恩	比利甘

所以	要把	地衣	多的	地方
ti ka jin	na da	ao eng kao	ke te di	mie si te wo
提卡劲	纳达	敖鞦考	克特地	灭斯特沃

作为	冬季	牧场。
ao wo ran	tu e du	ao eng kao wo kei ti ya
敖沃然	图厄杜	敖鞦考沃剋提亚

夏季	选择	柳树	灌丛的
jiu e a	si yin ma ran	sai ke ta qi	ao ke ta qi
纠厄阿	司因马然	塞克塔其	敖克塔其

地方	作为	牧场，			
mie si te wo	ao wo ran	ao eng kao wo kei ti ya			
灭斯特沃	敖沃然	敖鞦考沃剋提亚			

因为	驯鹿	经常	采食		其叶。
pa si kuo le ku	ao rao en	da ku er	ao eng kao wo kei		a ba dan na er ba
帕斯括勒库	敖饶恩	达库尔	敖鞦考沃剋		阿巴丹纳尔巴

通过	你	讲的，	知道	驯鹿
ti ka	si yi	gu ne kei si	sa ran	ao rao en
提卡	司伊	故讷剋斯	萨然	敖饶恩

吃的	食物	种类	很多。
jie pei kei qin	bi li gan	hong tu mao lin	shao ma ke te
介培剋芹	比利甘	洪图毛林	少玛克特

实际上	驯鹿	吃的	食物	有？
te jie mo jin	ao rao en	jie pei kei qin	bi li gan	bi hei
特介莫劲	敖饶恩	介培剋芹	比利甘	比黑

一百		多种。	
niang ma du ke		hu le ke hong tu lin	
酿玛杜克		呼勒克洪图林	

等下次，	你	再	讲讲
ta du ke da kei yin	si yi	yi suo	wu lu gu qia en da wei
塔杜克达剋因	司伊	伊索	乌录故恰恩达危

驯鹿的	习性，	今天	我们
ao rao en ni	bi kei ti wan	e hei ti kan	bu wu
敖饶恩尼	比剋提万	厄黑提坎	布乌

就	回去了。
nu qiu	e a ti wo en
姆秋	厄阿提沃恩

敖鲁古雅使鹿部落鄂温克语言（词汇）

我们	也	下山去	买	东西。
bu wu	tao sa	e wo e a ti wo en	ga na jia	yi de e le
布乌	涛萨	厄沃厄阿提沃恩	嘎纳加	伊得厄勒

那	咱们	一起	走吧。	
ke	mei ti	wu mu kuan du	e ne e a te	
可	玫体	乌姆宽杜	厄讷厄阿特	

你	要买的	东西	都	买了吗？
si yi	ga e a ti wei	yi de e le	wei si	gan nei wu
司伊	嘎厄阿提危	伊得厄勒	危斯	甘内乌

都	买了。
wei s	ga da ri wei
危斯	嘎达日危

明天	咱们	上	山	有	车吗？
ti mi	mei ti	tu kei ti ren	e ge dan du la	bie hen	ma si na
提米	玫体	图尅提任	厄格丹杜拉	别很	马斯纳

有。
bie hen
别很

附近	苔藓	没了，	驯鹿	没
da e a du	ao eng kao	a qin ao qia	ao rao en	a qin
达厄阿杜	敖鞥考	阿芹敖恰	敖饶恩	阿芹

吃的了，		该	搬到	有
jie peie a ti yin		bi qia	nu li gei da	bi hei
介培厄阿提因		比恰	奴里给达	比黑

苔藓的	地方。
ao eng kao qi	mie si te la
敖鞥考其	灭斯特拉

什么	时候	搬家?	
ao kei yin	wei ren mo li	nu li gei ren	
敖尅因	危任莫里	奴里给任	

明天	去选	地方。	
ti mi	si yin mana ran	mie si te ye	
提米	斯因马纳然	灭斯特耶	

去找	驯鹿。
ao nao rao en	ao rao en mo
敖闹扰恩	敖饶恩莫

驯鹿	在	哪个方向呢?
ao rao en	bi jie ren	yi ri gei da la ke
敖饶恩	比介任	伊日给达拉克

可能	在	那	小河沟。
mao si te	bi jie ren	te ri	bei ri a kan du
毛斯特	比介任	塔日	贝日阿坎杜

在那儿	没有	的话	就在	河下游。
ta du	a qin	bi mi	bi jie a en	bei ri a e ya kei yin
塔杜	阿芹	比米	比吉厄阿恩	贝日阿厄亚尅因

驯鹿	找回	来了。	
ao rao en mo	ba ka qia er	e mu re	
敖饶恩莫	巴卡恰尔	厄姆热	

给	驯鹿	笼火	弄烟。
ta ri	ao rao en	sa mo e yin ma	ti pi li wei ka nen
塔日	敖饶恩	萨莫厄因玛	提批里为卡恁

打桦子,	给烤列巴炉	打桦子	
ma la jia ran	pie qi du	mao la ran	
毛拉加然	撇其杜	毛拉然	

抓驯鹿	赶驯鹿		
jia wa ti ran ao rao en mo	yi li ba ren ao rao en mo		
加瓦提然敖饶恩莫	伊里巴任敖饶恩莫		

锯	驯鹿	茸	
qi ku ran	ao rao en	yi ye wan	
奇库然	敖饶恩	伊叶万	

挤	驯鹿	奶	
si ri jia ran	ao rao en	wu kun man	
斯日加然	敖饶恩	乌坤曼	

（6）驯鹿的　　特征

ao rao en ni　　yi qie den
敖饶恩尼　　伊切拖

有	黑色的、	白色的、	花色的、
bi wei kei	kuang nao ri yin	ba ge da ri yin	a la ao niao qi
比危剋	况闹日因	巴嘎达日因	阿拉敖鸟其

毛被		花斑的。	
ai yin e a ke tan		mo ke ne	
埃因厄阿克坦		莫克讷	

不同	颜色	驯鹿的	名称：
hong tu mao er	ao niao qi	ao rao en ni	ge re bin
洪图毛尔	敖鸟其	敖饶恩尼	格热宾

白鹿（公）	白鹿（母）	纯黑鹿（公）	纯黑鹿（母）
qia er ka	qia er ka kan	ka ri a kei qin	kuang nao mo tie
恰尔卡	恰尔卡坎	卡日阿剋芹	况闹莫铁

棕色鹿（公）	棕色鹿（母）	灰色鹿（公）	灰色鹿（母）
sa ha	sa ha kan	bao rao eng qiao en	gu lu kan
萨哈	萨哈坎	包饶鞥乔恩	古录坎

雪白鹿（公）	雪白鹿（母）	花白鹿（公）	花白鹿（母）
hu ru re	qi si kei li	a la	a la kan
呼如热	奇斯剋里	阿腊	阿腊坎

白黑鹿（公）	白黑鹿（母）	驯鹿	公鹿
bu gu di	bu gu di qia an	ao rao en	si yi ru
布古地	布古地恰安	敖饶恩	斯伊如

母鹿	仔鹿	小鹿（公）	小鹿（母）	骟过的鹿
niang mi	eng ne kan	su you kan	niang mu kan	gei li ge
酿米	鞡讷坎	苏又坎	酿姆坎	给利格

4. 宗教信仰　te jia kei qin（wei ri a wani ye）
　　　　　　　特加剋芹（危日阿洼尼叶）

天神（神仙）	火神	玛鲁神
bo ru kan	tao e ao ma lu	ma lu
伯儒坎	陶厄敖玛鲁	玛鲁

萨满教	占卜	鬼	魔鬼
sa man	sha hei wo en	ba le bu ka	hao ri gei
萨满	纱黑沃恩	巴勒布卡	哈日给

5. 一些常用语　ha di li ti yin　da ku er　tu ri a qi wo re
　　　　　　　哈地里提因　达库尔　图日阿其沃热

政府	公安局	派出所	民警
kan tao re	jia wa mo e wu qian	jia wa mo e wu li	jia wa mo e wu
坎涛热	加瓦莫厄乌迁	加瓦莫厄乌里	加瓦莫厄乌

军队	军人	人民	工人
sa la da ti li	sa la da te	na rao ao te	sa wo te qian
萨腊达提里	萨腊达特	纳扰敖特	萨沃特迁

农民	商人	厨师	男人
ta rie a qian	ke de xie qian（wu nei qian）	pao wa re	bo ye bo ye
塔日厄阿迁	克得协迁（乌内迁）	泡瓦热	波叶波叶

牧民	猎民	特务	土匪
pa si tu qian	e a li qian	tao ke kun	kang ku si
帕斯图迁	厄阿里迁	涛克坤	抗库斯

男孩	女孩	老年人	女人
bo ye te kan	a ha te kan	sa ge di bo ye	a hei bo ye
波叶特坎	阿哈特坎	萨格地波叶	阿黑波叶

国庆节	春节	三八节	
kan ni pei ri a si ni kei	peri a si ni kei	a ha er pei ri a si ni kei	
坎尼培日阿斯尼剀	培日阿斯尼剀	阿哈尔培日阿斯尼剀	

铁路	火车	火车站	
se le mo hao kao tao	pao yi si	pao yi si yi li kei ti	
色勒莫好考涛	跑伊斯	跑伊斯伊里剀提	

公路	汽车	汽车站	
ma si na hao kao tao	ma si na	ma si na yi li kei ti	
马斯纳好考涛	马斯纳	马斯纳伊里剀提	

银行	邮局	百货	商店
meng e wu en na kei ti	wu eng na kei ti	ke te yi de e qi	ke de xie
蒙厄乌恩纳剀提	乌鞥纳剀提	克特伊得厄其	克得谢

书店	粮店	茶叶	店
kei ni si ke ga kei ti	bi li ga ga kei ti	qia yi	wu nei ye kei ti
剀尼斯克嘎剀提	比利嘎嘎剀提	恰衣	乌内叶剀提

饭店	旅店	服装店	舞厅
si lu kei ti	an e a ti kei ti	te e te ke ga kei ti	yi ka kei ti
斯录剀提	安厄阿提剀提	特厄特克嘎剀提	伊卡剀提

浴室	照相馆
ban ni da kei ti	nie mie te ta kei ti
扳尼达剋提	涅灭特塔剋提

第五章　一些词汇用语

成年驯鹿

第五章　一些词汇用语

ha di li ti yin　　tu ri a qi wo re　　tu ran nei yin
哈地里提因　　图日阿其沃热　　图然内因

1. 时间　wei ren mo（shao lao）
   危任莫（绍劳）

时期
ta li wei ren mo（ta li）
塔利危任莫（塔利）

前一	时期	青年	时期
a ma ri pi ti	wei ren mo	e de re e hei wei	ta li
阿马日批提	危任莫	厄得热厄黑危	塔利

期间
a di er la du（wei ren mo li）
阿地尔拉杜（危任莫里）

节日	期间
pei ri a si ni ke	wei ren mo li
培日阿斯尼克	危任莫里

驯鹿		接羔		期间	
ao rao en		eng ne kang ri yin		wei ren mo li	
敖饶恩		鞥讷抗日因		危任莫里	

时候
wei ren mo
危任莫

现在	什么	时候?	
e hei ti kan	ai kun	wei ren mo	
厄黑提坎	埃坤	危任莫	

还	未	到	时候,
yi suo	e qia	yi si ta	wei ren mo
伊索	厄恰	伊斯塔	危任莫

到	时候	再看。
ai si ta kei yin	wei ren mo	yi qie e te en
埃斯塔剋因	危任莫	伊切厄特恩

时刻
ka si nai du（ta li ka kei yin）
卡斯耐杜（塔里卡剋因）

关键	时刻,	时刻	不忘
sa mai na da	ta li ka kei yin	ka si nai du	jiao en qia ran
萨迈纳达	塔里卡剋因	卡斯耐杜	叫恩恰然

时刻	注意
ka si nai du	se ren qie ne
卡斯耐杜	色任切讷

瞬间
e hei e re kan
厄黑厄热坎

一颗	流星	瞬间	消失了。
ou hei ke ta	de e ren	e hei e re kan	qiu mo ran
欧黑克塔	得厄任	厄黑厄热坎	秋莫然

现在
e hei ti kan（e re da te）
厄黑提坎（厄热达特）

我	现在	很忙。
bi	e hei ti kan	ge re bo jie mo
毕	厄黑提坎	格热波介莫

现在的	生活	比过去	好多了。
e hei ti kan	bi de	gao rao pi ti du ke	a ya te ma ri
厄黑提坎	比得	高扰批提杜克	阿牙特玛日

目前
e hei ti kan du（e hei pi ti）
厄黑提坎杜（厄黑批提）

目前的	紧要	问题。
e hei ti kan du	na da di ma	jie la
厄黑提坎杜	纳达地玛	介腊

到目前		为止，
e hei ti ka ma ke tu		bi wei kei
厄黑提卡玛克图		比危剋

驯鹿	接羔	结束。
ao rao en	eng ne kang ri yin	e te qia
敖饶恩	鞥讷抗日因	厄特恰

过去
gao rao du（yi li te nen）
高扰杜（伊里特恁）

敖鲁古雅使鹿部落鄂温克语言（词汇）

过去	我们	一块	打猎。
gao rao du	bu wu	wu mu kuan du	an e a ling kei wo en
高扰杜	布乌	乌姆宽杜	安厄阿令剋沃恩

刚才	过去	一辆	汽车。
e re da te	yi li te nen	wu mu kuan	ma si na
厄热达特	伊里特恁	乌姆宽	玛斯纳

从前
gao rao du
高扰杜

从前	我们	经常	来往。
gao rao du	bu wu	da ku er	e ma hei li di ren
高扰杜	布乌	达库尔	厄玛黑利地任

他	从前	是	猎民。
nong an	gao rao du	bi qia	an e a li qian
农安	高扰杜	比恰	安厄阿利迁

曾经
bi qia te re
比恰特热

我们	曾经是	莫逆之交。	
bu wu	bi qia te re	eng e nei mo a ya gei ri kei nen	
布乌	比恰特热	鞥厄内莫阿牙给日剋恁	

这里	曾经	发生过	火灾。
e du	bi qia te re	ao wo qia	jie ge de
厄杜	比恰特热	敖沃恰	介格得

他	曾经	来过。	
nong an	bi qia te re	e mo ke te qia	
农安	比恰特热	厄莫克特恰	

最近			
da e a li			
达厄阿里			

最近	曾	见过	他。
da e a du	bi qia	yi qie ri wei	nong an man
达厄阿杜	比恰	伊切日危	农安曼

最近	一个时期	最近的	路
da e a li	wei ren mo du	da e a di	hao kao tao
达厄阿里	危任莫杜	达厄阿地	好考涛

将来
jiu la si kei（a ma ri gu te）
纠拉斯剋（阿玛日故特）

这	是	将来的	事。
e re	yi suo	a ma ri gu te	jie la
厄热	伊索	阿玛日故特	介腊

谁	能	知道	将来
ni yi	bi ri	sa ran	jiu la si kei
尼伊	比日	萨然	纠拉斯剋

会	发生	什么	事?
bi hei	you ri	ai kun	jie la wa
比黑	有日	埃坤	介腊瓦

以后
a ma ri gu te
阿玛日故特

以后	再	谈吧。	
a ma ri gu te	da kei yin	wu lu gu qia ma te en	
阿玛日故特	达剋因	乌录故恰马特恩	

以后的	事	我	就	不	知道了。
a ma ri re lan	jie la wa	bi		ta du ke	e qie wo	sa re
阿玛日热兰	介腊瓦	毕		塔杜克	厄切沃	萨热

从今以后
e du ke jiu la si kei
厄杜克纠拉斯剀

后来
a ma re dun（a ma re lan）
阿玛热盾（阿玛热兰）

后来	再	没有	来过。
a ma re lan	da kei yin	e hei yin	e mo re
阿玛热兰	达剀因	厄黑因	厄莫热

他	是	后来的。
nong an	bi hei	a ma re gue mo qia
农安	比黑	阿玛热故厄莫恰

这	是	后来	发生的	事。
e re	te ri	a ma re dun	you qia te re	jie la
厄热	特日	阿玛热盾	有恰特热	介腊

终生		终生难忘
wu ye du wei		wu ye du wei e tan ao mo e ao rao
乌叶杜为		乌叶杜为厄坦敖莫厄敖扰

黎明
yi na er te en
伊纳尔特恩

天	已	黎明。
bu e a	ao qia	yi na er te en
布厄阿	敖恰	伊纳尔特恩

黎明	时分，	风	雨交加。
yi na er te en	wei ren mo du	e di yin ne	ti ge de jie ren
伊纳尔特恩	危任莫杜	厄地因讷	提格得介任

白天
yi neng
伊能

今天	白天	有	雨。
e hei ti kan	yi neng	bie hen	ti gei de
厄黑提坎	伊能	别很	提给得

早
te e er te ne（e re de）
特厄尔特讷（厄热得）

从早	到	晚。
te e le te ne du ke	a hei le	ta na da lan
特厄勒特讷杜克	阿黑勒	塔纳达兰

早	睡	早	起。
e re de	a hei nan	e re de	te e ren
厄热得	阿黑南	厄热得	特厄任

你	早一点儿	来。
si yi	e re de li	e mo da wei
司伊	厄热得里	厄莫达危

午
ou bie da
欧别达

上午	中午	下午
ou bie da e wo gun	ou bie da dou lin	ou bie da qia e lan
欧别达厄沃棍	欧别达斗林	欧别达恰厄兰

晚		
a hei li ta na		
阿黑利塔纳		

天色	已	晚。
bu e a	ao qia	a hei li ta na
布厄阿	敖恰	阿黑利塔纳

今	晚
e re	a hei li ta na
厄热	阿黑利塔纳

夜
dao er bao
到尔包

夜晚	一夜之间
dao er bao nei	wu mu kuan dao er bao nei du
到尔包内	乌姆宽到尔包内杜

冬天	昼	短	夜	长。
tu e	yi neng e yi	wu ru mu kun	dao er bao nei	e ounei mo
图厄	伊能厄伊	乌如姆坤	到尔包内	厄欧内莫

这时
e re mo（e re ma ke tu）
厄热莫（厄热玛克图）

这	时	他	才	想起来。
e re	ma ke tu	nong an	e le ke si	jiao ao nan
厄热	玛克图	农安	厄勒克斯	叫敖南

这时，	风刮得	更大了。
e re mo	e di nei le ren	si te ri he ge di te
厄热莫	厄地内勒任	斯特日和格地特

那时			
ta a li			
塔阿利			

那时	我们	住在	奇乾乡。
ta a li	bu w	jiu ta ran	wu ru du
塔阿利	布乌	纠塔然	乌如杜

那时	正是	夏天。	
ta a li	bi hei yin	jiu e a	
塔阿利	比黑因	纠厄阿	

那时的	规矩		
ta a li pi ti	sa kao en		
塔阿利批提	萨考恩		

何时			
ao kei yin			
敖尅因			

这是	何时	发生	的?
e re ke	ao kei yin	you qia	bi qia
厄热克	敖尅因	有恰	比恰

你	何时	有	空?
si yi	ao kei yin	bi hei	shao lao qi
司伊	敖尅因	比黑	绍劳其

2. 空间　　e mo e en（de le yin, si gei di lan）
　　　　　厄漠厄恩（得勒因，斯给地兰）

上
wu e yi la（wu e yi si ka kei, tu ku ti ren）
乌厄伊拉（乌厄伊斯卡尅，图库提任）

敖鲁古雅使鹿部落鄂温克语言（词汇）

向上		看
wu e yi si ka kei		yi qie e te en
乌厄伊斯卡剋		伊切厄特恩

爬上	山	顶。
tu ku ti ren	wu re	hao rao en du lan
图库提任	乌热	好扰恩杜兰

上树	上岸
tu ku ti ren mao ao wa	tu ku ti ren e mo ke re wo
图库提任毛敖洼	图库提任厄漠克热沃

飞机	上	天了。
de e yi wo en	wu e le ren	bu e a la
得厄伊沃恩	乌厄勒任	布厄阿拉

老鹰	飞	上	云端。
si e a qia an	de e ne	wu e le ren	tu hu li
斯厄阿恰安	得厄讷	乌厄勒任	图呼里

水位	上升了。
mu bi kei qin	wu e le qia
姆比剋芹	乌厄勒恰

下
he re gei si ka kei（he re gei la，e wo ren）
和热给斯卡剋（和热给拉，厄沃任）

下面	往下看	下山
he re gei la	he re gei si ka kei yi qie e te en	e wo ren wu re wo
和热给拉	和热给斯卡剋伊切厄特恩	厄沃任乌热沃

下火车	往下跳
e wo ren pao yi si tu ke	he re gei si ka kei he te ke nen
厄沃任跑伊斯图克	和热给斯卡剋和特克恁

左
jie yin e wu
介因厄乌

左面	左边	左手
jie yin e wu lan	jie yin e wu du	jie yin e wu e a la
介因厄乌兰	介因厄乌杜	介因厄乌厄阿拉

往左边	转弯。
jie yin ti ka kei	qiao ke qiao kao rao en
介因提卡剠	乔克乔考饶恩

右
an e wu
安厄乌

右脚
n e wu ha er gan
安厄乌哈尔甘

路的	右边	河的	右岸
hao kao tao	an e wu lan	bei ri a	an e wu en e mo ke ri yin
好考涛	安厄乌兰	贝日阿	安厄乌恩厄莫克日因

往右边	走。
an e wu li	e ne ren
安厄乌里	厄讷任

前
jiu le
纠勒

朝前	看	往前面	走
jiu la si ka kei	yi qie e te en	jiu la si ka kei	e ne ren
纠拉斯卡剠	衣切厄特恩	纠拉斯卡剠	厄讷任

前面	出现了	森林。
jiu la si kei	yi qie wo jie ren	yi ri a e
纠拉斯剋	衣切沃介任	伊日阿厄

后
a ma ri la（qia e wu）
阿玛日拉（恰厄乌）

跟在	后面	往后	走
bao dao rao en	a ma ri du ke	a ma si ka kei	e ne ren
包到扰恩	阿玛日杜克	阿玛斯卡剋	厄讷任

站在	树	后。
yi li gei ma ran	mao ao	qia e wu dun
伊里给马然	毛敖	恰厄乌盾

他	在前面	跑，
nong an	jiu le du ke	tu ha ran
农安	纠勒杜克	图哈然

我	在后面	追。
bi	a ma ri du ke	a ha ran
毕	阿玛日杜克	阿哈然

中
dou lin
斗林

这	河	中间	很	深。
e re	bei ri a	dou lin du lin	shao ma	song ta
厄热	贝日阿	斗林杜林	少玛	松塔

树林	中间	有	犴。
yi ri a e	dou lin dun	bie hen	tao kei（bo yun）
伊日阿厄	斗林盾	别很	涛剋（波云）

站在	道路	中间。
yi li gei ma ran	hao kao tao	dou lin dun
伊里给马然	好考涛	斗林盾

里面
dao lan（dao dun）
到兰（到盾）

箱子	里面	装的	是衣服。
qie ma dan	dao dun	te wo qia	te te ke wo
切马丹	到盾	特沃恰	特特克沃

把列巴	装在	口袋	里面。
kei lie bo wo	di ren	ku lu kan	dao dun
尅列波沃	迪任	库录砍	到盾

内部
dao du（dao dun）
到杜（到盾）

家族	内部	内部	纠纷
jiu e an	dao dun	dao du	ai dan
纠厄安	到盾	到杜	埃丹

深处
dao lan（song ta di yin）
到兰（松塔地因）

森林	深处	海洋深处
yi ri a e	dao lan	mao re song ta di lan
伊日阿厄	到兰	毛热松塔地兰

外面
tu lu gu du（tu lin）
图录故杜（图林）

外面	有人	找	你。
tu lin	bo ye	ge la ke te ren	si ne
图林	波叶	格拉克特任	司讷

外面	冷	得	很。
tu lin	yie	ni hei	shao ma
图林	伊厄	尼黑	少玛

撮罗子	外面	是一片	小桦树。
jiu wu	tu lu gu lin	wei hei yin	qia er ba te kan
纠乌	图录故林	危黑因	恰尔巴特坎

外部
tu lu gun
图录棍

外部造型		外部受伤
tu lu gun ao mo ran		tu lu gun hu ye qi
图录棍敖漠然		图录棍呼叶其

对面
jiu le la（jiu le du）
纠勒拉（纠勒杜）

对面	来了	一个人。
jiu le la	e mo jie ren	wu mu kuan bo ye
纠勒拉	厄莫介任	乌姆宽波叶

对面	开来	一辆	汽车。
jiu le du	e mo er qia	wu mu kuan	ma si na
纠勒杜	厄漠尔恰	乌姆宽	玛斯纳

在对面	站着。
jiu le du	yi li gei ma ran
纠勒杜	伊里给玛然

旁边
jia po ka lin（kei ran）
加坡卡林（剋然）

撮罗子	旁边	是	驯鹿	圈。
jiu wu	kei ri a dun	bi ri	ao rao en	ku ri ai
纠乌	剋日阿盾	比日	敖饶恩	库日埃

马路	旁边	栽的	都是	杉树。
wu li kei cha	jia po ka lin	ta ri wo qia	wei si	a hei kei ta mao wa
乌里剋岔	加坡卡林	塔日沃恰	危斯	阿黑剋塔毛瓦

附近
da e a du
达厄阿杜

附近	的	狩猎		点。
da e a du	bi ri	an e a li qian		wu ri le en
达厄阿杜	比日	安厄阿里迁		乌日勒恩

他	家	就在	附近。
nong an	jiu en	e du da te	da e a du
农安	纠恩	厄杜达特	达厄阿杜

附近	地区。
da e a du	mie si te er
达厄阿杜	灭斯特尔

周围
kei ri a du（ku ru guo mo）
剋日阿杜（库如果莫）

周围	一个	人	也	没有。
kei ri a du	wu mu kuan ke te	bo ye	tao sa	a qin
剋日阿杜	乌姆宽克特	波叶	桃萨	阿芹

周围	五	千米	没有	驯鹿。
ku ru guo mo	tun e a	wei ri si te li	a qin	ao rao en
库如果莫	屯厄阿	危日斯特利	阿芹	敖饶恩

地点
mie si te en
灭斯特恩

约会地点	出事地点
ba ka er di kei ti mie si te en	you jia kei yin jie la mie si te en
巴卡尔地提剋灭斯特恩	有加剋因介腊灭斯特恩

地方
mie si te（bu e la）
灭斯特（布厄拉）

他	是	什么	地方的	人？
nong an	bi ri	ai kun	mie si te qian	bo ye
农安	比日	埃坤	灭斯特迁	波叶

非	常	好的	地方。
eng e	nei mo	a ya bi ri	mie si te
鞥厄	内莫	阿牙比日	灭斯特

无	人烟的	地方。
a qin	bo ye bi hei	mie si te
阿芹	波叶比黑	灭斯特

地带
mie si te er
灭斯特尔

草原	地带	沙漠	地带
ke wo re	mie si er te	si ri gei lang	mie si te er
克沃热	灭斯特尔	斯日给郎	灭斯特尔

这里			
e du (e li)			
厄杜（厄里）			

他	是	这里的	人。
nong an	bi ri	e re qian	bo ye
农安	比日	厄热迁	波叶

这里	在搭		撮罗子。
e du	jiong jia ran		jiu wu wa
厄杜	窘加然		纠乌瓦

这里	凉快些		
e du	shang e wu en bi hei		
厄杜	尚厄乌恩比黑		

哪里				
yi la (yi du ke)				
伊拉（伊杜克）				

我	哪里	知道	你们的	事。
bi	yi la	sa ran	shun ni wo	jie la wa
毕	伊拉	萨然	顺尼沃	介拉瓦

你	从哪里	来？
si yi	yi du ke	e mo en nei
司伊	伊杜克	厄漠恩内

你	去	哪里？
si yi	hu ru jun nei	yi la
司伊	呼如君内	伊拉

那里
ta la
塔拉

你们	老家	那里	下雪吗？
su wu	bi kei ti tu	ta la	yi ma na wo kei wu
苏乌	比剋提图	塔拉	伊玛纳沃剋乌

那里	我	一次	也	没有	去过。
ta la	bi	wu mu na ke te	tao sa	e hei wo	yi si ta
塔拉	毕	乌姆纳克特	桃萨	厄黑沃	伊斯塔

何处

yi du
伊杜

人	在	何处？
bo ye	bi jie ren	yi du
波叶	比介任	伊杜

他	住在	何处？
nong an	jiu ran ta	yi du ke
农安	纠然塔	伊杜克

你	打算	往何处	去？
si yi	gun qie ren	yi la ke	hu ru run
司伊	棍切任	伊拉克	呼如闰

到处

wei si lin（wei si tu li）
危斯林（危斯图里）

到处	打听。
wei si lin	han e wu ke ta ran
危斯林	汉厄乌克塔然

到处	都	找了，
wei si lin	ku ru qia	ge la ke te ren
危斯林	库如恰	格拉克特任

也没	找到	他。
e qie wo	ba ka ri a	nong an man
厄切沃	巴卡日阿	农安曼

祖国
kan mei
坎玫

热爱祖国	保卫祖国
a ya wo ran kan mei	ka ri a ai ran kan mei
阿牙沃然坎玫	卡日阿埃然坎玫

内地
dao e a an mie si te
到厄安灭斯特

他	到	内地	去了。
nong an	ta la	dao e an mie si te la	hu ru qiao
农安	塔拉	到厄安灭斯特拉	呼如乔

迁往	内地。
nu li gei ren	dao e an mie si te la
奴里给任	到厄安灭斯特拉

到	内地	去。
ta la	dao e an mie si te la	hu ru run
塔拉	到厄安灭斯特拉	呼如闰

国内
kan dao du
坎到杜

这	是	国内	新	产品。
e re	te ri	kan ni ti	ao ma ke ta	wu nei yin yi de e
厄热	特日	坎尼提	敖玛克塔	乌内因伊得厄

家乡
bi kei qi wei（bi jia kei wei）
比剋其危（比加剋危）

我的	家乡	敖鲁古雅。
min ni	bi jia kei wei	hu lu wu ya
敏尼	比加剋危	呼鲁乌亚

远方
gao rao lao
告扰劳

远方的	来客	流落	远方
gao rao qian bi ri	e mo qia ma ta	bi ke te jie ren	gao rao lao
告扰迁比日	厄莫恰玛塔	比克特介任	告扰劳

向	远方	看
ta li	gao rao te kao kei	yi qie e te en
塔里	告扰特考剋	伊切厄特恩

领土
mie si te en
灭斯特恩

保卫	领土	国家的	领土
ka ri a ai ran	mie si te wei	kan ni li	mie si te en
卡日阿埃然	灭斯特危	坎尼里	灭斯特恩

边界
gei ri ani qia
给日阿尼恰

越过	边界	划定	边界
he de qia	gei ri ani qia li	ti po ken nen	gei ri ani qia wan
和得恰	给日阿尼恰里	提坡肯恁	给日阿尼恰万

边境			
gei ran ni qia			
给然尼恰			

边境	地区	偷越	边境
gei ran ni qia	mie si te er	jie lu mo he de qia	gei ran ni qia li
给然尼恰	灭斯特尔	介录莫和得恰	给然尼恰里

边缘
jia po ka lin
加坡卡林

森林	边缘	边缘	地区
e ge dan	jia po kan	jia po ka la	mie si te
厄格丹	加坡坎	加坡卡拉	灭斯特

洞	穴
hu qie ke	kao eng die（bie xie ri a）
呼切克	考鞬迭（别协日阿）

这	山上	有	洞	穴。
e re	wu re du	bie hen	hu qie ke	kao eng die
厄热	乌热杜	别很	呼切克	考鞬迭

坑
qiao eng tu ke
乔鞬图克

路上	坑坑洼洼。
hao kao tao du	qiao eng tu ke ta ne
好考涛杜	乔鞬图克塔讷

污水	坑	洼	地。
niang ri a mu	qiao eng tu ke	qiao eng tu ke	dun ne
酿日阿姆	乔鞬图克	乔鞬图克	盾讷

这里	是	一片	洼	地。
e re li	bi ren	wei hei yin	qiao eng tu ke	dun ne
厄热里	比仁	危黑因	乔鞲图克	盾讷

3. 数量　ke te en（tang e wu lin）
　　　克特恩（堂厄乌林）

这些	数量	不	够。
e ri li	ke te en	e tan	yi si ta
厄日里	克特恩	厄坦	伊斯塔

人	数
bo ye	tang e wu en
波叶	堂厄乌恩

放	驯鹿	的	人	数	有	多少？
ka ri a jia ri	ao rao en	mo	bo ye	tang e wu en	bi hen	yi ri ba
卡日阿加日	敖饶恩	莫	波叶	堂厄乌恩	比很	伊日巴

分数
tang e wu lin
堂厄乌林

一	百	分
wu mu kuan	niang ma	tang e wu lin
乌姆宽	酿玛	堂厄乌林

打	分
dou ke tan	tang e wu wan
斗克坦	堂厄乌万

这些	分数	不	够	及格	分数。
e ri li	ke te en	e tan	yi si ta	e le kei yin du	tang e wu en
厄日里	克特恩	厄坦	伊斯塔	厄勒剋因杜	堂厄乌恩

总	数
wei hei yin	tang e wu en
危黑因	堂厄乌恩

全	年	收入	总	数。
wei si	an e a nei du	ba ka wo nan	wei hei yin	tang e wu en
危斯	安厄阿内杜	巴卡沃南	危黑因	堂厄乌恩

合	计
wu mu	nu bu gei ni
乌姆	奴布给米

全	敖鲁古雅乡	合计
wei si	hu lu wu ya qian	wu mu nu bu gei mi
危斯	呼鲁乌亚迁	乌姆奴布给米

五百	多	人。
tun e a niang ma	ke te	bo ye
屯厄阿酿马	克特	波叶

一个
wu mu kuan en
乌姆宽恩

有	一个	人	在等	你。
bi hei	wu mu kuan en	bo ye	a la a te tan	si ne
比黑	乌姆宽恩	波叶	阿拉阿特坦	司讷

来了	一个	外国	人
e mo ren	wu mu kuan en	hong tu kan ni	bo ye
厄莫任	乌姆宽恩	洪图坎尼	波叶

两个
jiu ri（jiu re）
纠日（纠热）

他	来	两个		星期了。	
nong an	e mo ne en	jiu ri		ne die le ao qia	
农安	厄莫讷恩	纠日		讷跌勒敖恰	

他们	两个	人	都不	去。
nong a ri ti yin	jiu re	bo ye	yi ri ke te e qie	hu ru ru
农阿日提因	纠热	波叶	伊日克特厄切	呼如入

两个	月
jiu re	bie e a
纠热	别厄阿

一些
e ri hao er（ha di li ti yin）
厄日好尔（哈地里提因）

粮食	还	剩下	一些。
bi li ga	yi suo	su la po qia	e ri hao er
比里嘎	伊索	苏拉坡恰	厄日好尔

只有	这	一些	钱了，
bi hei li	e ri	hao er	meng e wu en
比黑里	厄日	好尔	蒙厄乌恩

用完	就没了。
ma na mi ta du ke	a qinao ran
马纳米塔杜克	阿芹敖然

几个
a di ka
阿地卡

明天	来	几个	人？
ti mi	e mo ren	a di	bo ye
提米	厄莫任	阿地	波叶

一共	几个	人？
wei si mo	a di	bo ye
危斯莫	阿地	波叶

大约
mo te re（bu ka）
莫特热（布卡）

他	大约	不会	来了。
nong an	bu ka	e tan	e mo re
农安	布卡	厄坦	厄莫热

大约	值	五十	元。
mo te re	ta man nei yin	tun e a jia ri	wu ru po
莫特热	塔曼内因	屯厄阿加日	乌如坡

有	五十	里地。
bi hei	tun e a jia ri	wei ri si te
比黑	屯厄阿加日	危日斯特

长度
e ou nei min
厄欧内敏

这	房间的	长度	为	十米。
e re	jiu kao mo na kei yin	e ou nei min	bi ren	jia an mie te ri
厄热	纠考莫纳剋因	厄欧内敏	比仁	加安咩特日

量	桌子	长度。
mie ri ren	ji ying kei	e ou nei min wan
灭日任	吉应剋	厄欧内敏万

长度	等于	五	米。
e ou nei min	ao ran	tun e a	mie te ri
厄欧内敏	敖然	屯厄阿	咩特日

宽			
a er bi			
阿尔比			

河	宽	一百	米。
bei ri a	a er bin	wu mu kuan niang ma	mie te re
贝日阿	阿尔宾	乌姆宽酿玛	咩特热

这条	马路	很	宽。
e re	hao kao tao	shao ma	a er bi
厄热	好考涛	少玛	阿尔比

一	米	宽的	布料。
wu mu kuan	mie te re	a er bi	ao nao ke tao
乌姆宽	咩特热	阿尔比	敖闹克桃

范围
de le yin（bi hei lin）
得勒因（比黑林）

扩大	牧场	范围。
he ge du re ren	ao eng kao wo kei te	de le yi wan
和格杜热任	敖鞥考沃剠特	得勒伊万

地区	范围	职责	范围
mie si te	de le yin	jia wo la kei qin	bi hei lin
灭斯特	得勒因	加沃拉剠芹	比黑林

高
gou ge da
勾格达

高	山	高	房	子高	价
gou ge da	wu re	gou ge da	jiu wu	gou ge da	ta ma nei yin
勾格达	乌热	勾格达	纠乌	勾格达	塔马内因

地势	高			
dun nen	gou ge da			
盾恁	勾格达			

这棵	树	高	三十	米。
e re	mao ao	gou ge dan	ai lan jia ri	mie te ri
厄热	毛敖	勾格丹	埃兰加日	咩特日

深
song ta
松塔

河	水	深	三	米。
bei ri a	mu en	song ta en	ai lan	mie te re
贝日阿	姆恩	松塔恩	埃兰	咩特热

雪	的	深度。
ai man na	bi hei	song ta en
埃曼纳	比黑	松塔恩

厚
di ri a mo
地日阿莫

厚	木板	厚	衬衣
di ri a mo	mao ka pa ta ka	di ri a mo	wu ru ba kei
地日阿莫	毛卡帕塔卡	地日阿莫	乌如巴剋

厚	纸	厚	被子
di ri a mo	gou ma e yi	di ri a mo	hu wu er la
地日阿莫	勾马厄伊	地日阿莫	呼乌尔拉

速度
hei ma en
黑玛恩

敖鲁古雅使鹿部落鄂温克语言（词汇）

驯鹿	跑的	速度	很	快。
ao rao en	hu kei ti ri yin	hei man	shao ma	hei ma
敖饶恩	呼剋提日因	黑曼	少玛	黑玛

减低	速度	加	快	速度
a ri a ku li wei ran	hei ma wan	hei ma	li wei ran	hei ma wan
阿日阿库利危然	黑玛万	黑玛	利危然	黑玛万

韧度
ni ya er bu ri nei
尼亚尔布日内

韧度	很	强。
ni ya er bu ri nei	shao ma	man nei
尼亚尔布日内	少玛	曼内

强度
eng e nei
鞥厄内

灯光	强度	太大。
lan pa e a ri nei	eng e nei	he ge di
兰帕厄阿日内	鞥厄内	和格地

硬
mang e a hei
芒厄阿黑

土地	坚硬	如	石。
dun ne	mang e a hei	mo te re	jiao lao
盾讷	芒厄阿黑	莫特热	胶劳

硬	度	硬	木
mang e a hei	bi hei yin	mang e a hei	mao ao
芒厄阿黑	毛黑日	芒厄阿黑	毛敖

硬	煤
mang e a hei	ai er la
芒厄阿黑	埃尔腊

密度
ke te di yin（ti pi ti ran，gu si da ta）
克特地因（提批提然，故斯达塔）

人口	密度	森林	密度
bo ye er	ke te di yin	yi ri a ke te er	ti pi ti ran
波叶尔	克特地因	伊日阿克特尔	提批提然

纯度
yi ri a si ma（qi si ta yi）
伊日阿斯玛（奇斯塔伊）

高	纯度	纯度	标准
gou ge da	qi si ta yi	yi ri a hei yin	jiu kei ti yin
勾格达	奇斯塔伊	伊日阿黑因	纠剋提因

温度
niang ma hei yin（he ku hei yin）
酿玛黑因（和库黑因）

温度	上升	五	度。
niang ma hei yin	wu e le qia	tun e a	gei ri a di si la
酿玛黑因	乌厄勒恰	屯厄阿	给日阿迪斯拉

温度	下降	五	度。
niang ma hei yin	he re ge le qia	tun e a	gei ri a di si la
酿玛黑因	和热格勒恰	屯厄阿	给日阿迪斯拉

热度
he ku hei yin（si re jie ri yin）
和库黑因（斯热介日因）

萨弥（为鹿燃木熏蚊的烟火）

这里	热度	太	高。
e du	he ku hei yin	eng e nei	gou ge da
厄杜	和库黑因	勒厄内	勾格达

热度	不退	量	热度
he ku hei yin	ba ran mu qiu ri a	mie ri ren	he ku hei wan
和库黑因	巴然姆秋日阿	灭日任	和库黑万

距离
gao rao en
高扰恩

这里	距离	敖鲁古雅乡	一	千米。
e du ke	gao rao en	hu lu wu ya la	wu mu kuan	wei ri si te
厄杜克	高扰恩	呼鲁乌亚拉	乌姆宽	危日斯特

根河	距离	狩猎点
ge an du ke	gao rao en	an e a li qian ti kei
格安杜克	高扰恩	安厄阿利迁提剀

有	二	百	千米
bi hei	jiu ri	niang ma	wei ri si te
比黑	纠日	酿玛	危日斯特

间隔
si gei di lan（yin tie ri wa li）
斯给地兰（因铁日洼里）

间隔着	种植。
si gei di la qi te	ta re ran
斯给地拉其特	塔热然

前	后	间隔	十	年。
e le ke si tu ke	a ma re lan	si gei di lan	jia an	an e a nei
厄勒克斯图克	阿玛热兰	斯给地兰	加安	安厄阿内

里程
gao rao en（hao kao tao en）
高扰恩（好考涛恩）

往	返	里程	生命的	里程
a ma si kei	tane	gao rao en	yi yin jie ri wei	hao kao tao en
阿玛斯剋	塔讷	高扰恩	伊因介日为	好考涛恩

路	程
hao kao tao	tao gao rao en
好考涛	高扰恩

路程		遥远。
hao kao tao en		eng e nei mo gao rao
好考涛恩		鞥厄内漠高扰

三	百	里	路程。
ai lan	niang ma	wei ri si te	hao kao tao en
埃兰	酿玛	危日斯特	好考涛恩

两天	的	路程。
jiu ri yi ne	e yi	hao kao tao en
纠日衣讷	厄伊	好考涛恩

射程
hao da kei qin（gao ru le lin）
好达剋芹（高如勒林）

这	种	步枪的	射程	远。
e re	ge qin	bo reni	hao da kei qin	gao rao lao
厄热	格芹	波热尼	好达剋芹	高扰劳

小口径步枪		有效	射程
man qi kei ri si ka		a ya te	hao da kei qin
曼奇剋日斯卡		阿亚特	好达剋芹

为	五十	米。
bi ri	tun e a jia ri	mie te ri
比日	屯厄阿加日	咩特日

4. 方向　dou lu gu ti yin（dou lin du）
　　　　斗录古提因（斗林杜）

朝
ta li（ta ri ti ka kei）
塔里（塔日提卡剋）

朝	前	看。
ta li	jiu le wo	yi qie e te en
塔里	纠勒沃	伊切厄特恩

朝	天空	开枪。
ta li	bu e a te ka kei	hao da ren
塔里	布厄阿特卡剋	好达任

脸	朝	里。
de re wei	ta li	dao si ka kei
得热危	塔里	到斯卡剋

向
ta li（yi ri ti ka kei）
塔里（伊日提卡剋）

风	向		向	前
e di yin	yi ri ti ka kei		ta li	jiu la si ka kei
厄地因	伊日提卡剋		塔里	纠拉斯卡剋

去	向	不	明。
hu ru qiao	yi ri ti ka kei	e qie	sa wo re
呼如乔	伊日提卡	厄切	萨沃热

向	阳
ta li	si wu en ti ka kei
塔里	斯乌恩提卡剋

往
ta li（ta re）
塔里（塔热）

往前	走	往回	走
ta re jiu la si ka kei	e ne ren	a ma si ka kei	e ne ren
塔热纠拉斯卡剋	厄讷任	阿玛斯卡剋	厄讷任

往	外	走
ta li	tu li si ka kei	e ne ren
塔里	图里斯卡剋	厄讷任

往	里	看
ta li	dao si ka kei yi qie	e te en
塔里	到斯卡剋伊切	厄特恩

靠
kei ri a ta ran（kei ran，ka mo nei qia ran）
剋日阿塔然（剋然，卡漠内恰然）

撮罗子	靠近	小河旁。
jiu wu	kei ri a ta ran	bei ri a kan ma
纠乌	剋日阿塔然	贝日阿坎马

靠着	栏杆	站着。
ka mo nei qia na	bie ri la du	yi li gei ma ran
卡莫内恰纳	别日拉杜	伊里给玛然

在
bi jie ren（ta du）
比介任（塔杜）

他	在	家。		
nong an	bi jie ren	jiu du		
农安	比介任	纠杜		

驯鹿	在	圈里。		
ao rao en	ta du	ku ri ai du		
敖饶恩	塔杜	库日埃杜		

在	撮罗子	里。		
ta du	jiu wu	dao dun		
塔杜	纠乌	到盾		

这棵	树	至今	还	在。
e re	mao ao	e re ma ke tu	yi suo	bi jie ren
厄热	毛敖	厄热马克图	伊索	比介任

当
jiu le dun（ao qia）
纠勒盾（敖恰）

有	话	请	当面	讲。
bi mi	tu ri a qi	na da	jiu le dun	gun da
比米	图日阿其	纳达	纠勒盾	棍达

当	代表。			
ao qia	ji li ga te			
敖恰	吉利嘎特			

自
ta du ke（ta re）
塔杜克（塔热）

他	自	小	在	这儿	长大。
nong an	ta re	wu sha du ke wei	bi na	e du	yi he wo qia
农安	塔热	乌沙杜克危	比纳	厄杜	伊和沃恰

自	根河	出发。
ta re	ge an du ke	e ne hei nen
塔热	格安杜克	厄讷黑恁

自	远方	来。
ta re	gao rao lao ke	e mo ren
塔热	高扰劳克	厄漠任

沿
jia po ka jia na（wu jia na）
加坡卡加纳（乌加纳）

沿着	河	边	走。
wu jia na	bei ri a	jia po ka lin	e ne ren
乌加纳	贝日阿	加坡卡林	厄纳任

沿	路	种	树。
jia po ka na	hao kao wo tao	ta re ran	mao ao la
加坡卡纳	好考涛沃涛	塔热然	毛敖拉

到
yi si tan（e mo ren）
伊斯坦（厄漠任）

他	马上	就到。
nong an	e re da te	e mo ren
农安	厄热达特	厄漠任

时间	到了。
wei ren mo	yi si tan
危任漠	伊斯坦

直到
e re de lan（ti kei yin）
厄热得兰（提剋因）

直到	现在，	他	还	没	回来。
ti kei yi	e re ma ke tu	nong an	yi suo	e qin	e mo re
提剋因	厄热玛克图	农安	伊索	厄芹	厄漠热

这	事	直到	今天	我		才	知道。
e re	jie la wa	e re de lan	e hei ti kan	bi		e le ke si	sa ran
厄热	介腊瓦	厄热得兰	厄黑提坎	毕		厄勒克斯	萨然

和睦

wu mu kuan du（jiu ke ta）
乌姆宽杜（纠克塔）

他们	两	人	一向		不	和睦。
nong a re	jiu ri	bo ye	da ku er du ke		e wo kei	jiu ke ta
农阿热	纠日	波叶	达库尔杜克		厄沃剋	纠克塔

跟

bao dao rao en（bao kao nao）
包到扰恩（包考闹）

他	跟在	我们	后面	走。
nong an	bao dao nao	bu wu	a ma ri du	e ne ren
农安	包到闹	布乌	阿玛日杜	厄讷任

你	走	慢一点，	快了	他	跟	不上。
si yi	e ne ke er	a ri a ku en	hei ma te	nong an	bao kao nao	e tan
司伊	厄讷克尔	阿日阿库恩	黑马特	农安	包考闹	厄坦

与

wu mu kuan du（bu ren）
乌姆宽杜（布仁）

我	与	你	一道	去吧。
bi	wu mu kuan du	si yin niu en	hao kao tao du	hu ru run
毕	乌姆宽杜	司因妞恩	好考涛杜	呼如闰

东西	已交与	本人。
yi de e wo	bu wu ri wei	man dun
伊得厄沃	布乌日危	曼盾

大	人	与	孩子。
he ge di	bo ye	de	konga ka qia en
和格地	波叶	得	孔阿卡恰恩

赠	予	友人。
pa da ri yi	bu ren	gei ri kei du wei
帕达日伊	布任	给日剋杜危

替
ke ri ai dun
克日埃盾

我	替	你	工作。
bi	ke ri ai du si	si yin du	ge re bo ren
毕	克日埃杜斯	司因杜	格热波任

我	替	他	办。
bi	ke ri ai dun	nong an du	e te ren
毕	克日埃盾	农安杜	厄特任

对
te jie（bi wei ri）
特介（比危日）

他	说得	很	对。
nong an	gu nen	shao ma	te jie
农安	故恁	少玛	特介

对	不	对?
te jie	e	qie wu
特介	厄	切乌

鄂鲁古雅使鹿部落鄂温克语言（词汇）

究竟	是	谁	对？
e hei le	bi hei	ni yi	te jie
厄黑勒	比黑	尼伊	特介

对	人	和气。
bi wei ri	bo ye du	ma nei qi
比危日	波叶杜	玛内其

对于
bi wie kei（bi ri）
比危尅（比日）

这	对于	他	不	合适。
e re	bi ri	nong an du	e tan	jiu ke ta
厄热	比日	农安杜	厄坦	纠克塔

这种	气体		对于	人体	有害。
e re ge qin	ta mo nan	(ga zi)	bi ri	bo ye du	e ru qi
厄热格芹	塔莫南	（嘎兹）	比日	波叶杜	厄如其

借助
bo le wo te ne
波勒沃特讷

看	远处的	猎物	要借助于	望远镜。
yi qie ren	gao rao lao	bo you en mo	bo le wo te ne	bei nao kei ti
伊切任	告扰劳	波优恩莫	波勒沃特讷	贝闹尅提

以
e ri ti（na da）
厄日提（纳达）

以	平等的	态度	待	人。
na da	de ke ti si	yi qie e ti	bi da	bo ye wo
纳达	德克提斯	伊切厄提	比达	波叶沃

处处	以	身	作则。
wei si tu en	nao da	man ji	a ya te ao da
危斯图恩	纳达	曼吉	阿亚特敖达

为	人
bi wei ke	bo ye en
比危剋	波叶恩

为	人	正直。
bi wei kei	bo ye en	de ke si
比危剋	波叶恩	得克斯

我	深	知	他的	为人。
bi	song ta	sa ran	nong an man	bo ye wan
毕	松塔	萨然	农安曼	波叶万

为了
jia lin（a ri a ji）
加林（阿日阿基）

用
pao er sha en（nie ke te ren）
泡尔沙恩（涅克特任）

要	节省着	用。
na da	ao jiao jiao nao	nie ke te ren
纳达	敖交叫闹	涅克特任

一点	用	也	没有。
hei te en ke te	pao er sha ya	bi ri	a qin
黑特恩克特	泡尔沙亚	比日	阿芹

依靠
yi te ke ren（te ken te ren）
伊特克任（特肯特任）

依靠	自己的	力量		
yi te ke ren	man ni wei	se ni wei		
伊特克任	曼尼危	色尼为		

这种	人	依靠	不得。	
e re ge qin	bo ye wo	yi te ke wo re	eng e a te	
厄热格芹	波叶沃	伊特克沃热	鞥厄阿特	

通过
e le ke si wo ren（sa ge la si yin）
厄勒克斯沃任（萨格拉斯因）

此	事	要	通过	群众。
e re	jie la wa	na da	e le ke si wo ren	na rao te tu ke
厄热	介腊瓦	纳达	厄勒克斯沃任	纳扰特图克

按照
a la ma na
阿拉玛纳

按照	计划	执行。
a la ma na	pei lan ji	ao ran
阿拉玛纳	培兰吉	敖然

依据
te ken te ne（te ke qi）
特肯特讷（特克其）

依据	原则	办事。
te ken te ne	sa kao en ji	jie lai da ren
特肯特讷	萨考恩吉	介来达任

你	说	这	话	有	依据吗？
si yi	gun jie ri si	e re	tu ran	bi hei	te ke qi wu
司伊	棍介日斯	厄热	图然	比黑	特克其乌

5. 生活　bi de en（bi jie ren）
　　　　比得恩（比介任）

居住
jiu wu ta ran（jiu ta jia na）
纠乌塔然（纠塔加纳）

世代	居住	在	深山。
wu ye ti kei yin	jiu ta jia na	bi ren	e ge dan du
乌叶提尅因	纠塔加纳	比任	厄格丹杜

定居
wu ri yin qia（wu ri kei ti）
乌日因恰（乌日尅提）

定居	根河。
wu ri yin qia	ge an du
乌日因恰	格安杜

定居点
wu ri kei te
乌日尅特

过去	游牧	狩猎，	现在	定居了。
gao rao du	nu li gei ne er	an e a li ran	e hei ti kan	wu ri yin qia
高扰杜	奴里给讷尔	安厄阿利然	厄黑提坎	乌日因恰

逗留
bi te re ao ran
比特热敖然

他	在	这里	逗留了	两天。
nong an	e du	te re	bi te re ao ri yin	jiu er le wo
农安	厄杜	特热	比特热敖日因	纠尔勒沃

在	家乡	逗留了	三天。
ta du	bi jia ke bu e a du	bi te re ao ri wei	ai la er la wa
塔杜	比加克布厄阿杜	比特热敖日危	埃拉尔拉瓦

迁移
nu li gei wei ren
奴里给危任

迁移	放牧点。
nu li gei wei ren	wu ri kei ti wo
奴里给危任	乌日剋提沃

度过
bi e a te（bi jie wo）
比厄阿特（比吉厄沃）

我	在	狩猎	点	度过了	夏天。
bi	ta la	an e a li qian	gu ru po du	bi jie ri wei	jiu e a
毕	塔拉	安厄阿里迁	故如坡杜	比介日危	纠厄阿

经历
e mo jia ke（e mo jia kei wei）
厄莫加克（厄莫加剋危）

经历	艰难	困苦。
e mo jia kei wei	tu ru te na	jiao e ao lao en
厄莫加剋危	图如特纳	叫厄敖劳恩

体验
sa ma ran（sa na ran）
萨玛然（萨纳然）

体验	山上	生活。
sa na ran	e ge dan	bi de ao
萨纳然	厄格丹	比得沃

我	亲身	体验过	劳动的	艰苦。
bi	man ji mo	sa ma qia	ge re ba bi ri	tu ru te na wan
毕	曼吉莫	萨玛恰	格热巴比日	图如特纳万

独立
e mu ke mo（he re ke）
厄姆克莫（和热克）

独立	生活。
e mu ke mo	bi li qia
厄姆克莫	比利恰

独立	山巅的	松树。
wu mu kao mo	wu re hao rao en du	yi ri a ke te
乌姆考莫	乌热好扰恩杜	伊日阿克特

努力
e le mo ne（si ta ri a te xia）
厄勒莫讷（斯塔日阿特夏）

努力	工作。
e le mo ne	ge re bo ren
厄勒莫讷	格热波任

这	方面	还	要做	很大	努力。
eri	li du ke	yi suo	na da	he ge di mo ri ti	e le mo ne
厄日	利杜克	伊索	纳达	和格地莫日提	厄勒莫讷

全力
e le mo te wei
厄勒莫特危

全力	支持。
e le mo te wei	bo le e te en
厄勒莫特危	波勒厄特恩

尽力				
e le mo ne				
厄勒莫讷				

我	一定	尽力	帮助	你。
bi	ou bi sa qi li na	e le mo ne	bo le e te en	si ne
毕	欧比萨其利纳	厄勒莫讷	波勒厄特恩	司讷

继承
ga ti ri（te wo e a te）
嘎提日（特沃厄阿特）

继承	遗产
ga ti ri	e man mu qia yi de e wo
嘎提日	厄曼姆恰伊得厄沃

继承	法
na si lie te wa ni ye	zha kuo en
纳斯列特瓦尼叶	扎括恩

法定	继承	人
zha kuo en ji	te wo e a te	bo ye
扎括恩吉	特沃厄阿特	波叶

工作
ge re ba
格热巴

工作	岗位	积极	工作
ge re bo	kei qin mie si te	bao ye kai	ge re bo ren
格热波	剋芹灭斯特	包叶楷	格热波任

上班
ge re ba ren
格热巴任

早上	八点	上班。
te e le te ne	jia pu kun qia si tu	ge re ba ren
特厄勒特讷	加扑坤恰斯图	格热巴任

做
ao ran
敖然

用	木头	做	桌子。
ta re	mao ao te	ao ran	ji ying kei ye
塔热	毛敖特	敖然	基应剋叶

做	衣服	做	鞋
ao ran	te e te ke wo	ao jia ran	wu en ta wa
敖然	特厄特克沃	敖加然	乌恩塔瓦

做	好事
ao ran	a ya jie la wa
敖然	阿牙介腊洼

这是	铁	做的。
e re	se le te	ao wo qia
厄热	色勒特	敖沃恰

干
ge re bo ren（ao ran, ka ta kei yin, ao er gao kei yin）
格热波任（敖然，卡塔剋因，敖尔告剋因）

拼命	干	干	重活
e le mo te wei	ge re bo ren	ge re bo ren	wu re ge hei wo
厄勒莫特危	格热波任	格热波任	乌热格黑沃

他	是干什么的？
nong an	ao wo kei ai kun ma
农安	敖沃剋埃坤玛

干	坏	事。
ao ran	e ru	jie la wa
敖然	厄如	介腊瓦

枯干的	树枝
ka ta kei yin	mao ao ga ri a en
卡塔剋因	毛敖嘎日阿恩

干	柴	河道	干涸
ao er gao kei yin	mao ao	bei ri a dao en	ha eng e wu qia
敖尔告剋因	毛敖	贝日阿到恩	哈鞥厄乌恰

衣服	还	没有	干。
te e te ke	yi shao	e qia	ao er gao rao
特厄特克	伊绍	厄恰	敖尔告扰

合作
wu mu kuan du ao na
乌姆宽杜敖纳

两	人	合作得	很	好。
jiu ri	bo ye	wu mu kuan du ao ran	shao ma	a ya te
纠日	波叶	乌姆宽杜敖然	少玛	阿牙特

我们	合作了	二十	多年。
bu wu	wu mu kuan du ao qia	jiu ri jia ri	an e a nei wa
布乌	乌姆宽杜敖恰	纠日加日	安厄阿内瓦

行事
ao jia ran（jie lai da ran，ao jia na jie la wa）
敖加然（介来达然，敖加纳介腊瓦）

行事 谨慎。
ao jia na jie la wa　　ba ku qia ran
敖加纳介腊瓦　　巴库恰然

尝试
kao lao rao en（pa ruo ba）
考劳扰恩（怕若巴）

不妨　　　亲自　　　尝试尝试。
ti ka da te　man ji　　kao lao mo kao ke er
提卡达特　　曼吉　　 考劳莫考克尔

玷污
pao ri ti ran（ta ka ran）
泡日提然（塔卡然）

玷污　　　名声。
ta ka ran　ge re bi wan
塔卡然　　 格热比万

补偿
bo le ren（ha wo ran）
波勒任（哈沃然）

补偿　　　损失。
bo le ren　a qin ao na wan
波勒任　　 阿芹敖纳万

补救
jiu kei ran
纠剋然

及时　　　补救
ta li nie re　jiu kei ran
塔里涅热　　 纠剋然

补救　　　缺陷。
jiu kei ran　a bu er ti wan
纠剋然　　　阿布尔提万

冒险

nie lu hei e a te（a wan qiu ri a, yi ri si ka wa qi）
涅录黑厄阿特（阿万秋日阿，伊日斯卡瓦其）

冒险	行为。
a wan qiu ri a	nie ke ren
阿万秋日阿	涅克任

绝对	不可以	冒险。
dao si ta er	nie er sa	yi ri si ka wa qi
到斯塔尔	涅尔萨	伊日斯卡瓦其

参加

bi jie ren（bi ri yi）
比介任（比日伊）

参加	会议	参加	生产劳动
bi jie ren	shou bi ran ni du	bi ri yi	ge re bo ri du
比介任	收比然尼杜	比日伊	格热波日杜

摆脱

you wo ren
又沃任

摆脱	困难	摆脱	债务
you wo ren	tu ru te na wa	you wo ren	kao ta du ke
又沃任	图如特纳瓦	又沃任	考塔杜克

出席

bi na ren（bi re, pi ri su ti wei ye）
比纳任（比热，批日苏提危叶）

未	出席	会议。
e qia	bi re	shou bi ran ni du
厄恰	比热	收比然尼杜

出席	代表	会议。
bi na ren	ji li ga te	shou bi ran ni du
比纳任	基里嘎特	收比然尼杜

在场

bi hei yin（bi qia）
比黑因（比恰）

事故	发生时	他	在场,
jie la	you jie re kei yin	nong an	bi hei yin
介腊	又介热剋因	农安	比黑因

我	也	在场。
bi	tao sa	bi hei wei
毕	桃萨	比黑危

缺席

e qia bie hei（e qia e mo re）
厄恰别黑（厄恰厄莫热）

缺席	五	人。
e qia e mo re	tun e a	bo ye
厄恰厄莫热	屯厄阿	波叶

毕业

e te qia
厄特恰

大	学	毕业。
gou ge da wu	ta te ti wa	e te qia
勾格达乌	塔特提瓦	厄特恰

辞职

you qia ge re ba wei（wu wo li sa）
又恰格热巴危（乌沃里萨）

因病	辞职。
e nu kei qi ao ha	you qia ge re ba wei
厄奴剋其敖哈	又恰格热巴危

申请	辞职。
na da li ran	you da wei ge re ba wei
纳达里然	又达危格热巴危

他	辞职了。
nong an	you qia ge re ba wei
农安	又恰格热巴危

退休

de re mo kei li qia（wei yi ji）
得热莫剋里恰（危伊基）

他	已退休了。
nong an	de re mo kei li qia
农安	得热莫剋里恰

到了	退休	年龄。
yi si qia	wei yi ji	an e a nei yin
伊斯恰	危伊基	安厄阿内因

挑选

si yin ma ran
斯因玛然

挑选	好	驯鹿。
si yin ma ran	a ya	ao rao en nao
斯因玛然	阿牙	敖饶恩闹

挑选	牧场。	
si yin ma ran	ao eng kao wo kei ti ya	
斯因玛然	敖鞥考沃剋提亚	

承担
jia wo la ran
加沃拉然

出了	事，	我	来	承担。
jia re kei yin	jie la	bi	bi ri	jia wo la ran
又热尅因	介腊	毕	比日	加沃拉然

担任
jia wo la ren
加沃拉任

这	工作	由我	担任。
e re	ge re ba wo	bi ren bi	jia wo la ren
厄热	格热巴沃	比仁毕	加沃拉任

担任	小	组长。
jia wo la ren	gu ru po du	e jie en mo
加沃拉任	故如坡杜	厄介恩莫

收集
ta wo jia ran（wu mu nu bu gei ren）
塔沃加然（乌姆奴布给任）

收集	废品。
ta wo jia ran	nao da wo qia er ba
塔沃加然	闹达沃恰尔巴

收集	乡间	工艺品。
wu mu nu bu gei ren	de ri ai mo ne qian	ao mo ri a er ba
乌姆奴布给任	得日埃莫讷迁	敖莫日阿尔巴

观察
yi qie ke te ren
伊切克特任

观察	生活	暗中	观察
yi qie ke te ren	bi de wo	jie lu mo	yi qie e qie ren
伊切克特任	比得沃	介录莫	伊切厄切任

察看
yi qie ke te jie ren
伊切克特介任

察看	地形。
yi qie ke te jie ren	dun ne wan
伊切克特介任	盾讷万

察看	现场。
yi qie ke te jie ren	jie la ao jia ke bi hei wan
伊切克特介任	介腊敖加克比黑万

看透
yi qie qi ha sa mo qia
伊切其哈萨莫恰

这个	人	我	看透了。
e re	bo ye wo	bi	yi qie qi ha sa mo qia
厄热	波叶沃	毕	伊切其哈萨莫恰

比较
wu ri a qi mo ka mi（shao ma da te）
乌日阿其莫卡米（少玛达特）

今天	比较	冷。
e hei ti kan	shao ma da te	yi ni ni hei
厄黑提坎	少玛达特	伊尼尼黑

比较起来，	还是	这个	好些。
wu ri a qi mo ka mi	bi qia	e re	a ya te ma ri
乌日阿其莫卡米	比恰	厄热	阿牙特玛日

相比			
wu ri a qi mo ka ren			
乌日阿其莫卡任			

你	怎么能	和他	相比?
si yi	ao en ni ya en	ta re niu en	wu ri a qi mo ka ren
司伊	敖恩尼亚恩	塔热妞恩	乌日阿其莫卡任

相比之下，	你的	力气	比我	大。
wu ri a qi mo ka mi	si yin ni	se nei si	min du ke	he ge di mo re
乌日阿其莫卡米	司因尼	色内斯	敏杜克	和格地莫热

区别
hong tu mao ri yin（wu ri a qi mo ka ren）
洪图毛日因（乌日阿其莫卡任）

区别	不	大。
hong tu mao ri yin	e qie	he ge di
洪图毛日因	厄切	和格地

区别	好	坏。
wu ri a qi mo ka ren	a ya wan	e ru wan
乌日阿其莫卡任	阿牙万	厄如万

认出
sa ran（sa a mo）
萨然（萨阿莫）

一	眼	认出	是	他。
wu mo na te	yi qie ha	sa a mo	bi hei	nong an
乌莫纳特	伊切哈	萨阿莫	比黑	农安

他	马上	认出	是	自己的	驯鹿。
nong an	ta li nie re	sa ran	bi hei	man ni wei	ao rao en mo
农安	塔里涅热	萨然	比黑	曼尼危	敖饶恩莫

备用	
bo le ke wo wu en	
波勒克沃乌恩	

备用	物资
bo le ke wo wu en	yi de e er
波勒克沃乌恩	伊得厄尔

留下	备用。
na ke qie ren	bo le ke wo wu en ne
纳克切任	波勒克沃乌恩讷

利用			
bo le en te ne			
波勒恩特讷			

利用	别人	得到	好处。
bo le en te ne	hong tu	bo ye te	ba ka ran	a ya wan
波勒恩特讷	洪图	波叶特	巴卡然	阿牙万

他	想	利用	你	干	坏	事。
nong an	gun qie ren	bo le wo te ne	si ne	ao ran	e ru	jie la wa
农安	棍切任	波勒沃特讷	斯讷	敖然	厄如	介腊瓦

使用
niu ke te ri（ao wo en ta ran）
捏克特日（敖沃恩塔然）

这个	枪	不	好	使用。
e re	bo re	e qie	a ya	nie ke te ri du
厄热	波热	厄切	阿牙	捏克特日杜

合理	使用	资金。
jiu ku ti te	nie ke te ri	meng e wu en mo
纠库提特	涅克特日	蒙厄乌恩莫

称			
deng xie la ren			
等协拉任			

把这	袋	粮食	称一称。
e re	ku er kan	bi li ga wa	deng xie la ren
厄热	库尔坎	比利嘎瓦	等协拉任

称称		这条	鱼	多	重。
deng xie la ke er	e re	ao er lao	yi ri ban		wu re ge hei
等协拉克尔	厄热	敖尔劳	伊日班		乌热格黑

计量
tang e ran (mie ri yi ren, yi zi mie ri qi)
堂厄然（灭日伊任，伊兹灭日其）

计量	标准
mie ri wo en	mie ri kei yin
灭日沃恩	灭日剋因

损失	之	大	是	难以	计量。
hou ku qia kan	shao ma	he ge di	bi ri	eng e a te	tang e yi wei ri a
侯库恰坎	少玛	和格地	比日	鞒厄阿特	堂厄伊为日阿

预算
pei lang ran (tang jia ran)
培朗然（堂加然）

预算	资金。
pei lang ran	meng e wu en mo
培朗然	蒙厄乌恩莫

计算
tang e ran (wei qi si li qi)
堂厄然（危其斯里其）

计算	一个	月的	开支。
tang e ran	wu mu kuan	bie a du	wei pu la ji qi wan
堂厄然	乌姆宽	别厄阿杜	危扑拉基其万

按每人	五十	元	计算。
ka si nai bo ye du	tun e a jia ri	wu ru pu tu	tang e ran
卡斯耐波叶杜	屯厄阿加日	乌如扑图	堂厄然

拼合

da pa ka er di ran（wu mu nu bu gei ren）
达帕卡尔地然（乌姆奴布给任）

把	两块	板	拼合在一起。
ta re	jiu ri ka pa	ta ka wa	da pa ka er di ran
塔热	纠日卡帕	塔卡瓦	达帕卡尔地然

划分

he re ke er tang ren（he re ke er ta wo ren）
和热克尔堂任（和热克尔塔沃任）

划分	小组。
he re ke er tang ren	gu ru po le
和热克尔堂任	故如坡勒

划分	地段。
he re ke er ta wo ren	mie si te le
和热克尔塔沃任	灭斯特勒

划分	职责。
he re ke er ta wo ren	jia wo la ri wa
和热克尔塔沃任	加沃拉日瓦

平均

wu ri a qi ti（de ke si ti）
乌日阿其提（得克斯提）

平均	分配。			
de ke si ti	bu ri li di ran			
得克斯提	布日里地然			

平均	每家	以五	人	计算。
wu ri a qi ti	ka si nai jiu wa	tun e a	bo ye te	tang e ran
乌日阿其提	卡斯耐纠瓦	屯厄阿	波叶特	堂厄然

分担
e te er di ren（bu ri li di na）
厄特尔地任（布日里地纳）

分担	家务	劳动。
e te er di ren	jiu du	ge re ba wo
厄特尔地任	纠杜	格热巴沃

费用	最好	由	大家	分担。
zha te ri a ta	a ya	bi qia	wei si mo	bu ri li di na
扎特日阿塔	阿牙	比恰	危斯莫	布日里地纳

起床
te e ren
特厄任

他	习惯于		很早	起床。
nong an	pi ri wei si ka en		e re de	te e ne
农安	批日危斯卡恩		厄热得	特厄讷

早上	六	时	起床。
te e er te ne	niu e wu en	qia si tu	te er en
特厄尔特讷	妞厄乌恩	恰斯图	特厄任

休息
de re mo kei ren
得热莫剋任

烤鹿肉

煮肉

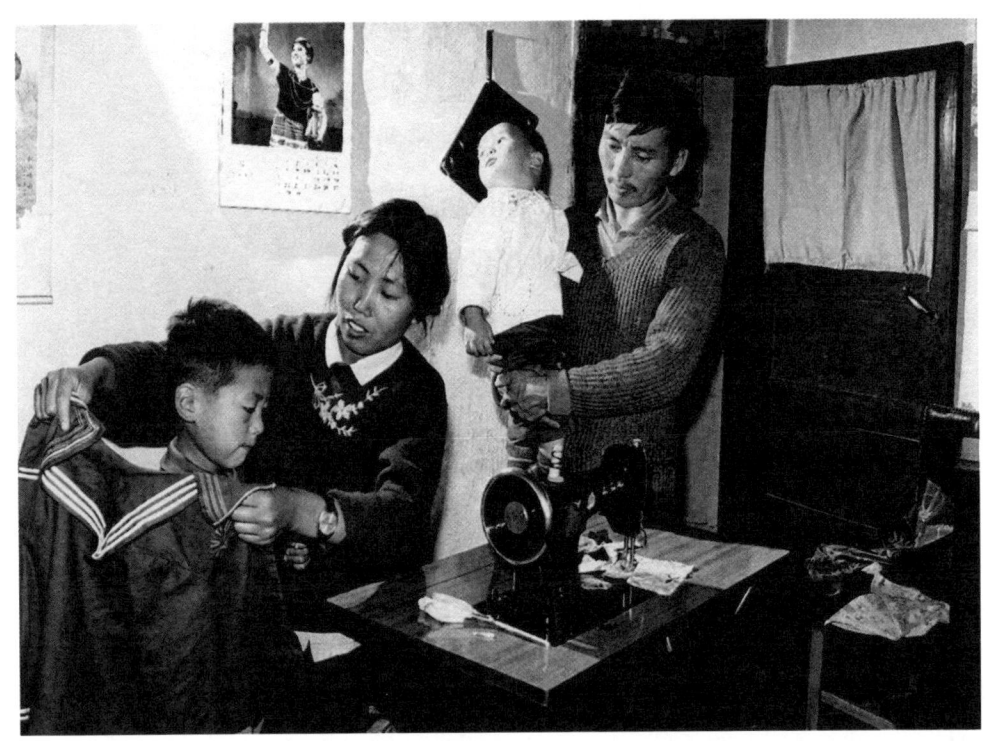

20世纪80年代的敖鲁古雅鄂温克人家庭（作者一家）

狩猎

该	休息了。
na da	de re mo kei li da
纳达	得热莫剋里达

走	累了	休息	一会儿。
e na ha	de re qia	de re mo kei te re	ao ran
厄讷哈	得热恰	得热莫剋特热	敖然

睡觉
a hei nen
阿黑恁

一夜	没	睡觉。
dao er bao nei wa	e qie	a hei na
到尔包内瓦	厄切	阿黑纳

该	睡觉了。
na da	a hei yin da
纳达	阿黑因达

梳	洗
yi gei di na	bu lu ku ran
伊给地纳	布录库然

梳	洗	打扮。
yi gei di na	bu lu ku na	kei mo shei ren
伊给地纳	布录库纳	剋莫谁任

整理
de re pu se te en（jiu kei jia ran）
得热扑色特恩（纠剋加然）

整理	行装。
de re pu se te en	te te ke wo hu er la wa
得热扑色特恩	特特克沃呼尔拉瓦

整理		房间。	
de re pu se te en		kao mo na ke wa	
得热扑色特恩		考莫纳克瓦	

收拾
de re pu se qie ren
得热扑色切任

收拾		房子。	
de re pu se qie ren		jiu wu wa	
得热扑色切任		纠乌瓦	

收拾		行李。	
de re pu se qie ren		hu er la er bei	
得热扑色切任		呼尔拉尔贝	

准备
bo le ke ren（bo le en nei ren）
波勒克任（波勒恩内任）

大家	准备好，	这就	出发。
wei si mo	bo le ke ren	e re da te	e ne hei nen
危斯莫	波勒克任	厄热达特	厄讷黑恁

准备	路上	吃的	粮食。
bo le ke ren	hao kao tao du	jie po ti	bi li ga la
波勒克任	好考涛杜	介坡提	比利嘎拉

躲藏
di ken qia（di ken nen）
地肯恰（地肯恁）

躲藏	在	树	背后。
di ken qia	ta re	mao ao	a ma ri dun
地肯恰	塔热	毛敖	阿玛日盾

紧跟
bao kao en qiao ren（bao dao rao en）
包考恩乔任（包到绕恩）

小孩	紧跟在	妈妈的	后面	走。
kong e a kan	bao kao en qiao nao	eni yin mi	a ma ri dun	e ne ren
孔厄阿坎	包考恩乔闹	额尼因米	阿玛日盾	厄讷任

跟上
bao kao nao en
包考闹恩

他	在	后面	跟上来了。
nong an	ta re	a ma ri dou ke	bao kao en jiao rao en
农安	塔热	阿玛日斗克	包考恩叫扰恩

跟踪
bao dao jiao rao en（a ha jia ran）
包到叫扰恩（阿哈加然）

后面	有	人	跟踪。
a ma ri du	bi hei	bo ye	bao dao jiao rao en
阿玛日杜	比黑	波叶	包到叫扰恩

逃跑
tu ha er le en（tu ha er ka er）
图哈尔勒恩（图哈尔卡尔）

别让	坏人	逃跑。
e ne	e ru bo ye wo	tu ha li wei kane
厄讷	厄如波叶沃	图哈利危卡讷

准备逃跑		赶快逃跑	
bo le ke ren	tu ha er da wei	hei ma te	tu ha er ka er
波勒克任	图哈尔达危	黑玛特	图哈尔卡尔

寻找
ge la ke te ren
格拉克特任

寻找　　　　　　　出路。
ge la ke te ren　　hao kao tao yao wei
格拉克特任　　　　好考涛邀危

寻找　　　　　　林中　　　　小路。
ge la ke te ren　　yi ri a e du　　hao kao tao wo
格拉克特任　　　伊日阿厄杜　　好考涛沃

贮藏
na ku ren（na ke qie ren）
纳库任（纳克切任）

贮藏　　　粮食。
na ku ren　　bi li ga wa
纳库任　　　比利嘎瓦

贮藏　　　备用。
na ku ren　　bo le en bi dan
纳库任　　　波勒恩比丹

保存
na wo ren（na ti ren）
纳沃任（纳提任）

这件　　东西　　　保存　　在　　仓库里。
e re　　yi de e wo　　na ti　　wo ren　　a ma ka ri du
厄热　　伊得厄沃　　纳提　　沃任　　阿玛卡日杜

裁
gei ri jia ran
给日加然

衣服	裁得	不	好。
te te ke wo	gei ri wei qia	e qie	a ya
特特克沃	给日为恰	厄切	阿牙

缝
wu er li ren
乌尔利任

缝件	衣服。
wu er li ren	te te ke wo
乌尔利任	特特克沃

缝	靴子。
wu er li ren	wu en ta wa
乌尔利任	乌恩塔瓦

补
ne mo se te en
讷莫色特恩

补	衣服
ne mo se te en	te te ke wo
讷莫色特恩	特特克沃

补	袜子。
ne mo se te en	qiu lu ku wa
讷莫色特恩	秋录库洼

结婚
hu ya en nen
呼亚恩恁

他们	哪一天	结婚？
nong a ri ti yin	ao kei yin du	hu ya en e a te
农阿日提因	敖尅因杜	呼亚恩厄阿特

他	已	结婚	一	年了。
nong an	ao qia	hu ya en nen	wu mu kuan	an e a nei
农安	敖恰	呼亚恩恁	乌姆宽	安厄阿内

他	还	未	结婚。
nong an	yi shao	e qin	hu ya en ne
农安	伊绍	厄芹	呼亚恩讷

离婚
hu ye e te en
呼叶厄特恩

他	同	妻子	离婚了。
nong an	ta re	a ti ri kan niu en mi	hu ye e te qia
农安	塔热	阿提日坎妞恩米	呼叶厄特恰

自	杀
man mi	wa qia
曼米	瓦恰

投	河	自	杀。
he te ken ne	bei ri a la	man mi	wa qia
和特肯讷	贝日阿拉	曼米	瓦恰

上吊
a pi kei wei qia
阿批尅危恰

他	因	精神失常	上吊了。
nong an	ti ka	te ne e la li ha	a pi kei wei qia
农安	提卡	特讷厄拉里哈	阿批尅危恰

埋葬
yi ma ran（gei ri a mi kei ying ran）
伊马然（给日阿米尅应然）

埋葬	尸体。
gei ri a mi kei ying ran	bu qia wo
给日阿米剋应然	布恰沃

闹事
ku hei li qia
库黑利恰

寻衅	闹事。
ge la ke te ren	ku hei da wei
格拉克特任	库黑达危

好闹事	的人
ku hei ke te ri	bi hei bo ye
库黑克特日	比黑波叶

捣乱
hu ke qia li ti tan
呼克恰里提坦

捣乱	分子。
hu ke qia li ti	qia ri
呼克恰里提	恰日

捣乱	会场。
hu ke qia li ti tan	shou bi ran ni kei ti wa
呼克恰里提坦	收比然尼剋提瓦

表现
bi wei kei yin (pa ka zi ka qi)
比危剋因（帕卡兹外其）

表现	不好。
pa ka zi wai qi	e qie a ya
帕卡兹外其	厄切阿牙

他		在工作中的	表现	很	好。
nong an		ge re bo ri du wei	bi wei kei yin	shao ma	a ya
农安		格热波日杜危	比危剋因	少玛	阿牙

来
e mo ren（e mo ke er）
厄漠任（厄漠克尔）

初次	来到	根河。
e le ke si	e mo ren	ge an du la
厄勒克斯	厄莫任	格安杜拉

你	家	来	客人了
si yi	jiu la si	e mo ren	ma ta bo ye
司伊	纠拉斯	厄漠任	马塔波叶

来临
e mo jie ren（yi si qia ran）
厄漠介任（伊斯恰然）

暴风	雨	即将	来临。
e di yin	ti ge de	e re da te	yi si qia ran
厄地因	提格得	厄热达特	伊斯恰然

春天	来临，	树木	又是	一片	嫩绿。
neng nie	yi si qia ran	mao ao er	ou pie ti	wei hei yin	qiu ri li
能涅	伊斯恰然	毛敖尔	欧撒提	为黑因	秋日里

去
hu ru run
呼如闰

我	常	去	他	那里。
bi	da ku er	hu ru run	nong an	du lan
毕	达库尔	呼如闰	农安	杜兰

我	初次	去	北京。
bi	e le ke si	hu ru jiu mo	pei kei yin du la
毕	厄勒克斯	呼如纠莫	陪剋因杜拉

来回
a ma si kei ta ne
阿玛斯剋塔讷

来回	走动。
a ma si kei ta ne	e ne ke te ren
阿玛斯剋塔讷	厄讷克特任

来回	有	三	千米
a ma si kei ta ne	bi hei	ai lan	wei ri si te
阿玛斯剋塔讷	比黑	埃兰	危日斯特

进入
yi e hei yin nen（e ne hei nen）
伊厄黑因恁（厄讷黑恁）

进入	林区。
yie hei yin nen	e ge dan du la
伊厄黑因恁	厄格丹杜拉

进入	新	时期。
e ne hei nen	ao ma ke ta	wei ren mo li
厄讷黑恁	敖马克塔	危任莫里

进入	战斗。
yi e hei yin nen	wai na la
伊厄黑因恁	外纳拉

进入	农村。
yi e hei yin nen	ta rie a qian du la（de ri ai mo ne la）
伊厄黑因恁	塔日厄阿迁杜拉（得日埃莫讷拉）

走下
e wo jie ren
厄沃介任

从	山	顶上	走下来。
ta re	wu re	hao rao en du ke	e wo jie ren
塔热	乌热	好扰恩杜克	厄沃介任

下来
e wo ren（e wo ke er）
厄沃任（厄沃克尔）

从	树上	下来。
ta re	mao du ke	e wo ren
塔热	毛杜克	厄沃任

从山上	下来。
wu re du ke	e wo ren
乌热杜克	厄沃任

从房	顶上	下来。
jiu wu	hao rao en ke du	e wo ren
纠乌	好扰恩克杜	厄沃任

过错
wei na wa ti yin（ao qia e ru te）
危纳瓦提因（敖恰厄如特）

有了	过错	就要	改。
bi mi	e ru qi	na da	jiu kei da
比米	厄如其	纳达	纠剋达

这是	我的	过错。
e re	min ni	wei na wa ti wei
厄热	敏尼	危纳瓦提为

我	丝毫	没有	过错。
bi	hei te en ke te	a qin	e ru wu ye
毕	黑特恩克特	阿芹	厄如乌叶

混淆
pu tai ran
扑台然

混淆	是	非。
pu tai ran	te jie wo	e hei wo
扑台然	特介沃	厄黑沃

善	恶	混淆。
a ya wa	e ru wo	pu tai ran
阿牙瓦	厄如沃	扑台然

篡改
hong tong qia
洪同恰

肆意	篡改。
ao en ke na da	hong tong qia
敖恩克纳达	洪同恰

改正
jiu kei ran
纠剋然

改正	缺点。
jiu kei ran	a bu li ti wei
纠剋然	阿布利提危

有错	就要	改正。
bi mie ru qi	na da	jiu kei da
比米厄如其	纳达	纠剋达

歪曲
den bo ying ren
抡波应任

故意	歪曲	事实。
sa ru ya an	den bo ying ren	jie la te jie wan
萨如亚安	波应任	介腊特介万

歪曲	真相。
den bo ying ren	te jie mo wan
抡波应任	特介莫万

歪曲	历史。
den bo ying ren	yi si tuo ri ya (bei lie ri gei wan)
抡波应任	伊斯托日亚（贝列日给万）

向前
jiu la si ka kei
纠拉斯卡剋

向前	看。
jiu la si ka kei	yi qie e te en
纠拉斯卡剋	伊切厄特恩

向前	走。
jiu la si ka kei	e ne ren
纠拉斯卡剋	厄讷任

后退
a ma ru en qia ran
阿马如恩恰然

后退	一	步。
a ma ru en qia ran	wu mu kuan	gei ri a ke ta wa
阿马如恩恰然	乌姆宽	给日阿克塔瓦

后退	无	路。
a ma si ka kei	a qin	hao kao tao
阿马斯卡剀	阿芹	好考涛

追捕
a ha jia ran（jia wa hei ran）
阿哈加然（加瓦黑然）

猎人	追捕	野兽。
an e a li qian	a ha jia ran	bo yun mo
安厄阿利迁	阿哈加然	波云莫

追赶
a ha ran（yi le ba ren）
阿哈然（伊勒巴任）

追赶	驯鹿群。
yi le ba ren	ao rao ao ri bao
伊勒巴任	敖饶敖日包

追赶	猎物。
a ha ran	bo you en mo
阿哈然	波优恩莫

召来
e mo wo ka nen
厄莫沃卡恁

把大家	召来	开会。
wei si wo	e mo wo ka nen	shou bi ran ni ran
危斯沃	厄漠沃卡恁	收比然尼冉

要回
a ma si kei ga dan
阿马斯剀嘎丹

把多付的	钱	要回来。
hu le ke wo bu ne wei	meng e wu en mo	a ma si kei ga dan
呼勒克沃布讷危	蒙厄乌恩莫	阿马斯剋嘎丹

提升

he ge di le qia（gou ge da er qia）
和格地勒恰（勾格达尔恰）

提升为	乡长。
he ge di le qia	bo e yin du
和格地勒恰	波厄因杜

降级

he re ge le qia
和热格勒恰

他	被	降级	职务了。
nong an	ao qia	he re ge mo re	bo e yin mi
农安	敖恰	和热格莫热	波厄因米

6. 社交 ba ka er di wa nen（a bo qie ni ye）
   巴卡尔地瓦恁（阿波切尼叶）

联系

a ma hei li di ren（sa er di na）
厄马黑利地任（萨尔地纳）

经常	保持	联系。
da ku er	bi ne er	sa er di jia na
达库尔	比讷尔	萨尔地加纳

已经	跟他	联系上了
e hei le	nong an niu en	sa er di wo ran
厄黑勒	农安妞恩	萨尔地沃然

交往	
e ma hei li di re（ba ka er di jia na）	
厄马黑利地热（巴卡尔地加纳）	

交往	密切。
e ma hei li di re	da e a er ta te
厄马黑利地热	达厄阿尔塔特

我	跟他	从来	没有	交往。
bi	nong an niu en	ao kei yin ka te	e qia	e ma hei li di re
毕	农安妞恩	敖剋因卡特	厄恰	厄马黑利地热

相处	
bi jie wo kei li	
比介沃剋利	

和睦	相处。
jiu kei li di na	bi jie wo kei li
纠剋利地纳	比介沃剋利

友好	相处。
de ru si ne yi	bi jie wo kei li
得如斯讷伊	比介沃剋利

参观	
yi qie ke te ren	
伊切克特任	

参观	展览会。
yi qie ke te ren	ai ru ke ta kei ti wa
伊切克特任	埃如克塔剋提瓦

参观	工厂。
yi qie ke te ren	sa wo te wa
伊切克特任	萨沃特瓦

拜访	
yi qie na ren	
伊切纳任	

拜访	朋友。
yi qie na ren	gei ri kei wei
伊切纳任	给日剋为

邀请	
a ri yi ren (bo ri ge la xi qi)	
阿日伊任（伯日格拉西其）	

邀请来的	客人
a ri wo qia er	ma ta bo ye
阿日沃恰尔	马塔波叶

他	邀请	我们	吃饭。
nong an	a ri yi ren	mu ne	qia yi mo da wei
农安	阿日伊任	姆讷	恰伊莫达危

失	信
e er qia	te jia wo re (e hei te jia wo re)
厄尔恰	特加沃热（厄黑特加沃热）

失信于	人。
e er qia te jia wo re	bo ye du
厄尔恰特加沃热	波叶杜

欢迎	
ma nei wo jia ran	
玛内沃加然	

欢迎	远方的	客人。
ma nei wo jia ran	gao rao qian ma	ma ta bo ye wo
玛内沃加然	告扰迁马	马塔波叶沃

欢迎	你	到我们	这里。
wu run ne manei la ran	si yi	mu nu ti kei	e la e mo en nei
乌闰讷玛内拉然	司伊	姆努提剋	厄拉厄莫恩内

迎接
a ri qi ma ka ran
阿日其玛卡然

迎接	贵客。
a ri qi ma ka ran	ma nei qi ma ta wa
阿日其玛卡然	马内其马塔瓦

陪伴
gei ri kei wei ren
给日剋危任

我	陪伴	你	上	医院。
bi	gei ri kei wei ne	si ne	hu ru run	bu lini sa la
毕	给日剋危讷	司讷	呼如闰	布里尼萨拉

接待
ma nei la ran（pi ri yao mu）
马内拉然（批日腰姆）

接待	人员
ma nei la jia ri li	bo ye er
马内拉加日里	波叶尔

殷勤	接待	远客。
a ya ma ji	ma nei la ran	gao rao qian ma ta wa
阿亚马吉	马内拉然	告扰迁玛塔瓦

对待
bi da bi hei（a te na shai ni ye）
比达比黑（阿特纳晒尼叶）

锯鹿角

对待	朋友	要	真诚。
bi da bi hei	gei ri kei du wei	na da	te jie mo jin
比达比黑	给日剋杜为	纳达	特介莫劲

看待
yi qie e ti（yi qie te en）
伊切厄提（伊切特恩）

同等		看待。
wu ri a qi te		yi qie e ti
乌日阿其提		伊切厄提

面对
jiu le du（pei lie te）
纠勒杜（陪列特）

咱们	目前	面对的	困难	很多。
mei ti	e hei ti kan	jiu le du te	tu ru wu te na	shao ma ke te
玫提	厄黑提坎	纠勒杜特	图如乌特纳	少玛克特

祝愿
e ya e qie mo（ri ai la qi）
厄亚厄切莫（日埃腊其）

祝愿	孩子们	幸福	快乐！
e ya e qie mo	kong e a ka ri	xia si qi ye	wu run qiune
厄亚厄切莫	孔厄阿卡日	夏斯其叶	乌闰秋讷

祝贺
pa zie la wai lie ni ye
帕兹得拉外列尼叶

祝贺		胜利！
pa zi de la wai lie ni ye		pa bie da
帕兹得拉外列尼叶		帕别达

祝贺		你们	超额	完成了	任务！
pa zi de ri a wai lieni ye		su wu	hu le ke te	e te se	zha dani ye
帕兹得日阿外列尼叶		苏乌	呼勒克特	厄特色	扎达尼叶

通信

dou ke ma a te en
斗克马阿特恩

我们	常	通信。
bu wu	da ku er	dou ke ma a te en
布乌	达库尔	斗克马阿特恩

交谈

wu lu gu qia ma te en
乌录故恰马特恩

亲切	交谈。
a ya ma te	wu lu gu qia ma te en
阿亚马特	乌录故恰马特恩

低语

si wo da jia ran
斯沃达加然

低语	密谈。
si wo dana	jie lu mo tu ri a e te en
斯沃达纳	介录莫图日阿厄特恩

嘟哝

se di ne ren
色地讷任

他	嘟哝	什么呢？
nong an	se di ne jie ren	ai kun ma
农安	色地讷介任	埃坤玛

结巴			
ke le e ye			
克勒厄叶			

他	是	个	结巴。
nong an	bi	yi qia	ke le e ye
农安	比	伊恰	克勒厄叶

齐声	
wu mu kuan guo la si	
乌姆宽锅拉斯	

齐声	歌唱。
wu mu kuan guo la si	ha e a ren
乌姆宽锅拉斯	哈厄阿任

大声
yi ri di kun ji
伊日地坤吉

大声	说话。
yi ri di kun ji	tu ri a e te en
伊日地坤吉	图日阿厄特恩

聊天
wu lu gu qia ma a te en
乌录故恰玛阿特恩

他们	常在	一起	聊天。
nonga ri ti yin	da ku er	wu mu kuan du	wu lu gu qia ma a te en
农阿日提因	达库尔	乌姆宽杜	乌录故恰玛阿特恩

插嘴
da ri wo ran
达日沃然

别人	谈话的	时候	你	别	插嘴。
hong tu bo ye	tu ri a te	qie ri wo	si yi	e ji	da ri wo ri a
洪图波叶	图日阿特	切日沃	司伊	厄吉	达日沃日阿

告诉
te de wo ren
特得沃任

我	告诉	一个	好	消息。
bi	te de wo ke te	wu mu kuan	a ya	dao er di yin ma
毕	特得沃克特	乌姆宽	阿牙	到尔地因玛

劝告
nou qia ran
耨恰然

劝告	他	一下。
nou qia da	nong an man	bi qia
耨恰达	农安曼	比恰

不	听	劝告。
ba ran	dao er qia a te	nou qia mi
巴然	到尔恰阿特	耨恰米

介绍
te de wo jie ren（wu lu gu qia nen）
特得沃介任（乌录故恰恁）

介绍	工作	情况。
wu lu gu qia nen	ge re ba	bi wei kei wan
乌录故恰恁	格热巴	比危剋万

我	介绍	你们	认识	一下。
bi	te de wo ren	su wu	sa er di	ka er lu
毕	特得沃任	苏乌	萨尔地	卡尔录

推荐			
sa wo ka nen（te de wo ren）			
萨沃卡恁（特得沃任）			

推荐	他	当	代表。
te de wo ren	nong an	ao dan	ji li ga te
特得沃任	农安	敖丹	基利嘎特

推荐	她	当	教师。
te de wo ren	nong an man	ao dan	wu qi qi li
特得沃任	农安曼	敖丹	乌其奇利

推荐		商品。	
sa wo ka nen		ta wa ri a	
萨沃卡恁		塔瓦日阿	

代表
ji li ga te
基利嘎特

群众	代表
na rao teni	ji li ga te
纳扰特尼	基利嘎特

小组	代表
gu ru po	ji li ga te
故如坡	基利嘎特

询问
han e wu ran
汉厄乌然

询问	道路。
han e wu ran	hao kao tao wo
汉厄乌然	好考涛沃

询问	地址。
han e wu ran	mie si te wan
汉厄乌然	灭斯特万

打听
han e wu jia ran
汉厄乌加然

打听	他的	下落。
han e wu jia ran	nong an man	bi kei ti wan
汉厄乌加然	农安曼	比剋提万

他	经常	打听	你的	情况。
nong an	da ku er	han e wu jia wei kei	si yi ne	bi jie ri wo si
农安	达库尔	汉厄乌加危剋	司伊讷	比介日沃斯

质疑
ha ne ou e a te
汉厄欧厄阿特

这个	结论	使	人	质疑。
e re te re	gun mu qia	bi ri	bo ye du	han e ou ka
厄热特热	棍姆恰	比日	波叶杜	汉厄欧卡

回答
te de wo jie ren（a te wei te）
特得沃介任（阿特危特）

回答	问题。
te de wo jie ren	jie la wa（wa pu ruo si）
特得沃介任	介腊瓦（瓦扑若斯）

我	不能	立刻	回答	这个	问题。
bi	e ta mo	wu mo na te	te de wo re	e re	jie la wa
毕	厄塔莫	乌莫纳特	特得沃热	厄热	介腊瓦

吹嘘

shao eng ta ran（a ri zi du qi）
少鞎塔然（阿日兹杜其）

自我	吹嘘。
man ji man mi	shao eng ta ran
曼吉曼米	少鞎塔然

自夸

man mi ka nie jie ren
曼米卡涅介任

不要	自	夸。
e ke er	man mi	ka nie re
厄克尔	曼米	卡涅热

自	夸	其能。
man mi	ka nie jie ren	shao eng ta na
曼米	卡涅介任	少鞎塔纳

夸大

he ge du re jie ren
和格杜热介任

夸大	成绩。
he ge du re jie ren	e te wo ne wan
和格杜热介任	厄特沃讷万

夸大	缺点。
he ge du re jie ren	a bu er ti wan
和格杜热介任	阿布尔提万

夸大	事实。
he ge du re jie ren	jie la te jie wan
和格杜热介任	介腊特介万

隐瞒
jia ya jia ran
加亚加然

隐瞒	错误。
jia ya jia ran	e ru wei
加亚加然	厄如危

隐瞒	真相。
jia ya jia ran	te jie mo wan（yi si jina）
加亚加然	特介莫万（伊斯基纳）

掩蔽
di ke ne en
地克讷恩

找个	掩蔽的	地方。
ba ka da	di ke ne ri bi ri	mie si te ye
巴卡达	地克讷日比日	灭斯特叶

掩蔽	在树	后。
di ke ne en ta du	yi ri a ke te	qia wu dun
地克讷恩塔杜	伊日阿克特	恰乌盾

保密
jia you qia na
加优恰纳

这	事	要	严格	保密。
e re	jie la wa	na da	kang kei ti	jia you qia da
厄热	介腊瓦	纳达	抗尅提	加优恰达

批评
la e yi ren（kei ri yi ji ka）
腊厄伊任（尅日伊基卡）

他	又被	批评了。		
nong an	ou pie ti	la e yi wo qia		
农安	欧撇提	腊厄伊沃恰		

责备
wei na wa ta ran（la e yi ren）
危纳瓦塔然（腊厄伊任）

他	从来	没有	责备过	我。
nong an	ao kei yin ka te	e hei yin	la e yi re	min ne
农安	敖尅因卡特	厄黑因	腊厄伊热	敏讷

不要	只	责备	别	人。
eng e a te	ti ka	wei na wa ta re	hong tu	bo ye wo
鞥厄阿特	提卡	危纳瓦塔热	洪图	波叶沃

承认
sa a ran
萨阿然

承认	错误。
sa a ran	e ru wei
萨阿然	厄如危

否认
e ke ta jie ren
厄克塔介任

否认	罪行。
e ke en	e ru li bei
厄克塔任	厄如里备

否认	自己	讲过的	话	。
e ke ta jie ren	man ji	gun jia kei wei	tu ran mo	
厄克塔介任	曼吉	棍加尅危	图然莫	

干涉

ka ai yi te tan（mo sa yi ren）
卡埃伊特坦（莫萨伊任）

干涉	别	人的	事。
ka ai yi te tan	hong tu	bo ye ni	jie la wan
卡埃伊特坦	洪图	波叶尼	介腊万

我	不想	干涉	你的	私事。
bi	e ta mo	mo sa yi re	si yin ni	jie la wa si（li qi nei yi）
毕	厄塔莫	莫萨伊热	司因尼	介腊瓦斯（利其内伊）

参与

bi ren（bi wei kei）
比任（比危剋）

参与	其	事。
bi ren	ta re	jie la du
比任	塔热	介腊杜

探问

han e wu ran
汉厄乌然

探问	失散	亲人	的	下落。
han e wu ran	he re ke er ta ne wei	ha di bo ye wo	bi	kei ti wan
汉厄乌然	和热克尔塔讷为	哈地波叶沃	比	剋提万

请求

ge la ti ren（pa ri a xi qi）
格拉提任（帕日阿西其）

请求	援助。
ge la ti ren	bo le wo da wei
格拉提任	波勒沃达为

驯鹿及其硕大的鹿角

挂晒盐肉条

烤列巴

征求		
na da li ran		
纳达利然		

征求	意见。	
na da li ran	tu ran ne（mo nie ni ye）	
纳达利然	图然讷（莫涅尼叶）	

求助		
bo le qi wo ka te en		
波勒其沃卡特恩		

向朋友	求助。	
gei ri kei wei	bo le qi wo ka te en	
给日剋危	波勒其沃卡特恩	

赠送		
pa da ri yi ran		
帕达日伊然		

赠送	礼物。	
pa da ri yi ran	pa da ri yi wo en ma	
帕达日伊然	帕达日伊沃恩玛	

借		
sai mi ran		
塞米然		

借用一下	你的	帐篷。
sai mi ke ta	si yin ni	ba la te ka wa
塞米克塔	司因尼	巴拉特卡瓦

借给	他	笔钱。
sai mi ka er	nong an du	meng e wu ne
塞米卡尔	农安杜	蒙厄乌讷

还	
mu qiu wo ran	
姆秋沃然	

还	钱。
mu qiu wo ran	meng e wu en mo
姆秋沃然	蒙厄乌恩莫

还	债。
mu qiu wo ran	kao ta wa
姆秋沃然	考塔瓦

交换	
jiu e er di ren（jiu e te en）	
纠厄尔地任（纠厄特恩）	

交换	礼物。
jiu e te en	pa da ri yi wo en ma
纠厄特恩	帕达日伊沃恩玛

催促	
ka le ma ren	
卡勒马任	

催促	上路。
ka le ma ren	e ne hei yin dan
卡勒马任	厄讷黑因丹

鼓励	
kania ren（pa a xia lia qi）	
卡尼阿任（帕阿夏俩其）	

鼓励	他	努力	工作。
ka ni a ren	nong an man	a ya ma te	ge re bo dan
卡尼阿任	农安曼	阿亚马特	格热波丹

他的	话	对我	鼓励	很	大。
nong an ni	tu ran	min du	bo le wo kan	shao ma	he ge di
农安尼	图然	敏杜	波勒沃坎	少玛	和格地

安慰

wu run nei wo ka te en（wu jie shai qi）
乌闻内沃卡特恩（乌借晒其）

安慰	病	人。
wu run nei wo ka te en	e nu kei jie ri	bo ye wo
乌闻内沃卡特恩	厄奴剋介日	波叶沃

感谢

si ba xi ba（yi si ba si ba）
斯巴细巴（伊斯巴斯巴）

感谢	你的	好	意。
yi si ba si ba	si yin ni	a ya	wa si
伊斯巴斯巴	司因尼	阿牙	瓦斯

道歉

yi si wei ni ren
伊斯危尼任

说话	不当,	特此	道歉。
tu ran mi	e hei jiu ke ta	ta li	yi si wei ni ke er
图然米	厄黑纠克塔	塔里	伊斯危尼克尔

让步

a da e a ran
阿达厄阿然

争执	双方	都不	让步。
ku hei e le jie re	a wo gu ka te	ba ran	a da e a ri a
库黑厄勒介热	阿沃故卡特	巴然	阿达厄阿日阿

让路
a da e a ran
阿达厄阿然

给	老太太	让 路。	
sa ge di	a ti ri ka qia en du	a da e a ran	hao kao tao wo
萨格地	阿提日卡恰恩杜	阿达厄阿然	好考涛沃

允许
e le ke si ren
厄勒克斯任

得到	允许	才能	进去。
pu lu qi ha	e le ke si re kei yin	ta li ma ke	yi wo ren
扑录其哈	厄勒克斯热剋因	塔里玛克	伊沃任

拒绝
eng e a te（ba ran）
鞥厄阿特（巴然）

拒绝	来访。
eng e a te	e mo wo ka ne
鞥厄阿特	厄莫沃卡讷

拒绝	接见。
eng e a te	yi qie er di re
鞥厄阿特	伊切尔地热

拒绝	签字。
eng e a te	dou ke ta
鞥厄阿特	斗克塔

帮助
bo le e te en
波勒厄特恩

互相	帮助		请求	帮助
ma man mo re	bo le e te en		na da li ran	bo le wo dan
玛曼莫热	波勒厄特恩		纳达里然	波勒沃丹

照顾			
yi qie e te ti（ka ri a ai jia ran）			
伊切厄特提（卡日阿埃加然）			

照顾	孩子	照顾	病人。
yi qie e te ti	kong e a kan ma	ka ri a ai ran	e nu kei jie ri bo ye wo
伊切厄特提	孔厄阿坎玛	卡日阿埃然	厄奴剋介日波叶沃

护理
ka ri a ai jia ri
卡日阿埃加日

护理	病	人。
ka ri a ai jia ri	e nu kei jie ri	bo ye wo
卡日阿埃加日	厄奴剋介日	波叶沃

保护
ka ri a ai ran（a heri a，nia qi）
卡日阿埃然（阿和日阿，尼阿其）

保护	儿童	保护	森林
ka ri a ai ran	kong e a ka ri bo	ka ri a wo ran	e ge dan mo
卡日阿埃然	孔厄阿卡日波	卡日阿沃然	厄格丹莫

保护	牲畜。
ka ri a ai jia ran	si ta duo
卡日阿埃加然	斯塔多

养育
yi ri gei ren
伊日给任

养育　　　　子女。
yi ri gei ren　hu te er bei
伊日给任　　呼特尔贝

养育　　　　孤儿。
yi ri gei ren　ang e jia kan ma
伊日给任　　昂厄加坎马

赡养
yi ri gei jie ren
伊日给介任

赡养　　　　父母。
yi ri gei jie ren　a min ti li bei
伊日给介任　　阿敏提里贝

服从
dao er qia te tan（a la ma ran）
到尔恰特坦（阿拉马然）

服从　　　　指挥。
dao er qia te tan　ka man di wai jia ri wa
到尔恰特坦　　卡曼地外加日瓦

违反
den bo yi la qia
纯波伊拉恰

违反　　　　常理。
den bo yi la qia　te jie wan
纯波伊拉恰　　特介万

违反　　　　常规。
den bo yi la qia　bin mo re wan
纯波伊拉恰　　彬莫热万

违反	常识。
den bo yi la qia	sa wo kei ti wa
拢波伊拉恰	萨沃剋提瓦

违犯
den bo yi la ren
拢波伊拉任

违犯	国	法。
den bo yi la ren	kan	sa kao en ma
拢波伊拉任	刊	萨考恩玛

抵制
ka ai ran（bai guo te）
卡埃然（百锅特）

抵制	坏	思想的	侵蚀。
ka ai ran	e ru	jia er li	hu ke qia ri wan
卡埃然	厄如	加尔里	呼克恰日万

称赞
a ya kei ran（he wa li qi）
阿亚剋然（和瓦利其）

大家都	称赞	他	好	手艺。
wei si mo er	a ya kei ran	nong an	a ya	ma si ti ri wan
危斯莫尔	阿亚剋然	农安	阿牙	马斯提日万

赞美
a ya kei ran
阿亚剋然

赞美	春天。
a ya kei ran	neng nie wo
阿亚剋然	能涅沃

赞美	金色的	秋天。
a ya kei ran	shao lu ta ma	bao lao wo
阿亚剋然	绍录塔马	包劳沃

嘲笑

yi nie po ti yin te ren
伊涅坡提因特任

恶意的	嘲笑。
e rong kei ti ne	yi nie po ti yin te ren
厄容剋提讷	伊涅坡提因特任

污蔑

e ru eng ren
厄如鞯任

污蔑	他	人。
e ru eng ren	ta ri	bo ye wo
厄如鞯任	塔日	波叶沃

陷害

e ru eng qia（wa a te en）
厄如鞯恰（瓦阿特恩）

陷害	好	人。
e ru eng qia	a ya	bo ye wo
厄如鞯恰	阿牙	波叶沃

咒骂

jia re ga ran
加热嘎然

高声	咒骂。
yi ri di kun ji	jia re ga ran
伊日地坤吉	加热嘎然

争吵			
ku hei e le ren			
库黑厄勒任			

他们	经常	争吵	
nong a ri ti yin	da ku er	ku hei e le ren	
农阿日提因	达库尔	库黑厄勒任	

打架
ku hei jie re
库黑介热

好打架的	人	别	打架
ku hei jie ma ri	bo ye	e jie si	ku hei re
库黑介玛日	波叶	厄介斯	库黑热

调解
jiu kei li di wo ka nen
纠剋里地沃卡恁

调解	纠纷。
jiu kei li di wo ka nen	ai dan mo
纠剋里地沃卡恁	埃丹莫

说服
tu ran en ji（wu bie ji qi）
图然恩吉（乌别吉其）

说服	教育。
tu ran en ji	a la wo wu ran
图然恩吉	阿拉沃乌然

奉承
nie lie ren
涅列任

奉承	上司		奉承	话
nie lie ren	bo e yin mo		nie lie jie ri	tu ran
涅列任	波厄因莫		涅列介日	图然

放任
kong wu li jin
空乌里劲

放任	不	管。
kong wu li jin	e ne	jia wo la re
空乌里劲	厄讷	加沃拉热

放任	自流。
kong wu li jin	ao en ke na da
空乌里劲	敖恩克纳达

庇护
jia you qia ran（di hu wu te en）
加优恰然（地护乌特恩）

庇护	坏	人。
jia you qia ran	e ru	bo ye wo
加优恰然	厄如	波叶沃

欺骗
wu luo kei ren
乌罗剋任

你	欺骗了	我。
si yi	wu luo kei qia	min ne
司伊	乌罗剋恰	敏讷

欺骗	人。
wu luo kei ren	bo ye wo
乌罗剋任	波叶沃

打扰
mo sa yi ren（bie si pa guo yi）
莫萨伊任（别斯帕果伊）

别	打扰	他。
e ke er	mo sa yi re	nong an man
厄克尔	莫萨伊热	农安曼

对不起，	打扰	您啦。
yi si wei ni ke er	mo sa yi me	si yi ne
伊斯危尼克尔	莫萨伊么	司伊讷

扰乱
pu tai ran（hu ke qia li ti tan）
扑太然（呼克恰里提坦）

扰乱	工作	扰乱	秩序
pu tai ran	ge re ba wo	hu ke qia li ti tan	bi mo re wo
扑太然	格热巴沃	呼克恰里提坦	比莫热沃

扰乱	人	心
pu tai ran	bo ye	mie wan man
扑太然	波叶	灭万曼

麻烦
bie i pa kao yi ran（ha luo pa ti）
别斯帕考伊然（哈罗帕提）

麻烦	事情
ha luo pa ti	jie la
哈罗帕提	介腊

你	别	去	麻烦	他了。
si yi	e ke er	hu ru ru	bie si pa kao yi re	nong an man
司伊	厄克尔	呼入如	别斯帕考伊热	农安曼

干扰		
mi shai ren（ka ai jia ran）		
米晒任（卡埃加然）		

噪音	干扰。	
ku e a en	mi shai ren	
库厄阿恩	米晒任	

干扰	小组	工作。
mi shai ren	gu ru po	ge re ba wo
米晒任	故如坡	格热巴沃

找		碴儿
ge la ke te ren		ai dan ne
格拉克特任		埃丹讷

故意	找	碴儿。
sa ru ya en	ge la ke te ren	ai dan ne
萨如亚恩	格拉克特任	埃丹讷

找碴儿		打架。
ge la ke te ren		ku hei ne
格拉克特任		库黑讷

阻挡
kai yi ti tan
楷伊提坦

阻挡	前进	阻挡	不住
kai yi ti tan	e ne wo ri wan	kai yi wo re	eng e a te
楷伊提坦	厄讷沃日万	楷伊沃热	鞥厄阿特

挑逗
lie si ren（lie si re）
列斯任（列斯热）

别	挑逗	他。	
e ke er	lie si re	nong an man	
厄克尔	列斯热	农安曼	

开玩笑
jiu gu da jia ran
纠故达加然

开玩笑地	说	爱开玩笑的	人
jiu gu da jia na	gu nen	jiu gu da kei bi ri	bo ye
纠故达加纳	故恁	纠故达尅比日	波叶

唆使
hei pu ku ren
黑扑库任

唆使	犯罪	唆使	打架。
hei pu ku ren	e ru eng da en	hei pu ku ren	ku hei da en
黑扑库任	厄如鞥达恩	黑扑库任	库黑达恩

强迫
eng e hei ti wei（panu ji qi）
鞥厄黑提危（帕奴基其）

强迫	劳动。
eng e hei ti	ge re bo wo qie ren
鞥厄黑提	格热波沃切任

强迫	他	同意。
eng e hei ti wei nong an		sa e la si yin bi dan
鞥厄黑提危 农安		萨厄拉斯因比丹

威胁
e a le wo ka te en
厄阿勒沃卡特恩

不	怕	威胁。
e qie	e a le re	e a le wo ka du ke
厄切	厄阿勒热	厄阿勒沃卡杜克

洪水	正	威胁		整个	根河	市区。
mu da	e hei le	e a le wo kan jie ren		wei si	ge an	mie si te wan
姆达	厄黑勒	厄阿勒沃坎介任		危斯	格安	灭斯特万

引诱

hou ri wo wu te en（zha wai lie qie）
候日沃乌特恩（扎外列切）

以金钱	引诱。
meng e wu en ji	hou ri wo wu te en
蒙厄乌恩吉	候日沃乌特恩

不受	坏人	引诱。
e tan	e ru bo ye du	hou ri wo re
厄坦	厄如波叶杜	候日沃热

侮辱

e rong kei te en（e rong eng ren）
厄容剋特恩（厄容鞥任）

侮辱	人。
e rong kei te en	bo ye wo
厄容剋特恩	波叶沃

摆布

ka le ma ren（na ti ren）
卡勒玛任（纳提任）

听从	摆布。
dao er qia a te en	ka le ma ri wo
到尔恰阿特恩	卡勒玛日沃

我	才不	听	他的	摆布呢!
bi	e ta mo	ma te	nong an du	ka le ma wo re
毕	厄塔莫	马特	农安杜	卡勒马沃热

摆布	桌	椅。
na ti ren	ji ying kei	te e ke wo
纳提任	吉应剋	特厄克沃

排斥
ka er di ti tan（ka er di jia ran）
卡尔地提坦（卡尔地加然）

排斥		在外。
ka er di ti tan		he re ke la
卡尔地提坦		和热克拉

他	受到	排斥。
nong an	ao qia	ka er di wei jia na
农安	敖恰	卡尔地危加纳

勾结
shou li wo jia re（wu mu nu pu qie re）
收利沃加热（乌姆奴扑切热）

暗中	勾结。
jie lu mo	wu mu nu pu qie re
介录莫	乌姆奴扑切热

离间
he er ke er ta wo ren（ai dang jie ren）
和热克尔塔沃任（埃当介任）

挑拨	离间	离间	朋友
pu tai ran	he re ke er ta e dan	ai dang jie ren	gei ri keine wo
扑太然	和热克尔塔厄丹	埃当介任	给日剋讷沃

破坏
hou ke qia li ti tan（hou ke qia ran）
候克恰里提坦（候克恰然）

破坏	生产	破坏	友谊
hou ke qia li ti tan	ge re ba wo	hou ke qia li ti tan	duo ru si bo wo
候克恰里提坦	格热巴沃	候克恰里提坦	多如斯波沃

腐蚀
pao ri ti ran（hu ke qia ran，ka ruo jia）
泡日提然（呼克恰然，卡若加）

局部	腐蚀	从思想上	腐蚀
ha di lin	pao ri ti wei ran	jia er du kei yin	hu ke qia ran
哈地林	泡日提危然	加尔杜剋因	呼克恰然

报仇
bao kao en mu ran（a ta mo ji qi）
包考恩姆然（阿塔莫吉其）

报仇	雪恨。
bao kao en mu ran	ti kun ma
包考恩姆然	提坤玛

报答
ta ma ran（a te pu la da）
塔玛然（阿特扑拉达）

报答	养育	之恩。
ta ma ran	yi ri gei nen	a ya lin
塔玛然	伊日给恁	阿亚林

他的	恩惠	我	一定要	报答。
nong an ni	a ya wan	bi	ou bi sa qi li na	ta ma jie a wo
农安尼	阿牙万	毕	欧比萨其利纳	塔玛基厄阿沃

7. 程度　yi ri ban nei yin（ao kei bi hei，si jie bin）
伊日板内因（敖尅比黑，斯借彬）

很
shao ma
少玛

很	好	很	坏	很	多
shao ma	a ya	shao ma	e ru	shao ma	ke te
少玛	阿亚	少玛	厄如	少玛	克特

很
eng e nei mo
鞥厄内莫

很	突然	很	静
eng e nei mo	e mi si ke	eng e nei	qie ru li
鞥厄内莫	厄米斯克	鞥厄内	切如里

非常
eng e nei mo te（wei si ma，shao ma te）
鞥厄内莫特（危斯妈，少玛特）

非常	能干	非常	聪明
shao ma	ge re bo le en	shao ma	wu mu ne ye
少玛	格热波勒恩	少玛	乌姆讷叶

非常	高兴	非常	远
eng e nei mo te	wu run qiao	shao ma	gao rao
鞥厄内莫特	乌闰乔	少玛	告扰

特别
eng e nei mo（hong tu mo）
鞥厄内莫（洪图莫）

汽车	跑得	特别	快。
ma si na	hu ku ti ren	eng e nei mo	hei ma te
马斯纳	呼库提任	厄内莫	黑玛特

他	特别	喜欢	打猎。
nong an	eng e nei mo	a ya kei ran	a ne a li da wei
农安	鞡厄内	阿亚剀然	安厄阿里达危

式样	很	特别。	
o mo ran	shao ma	hong tu mo	
敖莫然	少玛	洪图莫	

多么

ni bao si（yi ri ban ke te）
尼包斯（伊日板克特）

山	水	风景	多么	好啊!
wu re en	mu wu en	bi wei kei yin	ni bao si	a ya ke
乌热恩	姆乌恩	比危剀因	尼包斯	阿牙克

多么	冷。
ni bao si	yi ni ni hei
尼包斯	伊尼尼黑

多么	热。
ni bao si	he ku hei
尼包斯	和库黑

最
sa mai
萨迈

最	好	最	坏
sa mai	ya	sa mai	e ru
萨迈	阿牙	萨迈	厄如

最	根本的	原因。
sa mai	te ke nei yin	bi hei yin
萨迈	特克内因	比黑因

极其
eng e nei mo
鞥厄内莫

生活	极其	贫困。
bi jie ri yin	eng e nei mo	jiao e ao ri yi
比介日因	鞥厄内莫	叫厄敖日伊

极其	重大的	任务。
eng e nei mo	he ge di bi ri	ge re ba（zha da qia）
鞥厄内莫	和格地比日	格热巴（扎搭恰）

极度
eng e nei yi
鞥厄内伊

极度	紧张地	工作着。
eng e nei mo	bo wa ne er	ge re bo jie re
鞥厄内莫	波瓦讷尔	格热波介热

极度 疲劳。
eng e nei y de re qia
鞥厄内伊 得热恰

极度	兴奋	极度	危急
eng e nei mo te	wu run qiao	eng e nei mo	a ba si na qi
鞥厄内莫特	乌闰乔	鞥厄内莫	阿巴斯纳其

极端
eng e nei mo te（kei ri a yi nie）
鞥厄内莫特（尅日阿伊涅）

极端	困难	极端	快乐
eng e nei mo	tu ru wu te na	eng e nei mo	wu ru wo hei ren
鞥厄内莫	图如乌特纳	鞥厄内莫	乌如沃黑任

极端	危险		
eng e nei mo	nie lu hei ren（wu guo ruo zha）		
鞥厄内莫	涅录黑任（乌果若扎）		

过度
eng e nei te te en
鞥厄内特特恩

疲劳	过度。
de re qia	eng e nei te te en
得热恰	鞥厄内特特恩

至多
ke te bi mi（he ge di bi mi）
克特比米（和格地比米）

至多	值	二十	块	钱。
ke te bi mi	ta ma nei	jiu ri jia ri	wu ru po	meng e wu en
克特比米	塔马内	纠日加日	乌如坡	蒙厄乌恩

她	至多	不过	五十岁。	
nong an	he ge di bi mi	bi ren	tun e a jia qi wa er	
农安	和格地比米	比任	屯厄阿加其瓦尔	

最多
ke te di mo（ke te e te）
克特地莫（克特厄特）

人口	最多	的	国家。	
波叶林	克特地莫	比日	卡恩	
bo ye lin	ke te di mo	bi ri	ka en	

我们	最多	能待	十天。
bu wu	ke te e te	bi mi	jia er la ya
布乌	克特厄特	比米	加尔拉亚

至少
wu e wu kun bi mi
乌厄乌坤比米

至少	需要	五个	人。
wu e wu kun bi mi	na da bi qia	tun e a	bo ye le
乌厄乌坤比米	纳达比恰	屯厄阿	波叶勒

你的	驯鹿	至少	有	二百多。
si yin ni	ao rao en	wu e wu kun	bi mi	jiu ri niang ma ke te en
司因尼	敖饶恩	乌厄乌坤	比米	纠日酿马克特恩

更
yi suo（si te ri yi）
伊索（斯特日伊）

今天	比	昨天	更	冷了。
e hei ti kan	bi ri	ti ne wo du ke	yi suo	yi ni ni li qia
厄黑提坎	比日	提讷沃杜克	伊索	伊尼尼利恰

克服	更	大的	困难。
kei yi ran	yi suo	he ge di mo re	tu ru te na wa
尅伊然	伊索	和格地莫热	图如特纳瓦

进一步
yi suo gou ge da te
伊索勾格达特

进一步		发展。
yi suo gou ge da te		ke te li wei ka nen
伊索勾格达特		克特利危卡恁

相当
wu ri a e te mo (shao ao ma)
乌日阿厄特莫(少敖玛)

受到	相当	大的	损失。
ao wo ran	shao ao ma	he ge di	hou ke qia kan
敖沃然	少敖玛	和格地	候克恰坎

他	俩	年龄	相当。
nong an	jiu ri	an e a nei e yin	wu ri a te mo er
农安	纠日	安厄阿内厄因	乌日阿特莫尔

相当	困难
shao ao ma	tu ru wu te na
少敖玛	图如乌特纳

他	相当	聪明。
nong an	shao ao ma	wu mo ne yi
农安	少敖玛	乌莫讷伊

有点
bi ka e te en (bie hen wu sa kan)
比卡厄特恩(别很乌萨坎)

锅里	还有点	剩饭。
yi ka du	bie hen wu sa kan	bei li ga
伊卡杜	别很乌萨坎	贝利嘎

家里	有点	钱。
jiu du	bie ka e te en	meng e wu en
纠杜	别卡厄特恩	蒙厄乌恩

这月	勉强	够用。
e re bie e a du	a ran ma er	yi si e a te
厄热别厄阿杜	阿然马尔	伊斯厄阿特

稍微
mo ne
莫讷

你	稍微	等一下
si yi	mo ne	a la ta ri ao ka er
司伊	莫讷	阿拉塔日敖卡尔

稍微	忍耐	衣服	稍微	长了点儿
mo ne	mang e yi qia ka er	te te ke	mo ne	e ou nei mo bi hei
莫讷	芒厄伊恰卡尔	特特克	莫讷	厄欧内莫比黑

几乎
a ran e qie（bu chang）
阿然厄切（布长）

一不留神	几乎	滑	倒。
en e se ren qie re	a ran e qie wo	ba er da ha	ti kei te
厄讷色任切热	阿然厄切沃	巴尔达哈	提剋特

钱	几乎	花完了。
meng e wu en	a ran e qie	ma na wa ri a
蒙厄乌恩	阿然厄切	玛纳瓦日阿

我	几乎	忘记了。
bi	bu ka ta re	ao mo e ao qiao
毕	布卡塔热	敖莫厄敖乔

差不多
wu ri a te mo（wu re er di mo）
乌日阿特莫（乌热尔地莫）

哥儿俩	长相	差不多。
a ku na en	yi qie den	wu re er di mo
阿库纳恩	伊切㧭	乌热尔地莫

这些	布	颜色	都差不多。
e ri li	ao nao ke tao	kei ri a si kan	wu re er di mo
厄日里	敖闹克桃	剋日阿斯坎	乌热尔地莫

甚至

yi suo ta re
伊索塔热

今天	很	暖和，	甚至	觉得热。
e hei ti kan	shao ma	niang ma hei	yi suo ta re	he ku jie ren
厄黑提坎	少玛	酿马黑	伊索塔热	和库介任

完全

wei ye hei yin（wei ye si）
危叶黑因（危叶斯）

完全	平。
wei ye hei yin	de ke si
危叶黑因	得克斯

病	还没	完全	好。
e nu kei yin	e qi yin	wei ye hei yin	a yao ri a
厄奴剋因	厄其因	危叶黑因	阿要日阿

完全	同意	完全	对
wei ye si tun	sa e la si yin	wei ye si	te jie
危叶斯屯	萨厄拉斯因	危叶斯	特介

十足

wei si men（jia lu mo，qi si tai）
危斯门（加录莫，奇斯太）

信心	十足	绍录塔	奇斯太
yi te ku qie ren	jia lu mo	shao lu ta	qi si tai
伊特库切任	加录莫	黄金	十足

干劲	十足
ge re bo jie ren	jia lu mo
格热波介任	加录莫

彻底
he re du kei yin
和热杜剀因

彻底	改正	错误。
he re du kei yin	jiu kei ran	e ru wo
和热杜剀因	纠剀然	厄如沃

彻底消灭		彻底	了解
he re du kei yin	si yi ren	he re du kei yin	sa ran
和热杜剀因	斯伊任	和热杜剀因	萨然

充分
jia lu min ti（e le kei yin ji）
加录敏提（厄勒剀因吉）

做好	充分	准备
ao da	jia lu min ti	bo le ke ri
敖达	加录敏提	波勒克日

惟一
wu mu kao mo（e ri ge de）
乌姆考莫（厄日格得）

他	是	我	唯一的	亲人。
nong an	bi ren	bi	wu mu kao mo	ha di wo bo ye
农安	比任	毕	乌姆考莫	哈地沃波叶

惟一	可行的	道路。
wu mu kao mo	e ne kei ti mo	hao kao tao
乌姆考莫	厄讷剀提莫	好考涛

仅仅

ti ka hao（tuo er ke）
提卡好（托尔克）

仅仅	剩下	三个	人。
tuo er ke	shou la po tan	ai lan mo	bo ye
托尔克	收拉坡坦	埃兰莫	波叶

他	仅仅	相信	你。
nong an	tuo er ke	te jia qie ren	si ne
农安	托尔克	特加切任	司讷

只是

tuo er ke（ti ka niu en）
托尔克（提卡妞恩）

这	东西	好是好，	只是	贵了些。
e re	yi de e	a ya bi hei a ya	tuo er ke	dao rao gao yi bi ri
厄热	伊得厄	阿牙比黑阿牙	托尔克	到扰高伊比日

小伙子		很	聪明。	只是	懒点。
ao mao li gei qia an		shao ma	wu mo ne yi	tuo er ke	e ne er e a niu en
敖毛利给恰安敖毛利		少玛	乌莫讷伊	托尔克	厄讷尔厄阿妞恩

立即

e re da te（sai yi qia si）
厄热达特（塞伊恰斯）

立即	行动。
e re da te	e ne hei nen
厄热达特	厄讷黑恁

只有

bi min（tuo er ke, ta ri hao）
比敏（托尔克，塔日好）

只有	你	才	知道	这件	事。
bi min	si yi	ma ke	sa ran	e re	jie la wa
比敏	司伊	马克	萨然	厄热	介腊瓦

我们	放牧点	只有	他	是	汉族。
bu wu	gu ru po du	ta ri hao	nong an	bi ri	bao gao dao
布乌	故如坡杜	塔日好	农安	比日	包高道

立刻
e hei e re
厄黑厄热

你	等着，	我	立刻	就来。
si yi	a la te ka er	bi	e hei e re	e mo jie a wo
司伊	阿拉特卡尔	毕	厄黑厄热	厄莫季厄阿沃

马上
hei ma kun ji（e hei e re）
黑玛坤吉（厄黑厄热）

工作	马上	就可以	做完。
ge re ba	e hei e re	bi wei kei	e te wo ren
格热巴	厄黑厄热	比危剋	厄特沃任

当即
ta li nie re（wu mo na te）
塔利涅热（乌莫纳特）

接到	电报，	当即	返回。
pu lu qi ha	jie lie gei ran ma	ta li nie re	mu qiu ran
扑录其哈	介列给然玛	塔利涅热	姆秋然

因	伤势	过重	当即	死亡。
ta ri ti	hu ye wei	wu re ge hei jin	ta li nie re	bu wu den
塔日提	呼叶危	乌热格黑劲	塔利涅热	布乌拎

逐渐
a ri a ku kan(pa si jie bie na)
阿日阿库坎(帕斯借别纳)

孩子们	逐渐	长大。
kong e a ka ri	a ri a ku kan	yi he wo jie re
孔厄阿卡日	阿日阿库坎	伊和沃介热

天色	逐渐	暗下来。
bu e a	a ri a ku kan	ha kei ti ri a er lan
布厄阿	阿日阿库坎	哈剋提日阿尔兰

逐步
a ri a ku kan ji(sha ge mo)
阿日阿库坎吉(沙格莫)

逐步	开展	工作。
a ri a ku kan ji	ao li wei ran	ge re ba wo
阿日阿库坎吉	敖里危然	格热巴沃

逐步	学会	技术
a ri a ku kan ji	sa ta er lan	ma si ti ri wa
阿日阿库坎吉	萨塔尔兰	玛斯提日瓦

逐步	降级
a ri a ku kan ji	he re ge le ren
阿日阿库坎吉	和热格勒任

首先
nao nao li ma(jiu lu gu te)
闹闹利马(纠录故特)

首先	要把	工作	做完
nao nao li ma	na da	ge re ba wo	e te da
闹闹利马	纳达	格热巴	厄特达

鄂温克古老的岩画《狩猎图》

首先	要	弄清	原因。
nao nao li	na da	sa da	te ken man
闹闹利	纳达	萨达	特肯曼

首先	到达	终点。	
nao nao li ma	yi si tan	mu dan ma（ka nie qi）	
闹闹利马	伊斯坦	姆丹马（卡涅其）	

首次
e le ke si
厄勒克斯

我	首次	来	根河。
bi	e le ke si	e mo ren	ge an du la
毕	厄勒克斯	厄莫任	格安杜拉

优先
jiu lu gu te
纠录故特

优先	发展	驯鹿	饲养业
jiu lu gu te	ke te li wei ka nen	ao rao en mo	yi ri gei ri yi wo
纠录故特	克特利为卡恁	敖饶恩莫	伊日给日伊沃

时常
da ku er
达库尔

他	时常	帮助	我。
nong an	da ku er	bo le te qie wo kei	min ne
农安	达库尔	波勒玛沃剋	敏讷

我们	时常	在	一起	聊天。
bu wu	da ku er	bi ne	wu mu kuan du	wu lu gu qia ma te en
布乌	达库尔	比讷	乌姆宽杜	乌录故愉马特恩

经常				
da ku er ma				
达库尔马				

经常	为	孩子们		担忧
da ku er ma	bi ri	kong a ka ri du		a er bu en qia ran
达库尔马	比日	孔阿卡日杜		阿尔布恩恰然

经常	打架。
da ku er	ku hei jie wo kei
达库尔	库黑介沃尅

我	经常	想	你。
bi	da ku er ma	jiao en nan	si yi ne
毕	达库尔马	叫恩南	司伊讷

不时
da ku li（wei mo ren ta ne）
达库利（危任莫塔讷）

不时	下着	小雨。
da ku li	ti ge de ren	wu sa kan ji
达库利	提格得任	乌萨坎吉

必须	不时	检查。
o bi sa qi li na	wei ren mo ta ne	ai ru ke ta da
欧比萨其利纳	危任莫塔讷	埃如克塔达

再次
ou pie te（da kei yin da te）
欧撤特（达尅因达特）

再次	获奖
da kei yin da te	pa da ri kei wei ran
达尅因达特	帕达日为然

病	人	再次	晕了过去
e nu kei jie ri	bo ye	ou pie te	bu ke qia ren
厄奴剋介日	波叶	欧撒特	布克恰任

不断
e ne po hei ge re（mu da na a qin）
厄讷坡黑格热（姆达纳阿芹）

不断	发展
e ne e te re	ke te li wo ren
厄讷厄特热	克特利沃任

参观的	人	终日	不断。
yi qie na jie ri	bo ye	yi ne e yi du	en qie po hei re ge re
伊切纳介日	波叶	伊讷厄伊杜	厄切坡黑热格热

连续
e ne e te re
厄讷厄特热

这场	雨	连续下了	五	天。
e re	ti ge de ren	e ne e te re	tune a	yi ne e yi wo
厄热	提格得任	厄讷厄特热	屯厄阿	伊讷厄伊沃

总是
da ku er（si ge da）
达库尔（斯格达）

他	总是	忙着。
nong an	da ku er	ge re bo jie ren
农安	达库尔	格热波介任

这	几	天	总是	下雨
e re	a di	yi ne e yi wo	da ku er	ti ge de ren
厄热	阿地	伊讷厄伊沃	达库尔	提格得任

每次
ka si nai
卡斯奈

他	每次	总带	礼物	来	看望	我们
nong an	ka si nai	e mu ne	yi de e le	e mo ren	yi qie na jie	mu ne
农安	卡斯奈	厄姆讷	伊得厄勒	厄莫任	伊切纳介	姆讷

刚刚
e re da te
厄热达特

刚刚	到达。
e re da te	yi si tan
厄热达特	伊斯坦

他	刚刚	睡	醒。
nong an	e re da te	a jia ha	mie er lan
农安	厄热达特	阿加哈	咩尔兰

他	刚刚	走，	你	快去	追吧。
nong an	e re da te	hu ru run	si yi	hei ma te	a ha er ka er
农安	厄热达特	呼如润	司伊	黑玛特	阿哈尔卡尔

刚才
e re da te
厄热达特

刚才	谁	来了？
e re da te	ni yi	e mo ren
厄热达特	尼伊	厄莫任

刚才	跟你	说话的	是	谁？
e re da te	si yin niu en	tu ri a e qie ri yi	bi qia	ni yi
厄热达特	司因妞恩	图日阿厄切日伊	比恰	尼伊

已经			
e hei le			
厄黑勒			

小孩	已经	能	走路了。
kong e a kan	e hei le	ao qia	e ne ke te wo kei
孔厄阿坎	厄黑勒	敖恰	厄讷克特沃剋

大家	都已经	走了。	
wei si te re	e hei le	hu ru qiao er	
危斯特热	厄黑勒	呼如乔尔	

天	已经	黑了。	
bu e a	e hei le	ha ke ti ri a er qia	
布厄阿	厄黑勒	哈克提日阿尔恰	

接着
a ma ri du kei yin
阿玛日杜剋因

春季	过去,	接着	雨季	开始了。
neng eng nei	yi li te nen	a ma ri du kei yin	ti gei da ri	ao er jia ran
能鞥涅	伊利特恁	阿玛日杜剋因	提给达日	敖尔加然

将要
da e a li
达厄阿里

他	将要	来	根河。
nong an	da e a li	e mo ren	gan du la
农安	达厄阿里	厄莫任	甘杜拉

计划	将要	提前	实现。
pei lan mo	da e a li	jiu le la	e te wo ren
培兰莫	达厄阿里	纠勒拉	厄特沃任

即将
e re da te (si kuo ri a)
厄热达特（斯括日阿）

暴风雨	即将	来临。
e di yin ti ge de	e re da te	e mo ren
厄地因提格德	厄热达特	厄莫任

黎明	即将	到来。
yi na er te en	e re da te	yi si tan
伊纳尔特恩	厄热达特	伊斯坦

冬季	即将	来临。
tu e nei	e hei e re	e mo ren
图厄内	厄黑厄热	厄莫任

终于
a ma ri dun (na ga nie ci)
阿马日盾（纳嘎涅茨）

他	终于	答应了。
nong an	a ma ri dun	sa e la si yin ao ran
农安	阿马日盾	萨厄拉斯因傲然

病	终于	好了
e nu kei yin	a ma ri dun	a yao ran
厄奴剋因	阿玛日盾	阿要然

必然
e lin mo (a bie zha jie li na)
厄林莫（阿别扎介利纳）

他	必然	会来。
nong an	e lin mo	e mo jie a en
农安	厄林莫	厄莫吉厄阿恩

必定
te jie mo
特介莫

我	明天	必定	到。
bi	ti mi	te jie mo	yi si tan
毕	提米	特介莫	伊斯坦

一定
ao bi sa qi li na (te jie mo)
奥比萨其利纳（特介莫）

这事	你	一定	知道。
e re jie la wa	si yi	ao bi sa qi li na	sa ran
厄热介腊瓦	司伊	奥比萨其利纳	萨然

肯定
te jie mo
特介莫

他	肯定	会来的。
nong an	te jie mo	e mo jie a en
农安	特介莫	厄莫吉厄阿恩

迟早
ao kei yin ma er
敖尅因玛尔

问题	迟早	要	解决。
jie la	ao kei yin ma er	bi ri	e te wo ren
介腊	敖尅因玛尔	比日	厄特沃任

他	迟早	会来的。
nong an	ao kei yin ma er	e mo jie a en
农安	敖尅因玛尔	厄莫吉厄阿恩

突然
e mei si ke
厄玫斯克

他	死得	太	突然了。
nong an	bu qia	eng e nei	e mei si ke
农安	布恰	鞥厄内	厄玫斯克

他	突然	病了。
nong an	e mei si ke	e nu kei li qia
农安	厄玫斯克	厄奴剋里恰

突然	下雨了。
e mei si ke	ti gei de er le en
厄玫斯克	提给得尔勒恩

意外
e qia gun qie wo re
厄恰棍切沃热

意外的	事变。
e qia gun qie wo re	jie la ao ran
厄恰棍切沃热	介腊敖然

偶然
e qia gun qie re（si lu qia yi nei，e mei si ke）
厄恰棍切热（斯录恰伊内，厄玫斯克）

偶然	相遇。
e mei si ke	ba ka ke di ran
厄玫斯克	巴卡尔地然

我	也是	偶然	知道的。
bi	tao sha	e ne gun qie re	sa a qia
毕	桃沙	厄讷棍切热	萨阿恰

有时
he di li dun（bi hei li dun）
哈地里顿（比黑里盾）

有时　　　　　冷，
hao di li dun　yi ni ni wei kei
哈地里顿　　　伊尼尼危剋

有时　　　热。
hao er dun　he ku wo kei
哈尔盾　　　和库沃剋

他　　　不　　　　常　　　来，
nong an　e wo kei　da ku er　e mo re
农安　　厄沃剋　　达库尔　　厄莫热

但　　　有时　　　也　　　来
ta du ke　ha er dun　tao sa　e mo ren
塔杜克　　哈尔盾　　桃萨　　厄莫任

很少
ou wu kun（ou wu ku kan）
欧乌坤（欧乌库坎）

街上　　　　　　人　　　　　很少。
wu lu ka sha li　　bo ye　　ou wu ku kan
乌录克沙里　　　波叶　　　欧乌库坎

我的　　　驯鹿　　　很少。
min ni　　ao rao en　ou wu kun
敏尼　　　敖饶恩　　欧乌坤

可能
mao si ti（bu ka）
毛斯提（布卡）

明天	可能	要	下雪。
ti mi	bu ka	bi ri	yi ma na ran
提米	布卡	比日	伊马纳然

他	可能	还	不	知道。
nong an	mao si ti	yi suo	e qie	sa ri a
农安	毛斯提	伊索	厄切	萨日阿

他	可能	去了。
nong an	bu ka	hu ru qiao
农安	布卡	呼如乔

不可能
e tan ma te（e tan bu ka）
厄坦马特（厄坦布卡）

这件	事	不可能	做到。
e re te re	jie la	e tan ma te	ao wo ri a
厄热特热	介腊	厄坦马特	敖沃日阿

或许
bu ka bi ri
布卡比日

我们	或许	以前	见过面。
bu wu	bu ka bi ri	gao rao du	yi qie er di ri ti
布乌	布卡比日	告扰杜	伊切尔地日提

大概
bu ka ta re
布卡塔热

你	大概	认识	他的。
si yi	bu ka ta re	sa ran	nong an man
司伊	布卡塔热	萨然	农安曼

恐怕
ba da e a（mo te re, bu ka, e a le ren）
巴达厄阿（莫特热，布卡，厄阿勒任）

我	恐怕	下个	月	才能	来。
bi	ba da e a	da kei yin	bie e a du	bi wei kei	e mo ren
毕	巴达厄阿	达剋因	别厄阿杜	比危剋	厄莫任

恐怕　　　来不及。
bu ka　　kan pa re e tan
布卡　　　坎帕热厄坦

大体
he ge di di yin（ke te di yin）
和格地地因（克特地因）

生活	大体	不错。
bi de en	he ge di di yin	shao ao ya
比得恩	和格地地因	少敖亚

大体上	我	同意。
ke te di wan	bi	sa e la si yin
克地万	毕	萨厄拉斯因

不
e qie（e tan）
厄切（厄坦）

我	不	去	不	太	好。
bi	e ta mo	hu ru ru	e qie	ma te	a ya
毕	厄塔莫	呼如入	厄切	马特	阿牙

好	不好？
a ya	e qie wu
阿牙	厄切乌

不	大	不	多
e qie	he ge di	e qie	ke te
厄切	和格地	厄切	克特

无
a qin (e qia)
阿芹（厄恰）

无	准备	一无	所有
e qia	bo le ke re	a qin	ai kun ka te
厄恰	波勒克热	阿芹	埃坤卡特

走投	无	路
e ne den	a qin	hao kao tao
厄讷抟	阿芹	好考涛

没有
a qin (e qia)
阿芹（厄恰）

我	没有	这样	说过
bi	e qia	e re ge qin	gu ne
毕	厄恰	厄热格芹	故讷

屋里	没有	人
jiu du	a qin	bo ye
纠杜	阿芹	波叶

他	没有	走
nong an	e qia	hu ru ru
农安	厄恰	呼如入

一点	水	也	没有。
hei te en ke te	mu	bi ri	a qin
黑特恩克特	姆	比日	阿芹

竭力			
se nei mo te wei（e le mo te wei）			
色内莫特危（厄勒莫特危）			

竭力	支持	竭力	反对
se nei mo te wei	bo le ren	e le mo te wei	bu le en te ren
色内莫特危	波勒任	厄勒莫特危	布勒恩特任

大力
te te en ji（he ge di ti）
特特恩吉（合格地提）

大力	发展	生产。
te te en ji	ke te li wei ren	ge re bo re wo
特特恩吉	克特利危任	格热波日沃

拼命
e le mo te wei（e jie mo te wei）
厄勒莫特危（特介莫特危）

拼命	干活。
te jie mo te wei	ge re bo ren
特介莫特危	格热波任

拼命地	跑。	拼命地	追
e le mo te we	tu ha jia ran	e le mo te wei	a ha jia ran
厄勒莫特危	图哈加然	厄勒莫特危	阿哈加然

任意
ao en ke na da
敖恩克纳达

任意	行动	任意	挥霍
ao ne ke na da	ao jia ran	ao en ke na da	huo mo te jie en
敖恩克纳达	敖加然	敖恩克纳达	呼莫特介任

随意		
e ya ti te wei		
厄亚提特危		

随意	出入。	
e ya ti te wei	yi wan jie ren	
厄亚提特危	伊万介任	

你	随意	办吧。
si yi	e ya ti te wei	ao da wei
司伊	厄亚提特危	敖达维

随便		
ao en da（e a ti di wei，ta ke）		
敖恩达（厄亚提弟危，塔克）		

随便	闲	聊。
ta ke	wu lu	gu qia ma te en
塔克	乌录	故恰马特恩

随便	你	自己	挑。
e ya ti di wei	si yi	man ji	si yin ma ka er
厄亚提弟危	司伊	曼吉	斯因玛卡尔

尽情	
kong wu li ti wei（kong wu er mo）	
孔乌里提维（孔乌尔莫）	

尽情	欢乐。
kong wu li ti wei	wei si lie ren
孔乌里提维	危斯列任

纵情	
a ya di ma te	
阿牙地玛特	

节日里	大家	纵情	欢乐。
pei ri a si ni kei tu	wei si mo	a ya di ma te	wei si lie ren
培日阿斯尼剋图	危斯莫	阿牙地玛特	危斯列任

有意
sa ru ya en（gun qie ri yin）
萨如亚恩（棍切日因）

有意	找	茬儿。
sa ru ya en	ge la ke te ren	ai dan ne
萨如亚恩	格拉克特任	埃丹讷

我	不是	有意的，	对不起！
bi	e qie wo	sa ru ya en nie ke re	yi si wei ni ke e
毕	厄切沃	萨如亚恩	伊斯危尼克尔

故意
sa ru ya ma
萨如亚马

故意	捣乱。
sa ru ya ma	hu ku qia li ti tan
萨如亚马	呼库恰里提坦

他	故意	这样	做。
nong an	sa ru ya ma	ti ka	ao ran
农安	萨如亚马	提卡	敖然

特地
ti ka mo li
提卡莫利

这是	我	特地	给你	带来的。
e re	bi	ti ka mo te	si yin du	e mu jie mo
厄热	毕	提卡莫特	司因杜	厄姆介莫

顺便
e ne bo gen（lao po ka）
厄讷波跟（劳坡卡）

顺便	去	看	朋友。
lao po ka jin	hu ru run	yi qie na jie	gei ri kei wei
劳坡卡尽	呼如闰	衣切纳介	给日尅危

以致
ta du kei yin（ti ka du kei yin）
塔杜尅因（提卡杜尅因）

大雨	下个	不停,	以致	泛滥	成灾。
eng e nei ti ge	de ren	e ne e te re	ta du kei yin	wei si lin	qie pi jie ren
鞥厄内提格	得任	厄讷厄特热	塔杜尅因	危斯林	切批介任

共同
wei si wu mu kuan du
维斯乌姆宽杜

共同	生活。
wei si wu mu kuan du	bi jie re
维斯乌姆宽杜	比介热

共同	行动。
wei si wu mu kuan du	ha wa er lan
维斯乌姆宽杜	哈瓦尔兰

一齐
wu ri a a te（wu mo na te）
乌日阿阿特（乌莫纳特）

大家	一齐	动手
wei si mo	wu ri a a te	ge re bo er le en
危斯莫	乌日阿阿特	格热波尔勒恩

一起
wu mu kuan du
乌姆宽杜

团结在　　　一起。
du ru si ne yi ti　wu mu kuan du
杜如斯讷伊提　乌姆宽杜

坐在　　　一起
te er en　wu mu kuan du
特厄任　乌姆宽杜

我　　和你　　　一起　　　　去。
bi　si yin niu en　wu mu kuan du　hu ru run
毕　司因妞恩　乌姆宽杜　呼如闰

各自
ma re ji
马热吉

各自　　回　　　家。
ma ri ji　mu qiu ran　jiu la
玛日吉　姆秋然　纠拉

各自　　负责。
ma re ji　jia wo la ren
马热吉　加沃拉任

互相
ma man mo re
玛曼莫热

互相　　　　尊敬　　　　互相　　　　帮助
ma man mo re　manei lane　ma man mo re　bo le e te ne
玛曼莫热　玛内拉讷　玛曼莫热　波勒厄特讷

互相	关心
ma man mo re	jiao ao en jia na
玛曼莫热	叫敖恩加纳

直接
pei ri a mo (wu mo na te)
培日阿莫（乌莫纳特）

把钱	直接	交给	他。
meng e wu en mo	pei ri a mo	bu da wei	nong an du
蒙厄乌恩莫	培日阿莫	布达维	农安杜

直接	感染。
pei ri a mo	da wo ran
培日阿莫	达沃然

间接
si gei di la qi (he re ke er ta)
斯给地拉其（和热克尔塔）

间接	传染。
he re ke er ta	da wo li di ran
和热克尔塔	达沃里地然

我	是间接	知道的。
bi	si gei di la du ke	sa qia wo
毕	斯给地拉杜克	萨恰沃

正好
e le ke ka kei yin
厄勒克卡尅因

你	来得	正好。
si yi	e mo en nei	e le ke ka kei yin
司伊	厄莫恩内	厄勒克卡尅因

这件	衣服	我	穿	正好。
e re te re	te te ke	bi	te te ke wei	e le ke ka kei yin
厄热特热	特特克	毕	特特剋维	厄勒克卡剋因

碰巧
ka ka ri a si
卡卡日阿斯

正想	找	你，	碰巧	你	来了。
gun qie ren	ge la ke te ri	si ne	ka ka ri a si	si yi	e mo en nei
棍切任	格拉克特日	斯讷	卡卡日阿斯	司伊	厄莫恩内

仍然
e re e e re（ti ka da te）
厄热俄厄热（提卡达特）

雪	仍然	在下。
yi man na	e re e e re	yi ma na jia ran
衣曼纳	厄热俄厄热	衣马纳加然

仍然	住在	老	地方。
e re e e re	jiu ta ran	gao rao pi ti	mie si te du
厄热俄厄热	纠塔然	告扰批提	灭斯特杜

他	仍然	活着。
nong an	ti ka da te	yi yin jie ren
农安	提卡达特	伊因介任

依旧
ti ka se（ti ka mo da te）
提卡色（提卡莫达特）

生活	依旧	清贫
bi jie ri yin	ti ka se	jiao e ao ri yi
比介日因	提卡色	较厄敖日伊

真正		
te jie mo		
特介莫		

你们是	真正的	朋友。
su wu bi hei	te jie mo er	gei ri kei li
苏乌比黑	特介莫尔	给日剋利

真正的	人。
te jie mo jin	bo ye
特介莫尽	波叶

简直
dao si ta er
到斯塔尔

屋子里	热得	简直	呆	不住。
jiu wu dao	du he ku jie ren	dao si ta er	bi wo r	eng e a te
纠乌到杜	和库介任	到斯塔尔	比沃热	鞥厄阿特

简直	不可	思议。
dao si ta er	eng e a te	gun qie wo re
到斯塔尔	厄阿特	棍切沃热

确实
e lin mo（te jie da te）
厄林莫（特介达特）

我	确实	去了	一次
bi	e lin mo	hu ru ri wei	wu mo na kan
毕	厄林莫	呼如日维	乌莫纳坎

他的	话	是	确实的。
nong an ni	tu ran nei yin	bi hei	te jie da te
农安尼	图然内因	比黑	特介达特

他	确实	知道。
nong an	e lin mo	sa ran
农安	厄林莫	萨然

果然
te jie da te（e lin mo da te）
特介达特（厄林莫达特）

果然	如此。
e lin mo da te	ti ka
厄林莫达特	提卡

果然	不错。
e lin mo da te	shao ao ya
厄林莫达特	少敖亚

其实
te jie mo jin（te jie mo de ke）
特介莫劲（特介莫得克）

其实	并不	奇怪。
te jie mo jin	e qie ma te	ji kei ti bi hei
特介莫劲	厄切马特	吉尅提比黑

说是	二十	里，	其实	十五	里。
gun ne	jiu ri jia ri	wei ri si te	te jie mo jin	jia an du ke tun e a	wei ri si te
棍讷	纠日加日	危日斯特	特介莫劲	加安克屯厄阿	危日斯特

基本上
ke te di yin（te jie mo jin）
克特地因（特介莫劲）

他的	意见	基本上	是	对的。
nong an ni	zha mie qia ni ye	ke te di yin	bi hei	te jie
农安尼	扎灭恰尼叶	克特地因	比黑	特介

这件	事	基本上	要靠	你	来干。
e re te re	jie la wa	te jie mo jin	na da bi ren	si yi	ao da wei
厄热特热	介拉瓦	特介莫劲	纳达比仁	司伊	敖达危

难怪
ou li hei yin
欧利黑因

难怪	他	生气。
ou li hei yin	nong an	ti ku er lan
欧利黑因	农安	提库尔兰

驯鹿	找到了,	难怪	他	这么	高兴。
ao rao en	ba ka wo qia	ou li hei yin	nong an	ti ka	wu run qiao
敖饶恩	巴卡沃恰	欧利黑因	农安	提卡	乌闰乔

究竟
e hei le (ta du kei yin, ao en ta na)
厄黑勒（塔杜剋因,敖恩塔纳）

究竟	谁	去?
e hei le	ni yi	hu ru ru run
厄黑勒	妮伊	呼如入闰

究竟	谁	好?
ta du kei yin	ni yi	a ya
塔杜剋因	尼伊	阿牙

这	事的	究竟	你	清楚吗?
e re	jie la wa	ao en ta na wan	si yi	sa en nei wu
厄热	介拉瓦	敖恩塔纳万	司伊	撒恩内乌

到底
a ma ri dun (e hei le, na ka nie zi)
阿马日盾（厄黑勒,纳卡涅兹）

他	到底		来了。
nong an	a ma ri dun		e mo ren da te
农安	阿马日盾		厄莫任达特

你	到底	要	什么呀?
si yi	e hei le	ge la ren	ai ku na ka
司伊	厄黑勒	格拉任	埃库纳卡

他	到底	是	谁?
nong an	e le hei	bi ren	ni yi
农安	厄黑勒	比仁	尼伊

宁愿
e ya e te kei wei（gu ne kei wei）
厄亚厄特剠危（故讷剠危）

我	宁愿		走着去，
bi	e ya te kei wei		e ne ne hu ru mi
毕	厄亚特剠危		厄讷讷呼如米

也不	坐	他的	车
e ta mo	te e re	nong an ni	ma si na du
厄塔莫	特厄热	农安尼	马斯纳杜

与其
ti ka de ke（ti ka wo hei yin）
提卡得克（提卡沃黑因）

与其	你	来，	不如	我	去。
ti ka wo hei yin	si yi	e mo re kei si	te er kei	bi	hu ru ku tu
提卡沃黑因	司伊	厄莫热剠斯	特尔剠	毕	呼如库图

当然
ao en e tan（ti ka ti）
敖恩厄坦（提卡提）

他	当然	会	同意。
nong an	ao en e tan	bi hei	sa e la si yin
农安	敖恩厄坦	比黑	萨厄拉斯因

当然	应该	帮助。
ti ka ti	na da	bo le e te ta
提卡提	纳达	波勒厄特塔

我	当然	去。
bi	ao en e ta mo	hu ru ru
毕	敖恩厄塔莫	呼如入

自然

bu e a di（pi ri ruo da）
布厄阿地（批日若达）

欣赏	自然	风景。
a ya kei li qia	bu e a di	ao mo ri a wan（ka ri a sa）
阿亚剀利恰	布厄阿地	敖莫日阿万（卡日阿萨）

自然	现象。
bu e a di	bin mo ren（ye wei lie ni ye）
布厄阿地	宾莫任（耶危列尼叶）

也

tao sha（ti ka se）
桃莎（提卡色）

他	行，	我	也	行。
nong an	shao qi	bi	tao sha	shao qi
农安	少奇	毕	桃莎	少奇

风	停了，	雨	也	停了。
e di yin	e te ren	ti gei de	tao sa	e te ren
厄地因	厄特任	提给得	桃莎	厄特任

你	不	说	我	也	知道。
si yi	e hei kei si	gu ne	bi	ti ka se	sa ran
司伊	厄黑剋斯	故讷	毕	提卡色	萨然

还
yi suo（e re e re ri）
伊索（厄热厄热日）

今天	比	昨天	还	冷。
e hei ti kan	bi hei	ti ne wo du ke	yi suo	yi ni ni hei
厄黑提坎	比黑	提讷沃杜克	伊索	衣尼尼黑

他	还	没有	回来。
nong an	yi suo	e qin	e mo re
农安	伊索	厄芹	厄莫热

雨	还在	下。
ti ge de	e re e re ri	ti ge de jie ren
提格得	厄热厄热日	提格得介任

同样（一样）
wu mu kao re（wu re er di，wu ri a qi）
乌姆考热（乌热尔地，乌日阿其）

同样	大小	同样	看待
wu ri a qi li	he ge di li ti yin	wu re er di ti	yi qie e te en
乌日阿其哩	和格地利提因	乌热尔地提	衣切厄特恩

你俩	衣服	一样。
su wu jiu ri	te e te ke	wu re er di
苏乌纠日	特厄特克	乌热尔地

反而
gei pi ti ka kei（na a ba ruo te）
给批提卡剋（纳阿巴若特）

这样	反而		不好。
e re ge qin	na a ba ruo te		e qie a ya
厄热格芹	纳阿巴若特		厄切阿牙

雨	不但	没停，	反而	越下	越大。
ti ge de	e qie ma te	e te r	gei pi ti ka kei	si te ri yi	he ge di li jie ren
提格得	厄切玛特	厄特热	给批提卡剋	斯特日伊	和格地利介任

如此
ti ka（si tuo li）
提卡（斯托哩）

果真	如此	如此	看来
e lin mo da te	ti ka	ti ka	yi qie e te mi
厄林莫达特	提卡	提卡	衣切厄特米

天	天	如此。
yin e e yi	ti kei yin	ti ka te re
伊讷厄衣	提剋因	提卡特热

何必	如此？
ai kun man	ti ka te re
埃坤曼	提卡特热

这样
e re ge qin（ti ka）
厄热格芹（提卡）

他	向来	就是	这样。
nong an	da ku er	tuo er ke	ti ka te re
农安	达库尔	托尔克	提卡特热

没	想到	困难	这样	大。
e qia	gun qie re	tu ru wu te na	e re ge qin	he ge di wo
厄恰	棍切热	图如乌特纳	厄热格芹	和格地沃

那样
ta re ga qin（na si tuo li ka，ti ka te re）
塔热嘎芹（那斯托哩卡，提卡特热）

没有	那样的	事。
a qin	ta re ga qin	jie la
阿芹	塔热嘎芹	介拉

他	并不	那样	糊涂。
nong an	e qi ma te	ti ka te re	mu nu si ka
农安	厄切马特	提卡特热	木奴斯卡

那样也	好。
ti ka ke te	a ya
提卡克特	阿牙

那么
ti ka te re（si tuo li，ti ka ke）
提卡特热（斯托哩，提卡克）

今天	那么	热！
e hei ti kan	ti ka te re	he ku hei
厄黑提坎	提卡特热	和库黑

这个	并不	那么	重要。
e re	e qie ma te	ti ka te re	he ge di na da
厄热	厄切马特	提卡特热	和格地纳达

你	别	那么	说。
si yi	e ke er	ti ka	gu ne
司伊	厄克尔	提卡	故讷

怎么
ao en（ai ha）
敖恩（埃哈）

这件	事	他	怎么	知道的？
e re	jie la wa	nong an	ao en	sa a qia
厄热	介拉瓦	农安	敖恩	萨阿恰

怎么	不	高兴？
ai ha	e qie	wu run qiu ru
埃哈	厄切	乌闰秋如

他	怎么	没	来？
nong an	ao en	e qie	e mo re
农安	敖恩	厄切	厄莫热

怎么样
ao en bi hei（ao en ta ne）
敖恩比黑（敖恩塔讷）

你的	身体	怎么样？
si yi ke	man nei	ao en bi hei
司伊克	曼内	敖恩比黑

你的	近况	怎么样？
si yi ke	da e a du	ao en bi hei
司伊克	达厄阿杜	敖恩比黑

今天	天气	怎么样？
e hei ti kan	bu e a	ao en bi ri
厄黑提坎	布厄阿	敖恩比日

为什么
ai ha ke（ai kun ma gun ne）
埃哈克（埃坤马棍讷）

为什么	他	花了	这么多	钱？
ai ha ke	nong an	nie ke te qia	e re ba ke te	meng e wu e mo
埃哈克	农安	涅克特恰	厄热巴克特	蒙厄乌恩莫

敖鲁古雅鄂温克人迁徙

你	昨天	为什么	没有	来？
si yi	ti ne wo	ai ha ke	e hei si	e mo re
司伊	提讷沃	埃哈克	厄黑斯	厄莫热

为什么		生气？
ai kun ma gun ne		ti ku er jia mo
埃坤马棍讷		提库尔加莫

8. 连接　　wu mu nu gei qie ren（yi si li di qia ran）
　　　　　乌姆奴给切任（衣斯里地恰然）

和
wu mu kuan du（de）
乌姆宽杜（得）

只有	我	和	你	知道。
tuo le ke	bi	de	si yi	sa ran
托勒克	毕	得	司伊	萨然

我	和	他	一块去。
bi	wu mu kuan	du nong an niu en	hu ru jiu run
毕	乌姆宽杜	农安妞恩	呼如纠闰

或许
mao si ti（bu ka）
毛斯提（布卡）

或许	今天	下雨。
mao si ti	e hei ti kan	ti gei de e a te
毛斯提	厄黑提坎	提给得厄阿特

他	或许	动身了。
nong an	bu ka	e ne hei yin qia
农安	布卡	厄讷黑因恰

但是				
ta du ke（a dena ka）				
塔杜克（阿得纳卡）				

他	想	睡	一会儿，	
nong an	gun qie ren	a ta re	ao da wei	
农安	棍切任	阿塔热	敖达为	

但是	睡不着			
ta du ke	a hei na ba ran			
塔杜克	阿黑纳巴然			

事情	虽小，	但是	很	重要。
jie la	wu sa da	ta du ke	shao ma	na da qi
介拉	乌萨达	塔杜克	少玛	纳达其

可是				
ta du ke（a de na ka）				
塔杜克（阿得纳卡）				

说话	可是	要	算	数。
tu ran	ta du ke	bi da	yi te	ke wo ri
图然	塔杜克	比达	衣特	克沃日

房间	虽小，	可是	很	明亮。
kao mo na ke	wu sa da	ta du ke	shao	e a ri hei
考莫纳克	乌萨达	塔杜克	少	厄阿日黑

然而				
ta du ke（a de na ka）				
塔杜克（阿得纳卡）				

然而	事实	并不	如此。	
ta du ke	jie la te ji mo	e qie ma te	ti ka	
塔杜克	介拉特介莫	厄切马特	提卡	

事情	虽小，	然而	亦	不可	忽	视。
jie la	wu sa da	ta du ke	tao sha	eng e a te	hei te en ji	yi qie e te
介拉	乌萨达	塔杜克	桃莎	鞥厄阿特	黑特恩吉	衣切厄特

尽管

ti ka da te（ti ka e le）
提卡达特（提卡厄勒）

尽管	如此。
ti ka e le	bie hei kei yin（ti ka）
提卡厄勒	别黑剋因（提卡）

有	困难	尽管	说。
bie hei kei yin	tu ru wu te na	ti ka da te	gu ke er
别黑剋因	图如乌特纳	提卡达特	故克尔

虽然

ti ka e le
提卡厄勒

他	虽然	知道，	但是	不	说。
nong an	ti ka e le	sa ran	ta du ke	ba ran	tu ri a e te
农安	提卡厄勒	萨然	塔杜克	巴然	图日阿厄特

既然

ti ka de ke（ti ka niu en）
提卡得克（提卡妞恩）

既然	错了，	就	应当	纠正
ti ka de ke	e ru wu te ao qia	ti ka	bi qia	jiu kei da
提卡得克	厄如乌特敖恰	提卡	比恰	纠剋达

既然	他	不	去，那么	我	去。
ti ka niu en	nong an	ba ran	hu ru ru	bi	hu ru ke te
提卡妞恩	农安	巴然	呼如入	毕	呼如克特

不仅
e qie ma te
厄切马特

有	这	看法的	不仅	我	一个	人。
bi hei	e re	tu ri a qi	e qie ma te	bi	wu mu kuan	bo ye
比黑	厄热	图日阿其	厄切马特	毕	乌姆宽	波叶

而且
yi suo te re（ta du ke）
伊索特热（塔杜克）

应该	而且	必须	完成	任务。
na da	ta du ke	wu bi sha qi li na	e te da	ge re ba wo
纳达	塔杜克	乌比沙其利纳	厄特达	格热巴沃

这	不是	我的	事，	而且	我
e re	e qie	min ni	jie la	yi suo te re	bi
厄热	厄切	敏尼	介拉	伊索特热	毕

也	不	清楚	这件	事。
tao sha	e qie	sa re	e re	jie la wa
桃莎	厄切	莎热	厄热	介拉洼

除非
ti ka ma ke（ta du ke，e hei kei yin ti ka）
提卡马克（塔杜克，厄黑尅因提卡）

除非	你	来	找	驯鹿。
ti ka ma ke	si yi	e mo ha	ge la ke te ren	ao rao en mo
提卡马克	司伊	厄莫哈	格拉克特任	敖饶恩莫

否则	谁也	找不到。
e mi ti ka	ni ke te	ba ka re e tan
厄米提卡	尼克特	巴卡热厄坦

除了
he re ke（ta du ke）
和热克（塔杜克）

除了	你，	还会	有	谁	来。
he re ke	si yin du ke	yi suo	bi hei	ni yi	e mo wo kei
和热克	司因杜克	衣索	比黑	尼伊	厄莫沃剋

除了	这条	路，	其他	都	
ta du ke	e re	hao kao tao du ke		hong tu	wei si
塔杜克	厄热	好考涛杜克		洪图	危斯

到	不了	那个	山上。	
yi si ta	e tan	ta la	e ge da qian mo	
衣斯塔	厄坦	塔拉	厄格达迁莫	

要不是
ye si li（e hei kei yin）
也斯里（厄黑剋因）

要不是	天	下雨，	我	早	来了。
e hei kei yin	bu e a	ti gei de jie re	bi	ka ya ha ke	e mo mo qie wo
厄黑剋因	布厄阿	提给得介热	毕	卡亚哈克	厄莫么切沃

否则
e mi ti ka
厄米提卡

快	跑！	否则	要迟到了。
hei ma te	tu ha ka er	e mi ti ka	a man nei ran
黑马特	图哈卡尔	厄米提卡	阿曼内然

首先	必须		搭	桥，
nao nao li	ou bi sa qi li na		ti gei	di la eng ren
闹垴利	欧比萨其里纳		提给	地拉鞥任

否则	无法	过	河。
e mi ti ka	e ta	he de re	bei ri a wo
厄咪提卡	厄坦	和得热	贝日阿沃

如果
ye si li
也斯里

如果	有	时间，	我	一定	来。
ye si li	bi mi	wei ren mo qi	bi	ou bi sa qi li na	e mo ren
也斯里	比米	危任莫其	毕	欧比萨其里纳	厄莫任

如果	昨天	动身，	今天	该	到了。
ye si li	ti ne wo	e ne hei yin mi	e hei ti kan	bi qia	yi si e a ti yin
也斯里	提讷沃	厄讷黑因米	厄黑提坎	比恰	衣斯厄阿提因

只要
tuo er ke
托尔克

只要	能	离开	就好。
tuo er ke	bi mi	he re ke mi	a ya ta re
托尔克	比米	和热克米	阿牙塔热

这件	事	只要	你	求	她。
e re	jie la	tuo er ke	si yi	pa ri a si xi	nong an man
厄热	介拉	托尔克	司伊	帕日阿斯西	农安曼

她	一定	会帮	你的。
nong an	ou bi sa qi li na	bo le te en	si ne
农安	欧比萨其利纳	波勒特恩	司讷

要是
ye si li
也斯里

要是	来不及		怎么办？	
ye si li	e mi ka mo pa ri a		ao en e hei le	
也斯里	厄米卡莫帕日阿		敖恩厄黑勒	

明天	要是	不	下雨	就去。
ti mi	ye si li	e hei kei yin	ti ge de re	hu ru run
提米	也斯里	厄黑剋因	提格得热	呼如闰

是否
ti ka e qie wu（ti ka ke）
提卡厄切乌（提卡克）

这件	事	他	是否	知道？
e re	jie la	nong an	ti ka ke	sa ran wu
厄热	介拉	农安	提卡克	萨然乌

他	本人		是否	同意？
nong an	man nei yin		ti ka e qie wu	sa e la si yin
农安	曼内因		提卡厄切乌	萨厄拉斯因

你	问	清楚		
si yi	han e wu ha	sa a ka er		
司伊	汉厄乌哈	萨阿卡尔		

万一
ye si li
也斯里

万一	她	不	来，	那	怎么办？
ye si li	nong an	e hei kei yin	e mo re	ao en	e hei le
也斯里	农安	厄黑剋因	厄莫热	敖恩	厄黑勒

万一	下雨	也不要紧，			
ye si li	ti ge de er le kei yin	tao sa ni qi wo			
也斯里	提格得尔勒剋因	桃莎妮其沃			

我	带着	雨衣	呢。	
bi	a he ren	ti ge de ma	wo en mo	
毕	阿和任	提格得马	沃恩莫	

因为
ta du kei yin（pa da mu）
塔杜尅因（帕达姆）

他	因为	生病	没有	来。
nong an	ta du kei yin	e nu kei jie ne	e qie	e mo re
农安	塔杜尅因	厄奴尅介讷	厄切	厄莫热

因为	涨水了，	无法	过	河。
ta du ke	mu da re kei yin	eng e a te	he de wo re	bei ri a
塔杜克	姆达热尅因	鞥厄阿特	和得沃热	贝日阿

由于
ta du ke ta ri
塔杜克塔日

由于	他的	过错，	出了	事故。
ta du ke ta ri	nong an ni	wei na wa tu ke	you ren	a wa ri ya
塔杜克塔日	农安尼	危纳瓦图克	又仁	阿瓦日亚

由于	悲伤，	头发	都	变白了。
ta du ke ta ri	mo re ga ha	niu ri ke te en	wei si	qia er ka qia
塔杜克塔日	莫热嘎哈	妞日克特恩	危斯	恰尔卡恰

考虑到
du mai da
杜迈达

要	考虑到	全局。
na da	du mai da	wei si bi hei wan（a bo da nuo fu ka）
纳达	杜迈达	危斯比黑万（阿波达诺佛卡）

考虑到	所有	情况。	
du mai da	wei si tu kei yin	si lu qia yi wo（jie la wan）	
杜迈达	危斯图剋因	斯录恰衣沃（介拉万）	

因此
ti ka jin（e du kei yin）
提卡尽（厄杜剋因）

我	很忙，	因此	不能	去	你那儿。
bi	ge re ba qi	ti ka jin	e ta mo	hu ru ru	si yin du la
毕	格热巴其	提卡尽	厄塔莫	呼如入	司因杜拉

所以
ta du ke ta re
塔杜克塔热

我	没	工夫，	所以	我	来	不了。
bi	a qin	shao lao wo	ta du ke ta re	bi	e mo re	eng e a ti wei
毕	阿芹	少劳沃	塔杜克塔热	毕	厄莫热	鞥厄阿提为

无论
ai kun ka te
埃坤卡特

无论	什么，	一定要	按期	完成。
ai kun ka te	bie hei kei yin	ou bi sa qi li na	wei ren mo jin	e te ren
埃坤卡特	别黑剋因	欧比萨其利纳	危任莫尽	厄特任

不管
ao en ka te（e ta mo jia wo la re）
敖恩卡特（厄塔莫加沃拉热）

我	不管	这些。
bi	e ta mo jia wo la re	e ri li bo
毕	厄塔莫加沃拉热	厄日里波

不管	怎么样，	我	将在	两天内	返回。
ao en ka te	bi re kei yin	bi	e re	jiu er le li	mu qiu jie a wo
敖恩卡特	比热尅因	毕	厄热	纠尔勒里	姆秋吉厄阿沃

不顾

e ne du mai ri a（wa pi ri kei yi）
厄讷杜迈日阿（洼批日尅衣）

只顾	自己，	不顾	别	人。
ti ka hao	man mei	e ne du mai ri a	hong tu	bo ye wo
提卡好	曼玫	厄讷杜迈日阿	洪图	波叶沃

不顾	后果	一味	蛮干。
e ne du mai ri a	a ma ri wan	ti ka se	ao en da nie ke er qia
厄讷杜迈日阿	阿马日万	提卡色	敖恩达涅克尔恰

其他

hong tu er（pu ruo qi yi）
洪图尔（普若其衣）

先	说	这件	事，	再	说	其他的。
nao nao li	gu ne en	e re		jie la wo	ta du ke	gu ne en	hong tu wo
闹垴利	故讷恩	厄热		介拉沃	塔杜克	故讷恩	洪图沃

除了	你，	其他	人	都	不	知道。
he re ke	si yin du ke	hong tu er	bo ye	wei si	e qie	sa a re
和热克	司因杜克	洪图尔	波叶	危斯	厄切	萨阿热

9. **敬语**　ma nei la wo en tu ran
　　　　　玛内蜡沃恩图然

请

ke
可

你	有	空，	请	来	串门。
si yi	bi mi	shao lao qi	ke	e mo	da wei
司伊	比米	少劳其	可	厄莫	达危

您	请	坐。
si yi	ke	te e ke er
司伊	可	特厄克尔

对不起
yi zi wei ni ke er
衣兹危逆克尔

对不起，	打扰了。
yi zi wei ni ke er	mo sa yi mo
衣兹危逆克尔	莫萨伊莫

没关系
ni qi wo
妮其沃

没关系，	请	你	不要	介意。
ni qi wo	ke	si yi	e ke er	mie wan du wei na re
妮其沃	可	司伊	厄克尔	咩万杜危纳热

谢谢
yi si ba xi ba
衣斯巴细巴

谢谢	你的	帮助！
yi si ba xi ba	si yi ne	bo le qin nei
衣斯巴细巴	司伊讷	波勒勤内

再见
a ya kan ji
阿牙刊吉

朋友	再见！
gei ri kei	a ya kan ji
给日剋	阿牙刊吉

10. 动作 部分　ha wa er li　bi hei lin
　　　　　　哈瓦尔利　比黑林

（1）头部　表情动作
　　di yi li　ha wa er kei qin
　　地衣里　哈瓦尔剋芹

抬	头
wu e yi ri ne	di li wei
乌厄衣日讷	地里危

抬	头	望	天。
wu e yi ri ne	di li wei	yi qie e te en	bu e a wa
乌厄衣日讷	地里危	衣切厄特恩	布厄阿洼

点	头
neng e hei yin ne	di li wei
能厄黑因讷	地里危

他	点	头	表示	同意。
nong an	neng e hei yin ne	di li wei	ao ran	sa e la si yin
农安	能厄黑因讷	地里危	敖然	萨厄拉斯因

眨眼
hu ru mu ran（ba li wa nan）
呼如木然（巴里洼南）

眨眼　示意。
hu ru mu na　te de wo e te en
呼如木纳　特得沃厄特恩

一眨眼	三	年	过去了。
e hei e re mo	ai lan	an e a nei	yi le te nen
厄黑厄热莫	埃兰	安厄阿内	衣勒特恁

皱眉
bo re qi re wo ren（na su pi xi）
波热奇热沃任（纳苏批西）

皱	眉头。
bo re qi re wo ren	sa ru mu ke ta wei
波热奇热沃任	萨如姆克塔危

瞪眼
ku yin qia ran
库因恰然

瞪眼	看着	他。
kun yin qia na	yi qie e qie ren	nong an man
库因恰纳	衣切厄切任	农安曼

看
yi qie e te en（yi qie e qie ren）
衣切厄特恩（衣切厄切任）

看	驯鹿。
yi qie e qie ren	ao rao en mao
衣切厄切任	敖饶恩冒

看	画。
yi qie e te en	ao niao wo
衣切厄特恩	敖鸟沃

要	向前	看，
na da	jiu la si ka kei	yi qie e te ta
纳达	纠拉斯卡剋	衣切厄特塔

不要	向后	看
e ne	a ma si ka kei	yi qie e te te
厄讷	阿马斯卡剋	衣切厄特特

看见
yi qie ren（yi qie e qia）
衣切任（衣切厄恰）

你	看见了吗？
si yi	yi qie e qia wu（yi qie en nei wu）
司伊	衣切厄恰乌（衣切恩内乌）

前	年	曾看见过	他，
gei wan	e a an ta ri	yi qie e qie wo	nong an man
给万	厄阿安塔日	衣切厄切沃	农安曼

未见
e qie wo yi qie re（e qia yi qie re）
厄切沃衣切热（厄恰衣切热）

未见	此人。
e qie wo yi qie re	e re bo ye wo
厄切沃衣切热	厄热波叶沃

注视
yi qie qi li qia（yi qie e qie ren）
衣切奇里恰（衣切厄切任）

注视着	远方。
yi qie qi li qia	gao rao ao te kao kei
衣切奇里恰	告扰敖特考剋

窥	视
jie lu mo	yi qie e qie ren
介录莫	衣切厄切任

外面	有人	窥视。
tu lin	bi hei bo ye	jie lu mo yi qie e qie ren
图林	比黑波叶	介录莫衣切厄切任

怒	视
ti ku er na	yi qie e qie ren
提库尔纳	衣切厄切任

两眼	怒	视着	来	人。
ai ha lin	ti ku er na	yi qie e qie ren	e mo jie ri	bo ye wo
埃哈林	提库尔纳	衣切厄切任	厄莫介日	波叶沃

听
dao er di ran
道尔地然

听	话的	孩子。
dao er qia te ti	tu ran mo	kong e a kan
道尔恰特提	图然莫	孔厄阿坎

不	听	人	劝。
ba ran	dao er qia te ta	bo ye	nou qia ri wan
巴然	道尔恰特塔	波叶	耨恰日万

好	话	听	不进去。
a ya	tu ran mo	dao er qia a te	ba ran
阿牙	图然莫	道尔恰阿特	巴然

收听
dao er qia qi li qia
道尔恰其利恰

收听	天气	预报。
dao er qia qi li qia	bu e a wa	te de wo ri wan
道尔恰其利恰	布厄阿洼	特得沃日万

窃	听		
jie lu mo	dao er qia te tan（ba de lu sha xi）		
介录莫	道尔恰特坦（巴得录沙西）		

窃	听	器。	
jie lu mo	dao er qia qi	wo en	
介录莫	道尔恰其	沃恩	

嗅
a ma ta ran（ba niu ha xi）
阿马塔然（巴妞哈西）

让我	嗅一嗅。
bi yi	a ma ta qi ke ta
毕伊	阿马塔其克塔

猎狗	嗅出了	动物的	气味。
e yi na kei yin	a ma ta ran	bo you en mo	wu ne e wu wan
厄衣纳尅因	阿马塔然	波又恩莫	乌讷厄乌万

闻
a ma ta te tan
阿马塔特坦

闻	不出	是什么	味儿。
a ma ta re	ba mo	ai kun	wu en e wu wan
阿马塔热	巴莫	埃坤	乌恩厄乌万

你	闻一闻，	多	香啊！
si yi	a ma ta te ka er	shao ma	a ya mu hei
司伊	阿马塔特卡尔	少玛	阿亚姆黑

吃
jie po te en
介坡特恩

吃	饭	吃	肉
jie po te en	bi li ga wa	jie po te en	wu er le wo
介坡特恩	比里嘎瓦	介坡特恩	乌尔勒沃

喝
ou mo ran
欧莫然

喝	水	喝	茶
ou mo ran	mu wu wo	ou mo ran	qia yi wo
欧莫然	姆乌沃	欧莫然	恰衣沃

嚼
sai jia ran（re wa xi）
塞加然（热洼西）

嚼	食物。
jie pei li mi	bei li ga wa
介培里米	贝利嘎洼

细嚼	慢咽。
wu lu tu li	sai na nei mo er en
乌录图里	塞纳内莫厄任

舔
sa la jia ran
萨拉加然

驯鹿	在舔	碱土。
ao rao en	sa la jia ran	xie la qi ruo yi
敖饶恩	萨拉加然	协拉奇若衣

舔	饭粒。
sa la jia ran	ka hei wan
萨拉加然	卡黑万

舔	盘子。
sa la jia ran	te lie ri ke wo
萨拉加然	特列日克沃

咬

kei ke tan（sai ran）
剋克坦（塞然）

他	给狗	咬了。
nong an man	e yina kei yin	kei ke qia
农安曼	厄衣纳剋因	剋克恰

肉	不	烂	咬	不动。
wu er le	e qia	e nu po te	sai mi	ba ran te po ti wo re
乌尔勒	厄恰	厄奴坡特	塞米	巴然特坡提沃热

呼吸

e ri jie ren（e ri jie ri yin, di sha xi）
厄日介任（厄日介日因，蒂沙西）

呼吸	困难。
e ri jie ri yin	tu ru wu te na
厄日介日因	图如乌特纳

深	呼吸。
te te en	e ri hei ke er
特特恩	厄日黑克尔

吹

hu wo ren（hu wo hei nen）
呼沃任（呼沃黑恁）

吹	火	吹	灯
hu wo ren	tao e ao wo	hu wo hei nen	lan pa wa
呼沃任	涛厄敖沃	呼沃黑恁	兰帕洼

叫喊
te po ke jie ren
特坡克介任

外面	有	人	叫喊。
tu lin	bi hei	bo ye	te po ke jie ren
图林	比黑	波叶	特坡克介任

欢呼
te po ke er（kei ri qia xi）
特坡克尔（剋日恰西）

连蹦	带跳地	欢呼。
he ke ne er	yi kan ne er	te po ke er qia er
和克讷尔	伊坎讷尔	特坡克尔恰尔

喝彩
a ya kei ran
阿亚剋然

齐声	喝彩。
wu ri a ya e te	a ya kei ran
乌日阿厄特	阿亚剋然

呻吟
nei yin e wu jie ren
内因厄乌介任

病人	痛得	呻吟了	一夜
e nu kei jie ri bo ye	e nu kei ha	nei yin e wu ren	dao er bao nei wa
厄奴剋介日波叶	厄奴剋哈	内因厄乌任	到尔包内洼

（2）手臂　　　动作
　　　e a la ha　　wa er kei qin
　　　厄阿拉　　　哈瓦尔剋芹

打

du ke te ren
杜克特任

他　　　　　被打了。
nong an　　du ke te wo qia
农安　　　　杜克特沃恰

打　　　　　人。
du ke te ren　　bo ye wo
杜克特任　　　波叶沃

击

kao er tao rao en（dou wo hei nen）
考尔涛扰恩（斗沃黑恁）

一拳　　　　击　　　　　　倒。
wu mo na te　kao er tao rao en　ti kei ke nen
乌莫纳特　　考尔涛扰恩　　　提剋克恁

敲

kao eng kao jiao rao en
考鞥考叫扰恩

谁　　　在　　　敲　　　　　　　门。
ni yi　　ta ri　　kao eng kao jiao rao e　　wu re ke wo
尼伊　　塔日　　考鞥考叫扰恩　　　　　乌热克沃

拍

ta pa ta ran
塔帕塔然

拍打	身上的	雪。
ta pa ta ran	man du ke wei	yi man na wa
塔帕塔然	曼杜克危	衣曼纳洼

鼓掌
ta pa ta ran
塔帕塔然

鼓掌	欢迎。
ta pa ta na	pu li wei ci te wa wa qi
塔帕塔纳	普里危次特洼洼其

摸
te mi ke te ren
特米克特任

摸	衣服	口袋。
te mi ke te ren	te te ke wo	ka re man ma
特米克特任	特特克沃	卡热曼马

他	摸了摸	孩子	头发。
nong an	te mi ke te jie ren	kong e a kan	niu ri ke te wan
农安	特米克特介任	孔厄阿坎	妞日克特万

抓
ja wa ran
加瓦然

抓	驯鹿。
jia wa ran	ao rao en mo
加瓦然	敖饶恩莫

抓	鸟。
jia wa ran qi	wei ka qia an ma
加瓦然	其危卡恰安马

抓	小偷。		
jia wa ran	jiao rao min mo		
加瓦然	交扰敏莫		

猫	抓	老鼠	
kao si ka	jia wa ran	qie re kan mo	
考斯卡	加瓦然	其厄热坎莫	

搔

ou hei ran（ou hei jia ran）
欧黑然（欧黑加然）

头发	搔	痒。	
di li wei	ou hei ran	ou tu ni hei wa	
地里卫	欧黑然	欧图尼黑洼	

抚摸

bu er li jie ren
布尔里介任

奶奶	抚摸着	小孙子的	脸蛋。
e wo	bu er jie ren	kong e a kan ni	de re wan
额沃	布尔介任	孔厄阿坎尼	得热万

推

jiu gu jiu luo ren（jiu gu jiu run）
纠故纠罗任（纠故纠闰）

推	入	泥	坑。
jiu gu	jiu luo ren	qia ta	qiao eng tu ke la
纠故	纠罗任	恰塔	乔鞯图克拉

他	把	我	推	倒了
nong an	ta re	min ne	jiu gu jiu luo ren	ti kei kc ne wo
农安	塔热	敏讷	纠故纠罗任	提剋克讷沃

拉			
ai ri jia ran（ai ri hei nan）			
埃日加然（埃日黑南）			

拉	爬犁		
ai ri jia ran	tao er gao kei wa		
埃日加然	涛尔高剋瓦		

把	小船	拉到	岸上
ta re	lao te ka wa	ai ri hei nan	e mo ke re la
塔热	劳特卡洼	埃日黑南	厄莫克热拉

拖			
ai ri ran（ai ri wei ran）			
埃日然（埃日危然）			

把	箱子	拖	过来。
ta re	jia hei kei wa	ai ri ran	e ri ti ka kei
塔热	加黑剋瓦	埃日然	厄日提卡剋

松鼠	拖着	大尾巴。	
wu lu kei	ai ri wei ran	yi ri gei wei	
乌录剋	埃日危然	衣日给卫	

拿			
e a er jia ran（e a li hei nen）			
厄阿尔加然（厄阿利黑恁）			

拿着	一把	斧子。	
e a er jia ran	wu mu kuan	su ke wo	
厄阿尔加然	乌姆宽	苏克沃	

太	重了，	我	拿	不动。
eng e nei	wu re ge he qi	bi	e a li hei ne	eng e a te
鞥厄内	乌热格黑毕	厄阿	利黑讷	鞥厄阿特

带		
a he ren(na ren)		
阿和任(纳任)		

你	带	钱了吗?
si yi	a he en nei	meng e wu ne
司伊	阿和恩内	蒙厄乌讷

带	干粮
a he ren	bei li ga la
阿和任	贝利嘎拉

带	火柴。
a he ren	yi si pi se ke wo
阿和任	衣斯批色克沃

取
gen na ren(ga na ren)
根纳任(嘎纳任)

回	家	取	衣服。
mu qiu ran	jiu la	gen na ren	te te kwo
姆秋然	纠拉	根纳任	特特克沃

取	行李。
gen ne ren	hu er la wo
根纳任	呼尔拉沃

取	款。
ga na ren	meng e wu ne
嘎纳任	蒙厄乌讷

提
e a er jia ran
厄阿尔加然

提着	水桶。
e a er jia ran	mu leng kei wo
厄阿尔加然	姆楞剋沃

提着	包。
e a er jia ran	e a li wa
厄阿尔加然	厄阿利瓦

抬
wu e ri ren（e a li hei nan）
乌厄日任（厄阿利黑南）

抬	胳膊。
wu e ri ren	ka ri yi wei
乌厄日任	卡日衣危

抬	木头。
wu e ri ren	gao lao wo
乌厄日任	高劳沃

端
e a er lan（ba da qi）
厄阿尔兰（巴搭其）

把	锅	端下来。
ta re	yi ka wo	e a li hei nen
塔热	衣卡沃	厄阿利黑恁

端	茶
e a er lan	qia yi wa
厄阿尔兰	恰衣瓦

按
ti re ren（ti ru qie ren）
提热任（提如切任）

按在	地上。		
ti re ren	dun ne du		
提热任	盾讷杜		

按着	桌子。		
ti ru qie ren	ji ying kei wo		
提如切任	基应剋沃		

他	经常	按	胸口。
nong an	da ku er	ti ru qie ren	jiu pu kun mi
农安	达库尔	提如切任	纠普坤米

按	手印。		
ti re ren	e a la wei		
提热任	厄阿拉危		

压

ti re ren（da wei qi）
提热任（达危其）

压	瓶	塞。	
ti re ren	bi ti li ka	ka pa ke wan	
提热任	比提利卡	卡帕克万	

压	平。		
ti re ren	de ke si ti		
提热任	得克斯提		

挤	驯鹿	奶。			
si ri ran	ao rao en	wu kun man			
斯日然	敖饶恩	乌坤曼			

水	多，	再	挤	干些。	
mu wu en	ke te	yi suo	si ri bi ran	ao er gao kei yin ji	
姆乌恩	克特	伊索	斯日比然	敖尔告剋因吉	

捏
ka pi qi ran (qia kei li ran)
卡批其然（恰剋利然）

捏	饺子。
qia kei li ran	po li mian mo
恰剋利然	坡里面莫

孩子	手里	捏着	一只	蝈蝈。
kong e a kan	e a la du wei	ka pi qi ran	wu mu kuan	si wei si ku wa
孔厄阿坎	厄阿拉杜危	卡批其然	乌姆宽	斯卫斯库洼

拧
mu ri kei ran
牡日剋然

拧	螺丝。
mu ri kei ran	su ru po wa
牡日剋然	苏如坡瓦

把盖儿	拧开。
ka pa ke wan	mu ri kei hei ka er
卡帕克万	牡日剋黑卡尔

撑
tou ru ga ran (te le ren, te er bo ren)
投如嘎然（特勒任，特尔波任）

把口袋	撑大点儿。
ku er kan mo	te er bo ke er
库尔坎莫	特尔波克尔

撑住	门，	别让	风	刮开，
tou ru ga ka er	wu re ke wo	e dan	e di yin du	nei wo re
投如嘎卡尔	乌热克沃	厄丹	厄地因杜	内沃热

拿木头	撑住。
mao ao te	tou ru ga ran
毛敖特	投如嘎然

撑	帐篷。
te le ren	ba la te ka wa
特勒任	巴拉特卡瓦

钉
tao ri kei ran
涛日剋然

钉	一只	木箱。
tao ri kei ran	mao ao	jia hei kei ya
涛日剋然	毛敖	加黑剋亚

钉	鞋底
tao ri kei ran	wu en ta he ren wan
涛日剋然	乌恩塔和热万

夹
ka pi qi ran（la pi kei ran，nie si ji）
卡批其然（拉批剋然，涅斯吉）

夹着	书。
la pi kei qia ran	kei ni si ke wo
拉批剋恰然	剋尼斯克沃

衣服	被门	夹住了。
te te ke	wu re ke du	ka pi qi wei qia
特特克	乌热克杜	卡批其危恰

用筷子	夹	菜。
sa ri pu te	ka pi qi ran	yi sha ri yi wa
萨日扑特	卡批其然	伊沙日衣瓦

萨弥（为鹿燃木熏蚊的烟火）

握

jia wa ran（jia wa qia）
加瓦然（加瓦恰）

手里	握着	刀。
e a la du wei	jia wa qia	kao tao wo
厄阿拉杜卫	加瓦恰	考涛沃

握	拳。
jia wa ran	kao er tao wei
加瓦然	考尔涛危

夺

ti ta ren（a ta bo ri a qi）
提塔任（阿塔波日阿其）

抢夺	财	物。
ti ta ren	meng e wu en mo	yi de e wo
提塔任	蒙厄乌恩莫	衣得厄沃

把	他的	刀	夺过来。
ta re	nong an ni	kao tao wo en	ti ta ren
塔热	农安尼	考涛沃恩	提塔任

挽

e er ge ren（ti po ta ran）
厄尔格任（提坡塔然）

手	挽	手。
e a la te wei	e er ge ren	e a la wan
厄阿拉特危	厄尔格任	厄阿拉万

挽起	袖子。
ti po ta ran	wu he wo
提坡塔然	乌和沃

挽起	裤	腿。
ti po ta ran	yi si tan	ha er gan man
提坡塔然	衣斯坦	哈尔甘曼

抱

ku mu lu qie ren（jia wu qia ran）
库姆录切任（加乌恰然）

抱	孩子。
jia wu qia ran	kong e a kan mo
加乌恰然	孔厄阿坎莫

拥抱。

ku mu le ren
库莫勒任

拔

yi si te en（qiu pu tu li ran）
衣斯特恩（秋扑图利然）

拔掉	手指上的	刺。
qiu pu tu li ran	e a la dou ke	si pi wa
秋扑图利然	厄阿拉斗克	斯批洼

拔	草。
yi si te en	ao rao ke tao wo
伊斯特恩	敖扰克涛沃

拔	牙。
qiu pu tu li ran	yi ke te wo
秋扑图利然	伊克特沃

摘

te wo le ren（ta wa ran）
特沃勒任（塔洼然）

摘	红豆。
te wo le ren	hei mi ke te wo
特沃勒任	黑米克特沃

摘	花。
ta wa ran	si wei tao ke wo
塔洼然	斯卫桃克沃

剥

hei e ren（a bo ji ri a qi）
黑厄任（阿波基日阿其）

剥	鹿	皮。
hei e ren	ku ma ka	nan na wan
黑厄任	苦玛卡	南纳万

剥	桦树皮。
ao ke la ran	qia er ban ta lu wan
敖克拉然	恰尔班塔录万

撕

te ka li ren（te ke er en）
特卡利任（特克厄任）

撕成	两	半。
te ka li ren	jiu ri	ka er ta ke te
特卡利任	纠日	卡尔塔科特

撕	纸。
te ke er en	gou ma yi wo
特克厄任	勾玛衣沃

扯

si da li ren（te ka li ren）
斯达利任（特卡利任）

扯	布。	
si da li ren	ao nao ke tao wo	
斯达利任	敖闹克桃沃	

扯下	一张	纸。
te ka li ren	wu mu kuan	gou ma yi wo
特卡利任	乌姆宽	勾玛衣沃

扯	碎。	
si de ren	wu lu tu li	
斯得任	乌录图利	

铲		
e re ren		
厄热任		

铲	雪。	
e re jie ren	yi man na wa	
厄热介任	衣曼纳洼	

把地	铲	平了。
dun ne wo	e re ren	de ke si ti
盾讷沃	厄热任	得克斯提

挖		
wu le ren		
乌勒任		

挖	土。	
wu le ren	tu ka la wa	
乌勒任	图卡拉洼	

挖	坑。	
wu le ren	qiao eng tu ke wo	
乌勒任	乔鞥图克沃	

掘
wu le jie ren
乌勒介任

掘　　　　　井。
wu le jie ren　wu la ti kei wo
乌勒介任　　乌拉提剠沃

掘　　　　战壕。
wu le ren　di ke kei ti wo（a guo pu）
乌勒任　　地克剠提沃（阿锅扑）

钻
hu qie ke ren
呼切克任

钻个　　　　眼儿。
hu qie ke ren　hu qie ke ji
呼切克任　　呼切克基

穿
te pu en nei ren（hu qia li ren，hu qie ke ren）
特普恩内任（呼恰利任，呼切克任）

打穿。
hu qia li ren
呼恰利任

子弹	穿	胸	而出。
pu le	te po	jiu pu kun du lin	you qia
扑勒	特坡	纠普坤杜林	又恰

把	木板	穿个	窟窿。
ta re	ka pa ta ka wa	hu qia li ren	hu qie ke te
塔热	卡帕塔卡洼	呼恰利任	呼切克特

穿　　　　　珠子。
wu le ga ren　man qiu ka wa
乌勒嘎任　　曼秋卡瓦

穿　　　　　针。
san mi ren　　yi yin mo wo
散米任　　　伊因莫沃

穿　　　　　鞋子。
te te te en　　wu en ta wa
特特特恩　　乌恩塔洼

填
ha wo ran（de ke su re en）
哈沃然（得克苏热恩）

往　　　　坑里　　　　　填些　　　　土。
ta du　　　qiao eng tu ke la　　ha wo ran　　tu ka la ya
塔杜　　　乔鞚图克拉　　　　哈沃然　　　图卡拉亚

填平　　　　道路。
de ke su re en　　hao kao tao wo
得克苏热恩　　　好考涛沃

塞
te wo ren（qi pi qi ran，li pei kei ren）
特沃任（其批其然，利培尅任）

把窟窿　　　塞住。
hu qie ke wo　li pei kei ren
呼切克沃　　利培尅任

口袋　　　塞　　　　满了。
ku lu kan du　te wo ren　　jia lu mo
库录坎杜　　特沃任　　　加录莫

堵
li pei kei ren
利培剋任

| 把窗户的 | 缝儿都 | 堵上。 |
wu kuo si ke wo　　sa e a re wan　　li pei kei ren
乌括斯克沃　　萨厄阿热万　　利培剋任

别　　　　堵着　　　　路。
e ke er　　li pei kei qie re　　hao kao tao wo
厄克尔　　利培剋切热　　好考涛沃

盖
ka pa ke（ka pa ke ta ren）
卡帕克（卡帕克塔任）

盖上　　　　锅。
ka pa ke ta ren　　yi ka wo
卡帕克塔任　　亿卡沃

茶壶　　　　盖
wu rong　　ka pa ke
乌荣　　卡帕克

插
ti po ran nen（di ren）
提坡然恁（抵任）

插　　　　蜡烛。
ti po ran nen　　si wei qi ke wo
提坡然恁　　斯卫其克沃

把　　花　　　　插到　　　　瓶里。
ta re　　si wei tao ke wo　　ti po ran nen　　bi ti li ka du
塔热　　斯卫桃克沃　　提坡然恁　　比提利卡杜

楔
jiu le po tun
纠勒坡屯

木头	楔子。
mao ao	jiu le po tun
毛敖	纠勒坡屯

楔上个	楔子
jiu le mo ren	jiu le po tun ji
纠勒莫任	纠勒坡屯吉

摆放
na ti ren
纳提任

大碗，	小碟，	摆了	一桌子。
ta si kei	nei po te er bo	na ti ren	ji ying kei du
塔斯	内坡特尔波	纳提任	基应剋杜

摆放	家	具。
na ti ren	jiu du wei	se pei li bo
纳提任	纠杜危	色培利波

堆
wu mo er en
乌莫厄任

堆	柴火
wu mo er en	mao er ba
乌莫厄任	毛尔巴

把	砖	堆起来。
ta re	kei ri pi qi wo	wu mo er en
塔热	剋日批其沃	乌莫厄任

搭

ao ran（te le ren，na ma wo la ran）
敖然（特勒任，纳玛沃拉然）

搭　　　　　帐篷。
te le ren　　ba la a te ka wa
特勒任　　　巴拉阿特卡洼

搭　　　　　棚。
ao ran　　　er ba lan ne
敖然　　　　尔巴兰讷

把　　衣服　　　　　搭在　　　　　　绳子上。
ta re　te e te ke wo　na ma wo la ran　wu hei kan du
塔热　特厄特克沃　　纳玛沃拉然　　　乌黑坎杜

叠
na mo ran
纳莫然

叠　　　　　被子。
na mo ran　　hu er la wa
纳莫然　　　 呼尔拉洼

叠　　　　　衣服。
na mo ran　　te e te ke wo
纳莫然　　　 特厄特克沃

挂
lao kao rao en
劳考扰恩

挂　　　　　　　　旗。
lao kao rao en　　pi la ke wo
劳考扰恩　　　　 披拉克沃

挂		相片。			
lao kao rao en		nie mie te wo			
劳考扰恩		涅咩特沃			

把	上衣	挂在	衣	架	上。
ta re	pa er tao wa	lao kao rao en	te e te ke	lao kao wo wu	en du
塔热	帕尔涛瓦	劳考扰恩	特厄特克	劳考沃乌	恩杜

钩

qiao wo kao（qiao wo kao lao ren）
乔沃考（乔沃考劳任）

秤	钩
deng se er ge	qiao wo kao en
等色尔格	乔沃考恩

把	肉	挂在	钩子上。
ta re	wu er le wo	lao kao rao	en qiao wo kao du
塔热	乌尔勒沃	劳考扰恩	乔沃考杜

用钩子	钩住。
qiao wo kao te	qiao wo kao lao ren
乔沃考特	乔沃考劳任

投

ga ri a an da ran
嘎日阿安达然

投	石头。
ga ri a an da ran	jiao lao wo
嘎日阿安达然	交劳沃

投	手榴弹。
ga ri a an da ran	bao mo ba wa
嘎日阿安达然	包莫巴瓦

扔
niao da ran（ga ri a an da ran）
乌达然（嘎日阿安达然）

把	破烂儿	扔了。
e re	li di ke er bo	niao da ran
厄热	里地克尔波	乌达然

往水里	扔	石头。
mu la	ga ri a an da ran	jiao lao wo
姆拉	嘎日阿安达然	交劳沃

捆
he re ke ren
和热克任

捆	行李。
he re ke ren	hu er la wa
和热克任	呼尔拉洼

把他	捆绑起来。
nong an man	he re ke wo ren
农安曼	和热克沃任

系
wu yi ren
乌衣任

系	驯鹿。
wu yi ren	ao rao en mo
乌衣任	敖饶恩莫

系	鞋	带。
wu yi ren	wu en ta	su he wo
乌衣任	乌恩塔	苏和沃

拴
wu yi ren（wu yi ke er）
乌衣任（乌衣克尔）

把	驯鹿	拴在	树上。
ta re	ao rao en mo	wu yi ke er	mao ao du ke
塔热	敖饶恩莫	乌衣克尔	毛敖杜克

用绳子	拴
wu hei kan ji	wu yi ren
乌黑坎吉	乌衣任

把狗	拴住。
e yi na kei yin ma	wu yi ke er
厄衣纳尅因玛	乌衣克尔

扣
ku mo te ren
库莫特任

把	杯子	扣在	桌上。
ta re	si ta kan ma	ku mo te ke er	ji ying kei du
塔热	斯塔坎玛	库莫特克尔	基应尅杜

用	盆子	扣上。
ta re	tie te	ku mo te ke er
塔热	提厄特	库莫特克尔

钉
tu le ren（wu er li ren，pi ri shi qi）
图勒任（乌尔利任，批日师其）

钉	纽扣。
tu le ren	yi men ne wo
图勒任	衣门讷沃

包
qia kei li ran
恰剋利然

包　　　　　饺子。
qia kei li ran　po li mian mo
恰剋利然　　坡里面莫

包扎　　　　伤口。
qia kei li ran　hu ye wo
恰剋利然　　呼叶沃

裹
qia kei li ran（tu mo ren）
恰剋利然（图莫任）

头上　　　　裹着　　　　毛巾。
di li wei　　qia kei li qia　a wo pu ti yin ji
地利卫　　　恰剋里恰　　阿沃扑提因吉

用　　包袱　　　　　　把衣服　　　裹起来。
ta re　qia kei li wo en ji　te e te ke wo　qia kei li ran
塔热　恰剋利沃恩吉　　　特厄特克沃　恰剋利然

装
te wo ren
特沃任

装　　　　　兜子里。
te wo ren　　yi ka wo ya du
特沃任　　　衣卡沃亚杜

装　　　　　箱。
te wo ren　　jia hei kei tu
特沃任　　　加黑剋图

串
wu lu ga ren（si la wo qia）
乌录嘎任（斯拉沃恰）

串　　　　　珠子。
wu lu ga ren　man qiu ka wa
乌录嘎任　　曼秋卡瓦

肉　　　　串
wu er le　　si la wo qia
乌尔勒　　斯拉沃恰

绞
mou ri kei ran（si ri bi ran）
谋日剋然（斯日比然）

绞　　　　毛巾。
si ri bi ran　a wo pu ti yin ma
斯日比然　阿沃扑提因马

绞　　　　　麻绳。
mou ri kei ran　wei rao po ke wo
谋日剋然　　卫扰坡克沃

绕
tu mo ren
图莫任

绕　　　　线
tu mo ren　tao mo kao wo
图莫任　　桃莫考沃

把绳索　　　绕成　　　圈儿。
wu hei kan mo　tu mo ren　ha ku wu te
乌黑坎莫　　图莫任　　哈库乌特

卷					
tu mi hei nen					
图米黑恁					

卷	行李
tu mi hei nen	hu er la wa
图米黑恁	呼尔拉瓦

卷	袖子
ti po ta ran	wu he wo
提坡塔然	乌和沃

打结
bao tie ran
包铁然

把	绳子的	两	端	打结。
ta re	wu hei kan	mo ta ri yin	du e a wan	bao tie ran
塔热	乌黑坎莫	塔日因	杜厄阿万	包铁然

磨
mo lei yi ren（bu ru si tan）
莫类伊任（布如斯坦）

磨	面。
mo lei yi ren	bu ru du ke wa
莫类伊任	布如杜克洼

磨	刀。
bu ru si tan	kao tao wo
布如斯坦	考涛沃

碾
wu lu tu ren
乌录图任

药	都	碾碎了。
bo e wo	wei si	wu lu tu ren
波厄沃	危斯	乌录图任

把	盐粒	碾碎。
ta re	tu ru ke wo	wu le tu ren
塔热	图如克沃	乌录图任

捻
tao mao kao rao en
桃毛考扰恩

捻	线。
tao mao kao rao en	tao mao kao wo
桃毛考扰恩	涛毛考沃

捻一条	麻绳。
tao mao kao rao en	wei ruo po ke wo
桃毛考扰恩	危若坡克沃

搓
tao mao kao rao en（bo ji ri a qi）
桃毛考扰恩（波基日阿其）

搓	绳子。
tao mao kao rao en	wu hei kane
桃毛考扰恩	乌黑卡讷

搓手
bo ji ri a qi（e a la wei）
波基日阿其（厄阿拉危）

拆
e jie ren
厄介任

拆	被子。
e jie ren	hu er la wa
厄介任	呼尔拉洼

拆	房子。
e jie ren	jiu wu wa
厄介任	纠乌瓦

卸
yi yin e ren（shou ran）
衣因厄任（收然）

把	鞍子	卸下来。
ta re	e mo en mo	yi yine ren
塔热	厄莫恩莫	衣因厄任

卸	螺丝。
shou ran	su ru po wa
收然	苏如坡洼

戳
bu li ji li ran（dou wo hei nan）
布里吉利然（斗沃黑南）

戳	手了。
bu li ji li ran	e a la wei
布里吉利然	厄阿拉危

捅
gei da la ran（su qiu ren）
给达拉然（苏秋仁）

捅了	一刀。
gei da la ran	kao tao ao te
给达拉然	考涛敖特

用手	捅了	他一下。
e a la ti wei	su qiu hei nen	nong an man
厄阿拉提危	苏秋黑恁	农安曼

剪
gei ri ran
给日然

剪	布。
gei ri ran	ao nao kao tao wo
给日然	敖闹考桃沃

剪	纸	花。
gei ri ran	gou ma yi wa	ao niao qi ti
给日然	勾玛伊洼	敖鸟其提

切
jie ren
基厄任

切	肉。
jie ren	wu er le wo
基厄任	乌尔勒沃

把面包	切成	块。
kei lie bo wo	jie ren	bao si kao er ji
剋列波沃	基厄任	包斯考而吉

割
qie ku ran（mi hei nen）
切库然（米黑恁）

割断	绳子。
qie ku ran	wu hei kan mo
切库然	乌黑坎莫

割	肉。
mi hei nen	wu er le wo
米黑恁	乌尔勒沃

削	
su lu ren	
苏录任	

削	铅笔。
su lu ren	ka ran da si wa
苏录任	卡然达斯洼

削	木棍。
su lu ren	mao ao wa
苏录任	毛敖瓦

剃	
wu si tan	
乌斯坦	

剃	头。
wu si tan	di li wa
乌斯坦	地里瓦

剃	胡子。
wu si tan	gou re ga ke ta wei
乌斯坦	勾热嘎克塔危

刮	
ke hei ren (qi yi ran)	
克黑任（其伊然）	

刮	锅。
ke hei ren	yi ka wo
克黑任	衣卡沃

刮	鱼	鳞。
qi ran	ao er lao	ka re wan
其然	敖尔劳	卡热万

擦
a wa ran（qi hei nan）
阿瓦然（奇黑南）

擦	桌子。
a wa ran	ji ying kei wo
阿瓦然	基应剋沃

擦着	火柴。
qi hei nan	yi si pi si ke wo
奇黑南	伊斯批斯克沃

擦	汗。
a wa ran	nia hei yin mi
阿瓦然	尼阿黑因米

擦	眼泪。
a wa ran	yi na mu ke ta wei
阿瓦然	伊纳姆克塔卫

划
yie ran
伊厄然

不要	在桌	面上	乱划。
e ke er	ji ying kei	ao yao dun	yi e ri a
厄克尔	基应	敖要盾	伊厄日阿

划	记号。
yi e ran	sa ma er kei ti
伊厄然	萨玛尔剋提

划过	河去。
he de ren	bei ri a wa
和得任	贝日阿瓦

劈
yi wa ren（de er pa li ren）
伊瓦任（得尔怕利任）

劈	木柴。
yi wa ren	mao ao wa
伊瓦任	毛敖瓦

一棵树	被雷	劈了。
yi ri a ke te	hai ri kei wei qia	de er po
衣日阿克特	亥日尅卫恰	得尔坡

砍
tao kao tao rao en（qie yi ran）
涛考涛扰恩（奇厄伊然）

砍	树。
qie yi ran	mao ao wa
奇厄伊然	毛敖瓦

把	树	枝	砍	下来。
ta re	mao ao	ga ri a wan	tao kao	tao kao er
塔热	毛敖	嘎日阿万	涛考	涛考尔

锯
hu na ran
呼纳然

锯	木头。
hu na ran	mao ao wa
呼纳然	毛敖瓦

把	木板	锯成	两段。
ta re	mao ao ka pa ta ka wa	hu na ran	jiu ri ji
塔热	毛敖卡怕塔卡瓦	呼纳然	纠日吉

搅
wu ru ku ran
乌如库然

把	稀饭	搅一下。
ta re	ya pu ka hei wo	wu ru ku ka er
塔热	亚普卡黑沃	乌如库卡尔

把	面	汤	搅匀。
ta re	la pu sa	si le wo	wu ru ku ran
塔热	拉扑萨	斯勒沃	乌如库然

捣
wu lu tu ren（dou wo ran）
乌录图任（斗沃然）

捣 药。
wu lu tu ren bo e wo
乌录图任 波厄沃

捣 蒜。
wu lu tu ren qi si nao ke wo
乌录图任 其斯闹克沃

用指头	捣了	他一下。
ou ni a ka qia an ji	qiong kei hei nan	nong an man
欧尼阿卡恰安吉	穷剋黑南	农安曼

筛
se ye le ren
色叶勒任

筛		面。		
se ye le ren		bu ru dou ke wa		
色叶勒任		布如斗克洼		

筛		沙子。		
se ye le ren		si ri gei wa		
色叶勒任		斯日给瓦		

撒
nao da ran（ga ri a an da ran）
闹达然（嘎日阿安达然）

把	陈腐的	老一套	都	撒了。
ta re	ku qiu qia er bo	gao rao po ti wa	wei si	nao da ran
塔热	库秋恰尔波	告扰坡提瓦	危斯	闹达然

撤去	肉	汤上的	沫子。	
nao da ran	wu er le	si le du en	qiu wei ran ma	
闹达然	乌尔勒	斯勒杜恩	秋危然玛	

舀
shao kao hei nan
绍考黑南

舀	两	碗	汤。
shao kao hei nan	jiu ri	ta si kei	si le wo
绍考黑南	纠日	塔斯剋	斯勒沃

舀	一	瓢	水。
shao kao hei nan	wu mu kuan	yi wo kan	mu ye
绍考黑南	乌姆宽	伊沃坎	姆叶

吸
nou pu ku ran（ta nan）
耨扑库然（塔南）

海绵	能吸	水。
gu bu ka	nou pu ku ran	mu wo
古布卡	耨扑库然	姆沃

浇
wu la ran
乌拉然

浇	花
wu la ran	si wei tao ke wo
乌拉然	斯卫桃克沃

浇	水。
wu la ran	mu te
乌拉然	姆特

洒
wu eng ku run
乌鞲枯闻

洒了	一地	粮食。
wu eng ku run	wei si dun ne du	bi li ga wa
乌鞲枯闻	危斯盾讷杜	比里嘎瓦

洒	水。
wu eng ku run	mu wo
乌鞲枯闻	姆沃

喷
a po ti ren
阿坡提任

喷洒	药	水。
a po ti jie ren	bo e qi	mu wo
阿坡提介任	波厄其	姆沃

用水	喷	花。
mu wu te	a po ti ren	si wei tao ke wo
姆乌特	阿坡提任	斯危桃克沃

在衣服上	喷	水。
te e te ke wo	a po ti ren	mu wo
特厄特克沃	阿坡提任	姆沃

泡
wu mi ren（wu mi qie ren）
乌米任（乌米切任）

泡	衣服。
wu mi ren	te e te ke wo
乌米任	特厄特克沃

泡	茶。
zha wa ri qi	qia yi wo
扎洼日其	恰衣沃

翻
hu ku hei nen
呼库黑恁

把口袋	翻过来。
ku er ka en mo	hu ku hei nen
库尔卡恩莫	呼库黑恁

把	衣服	翻过来	晒。
ta re	te e te ke wo	hu ku hei nei ha	ao li gei ran
塔热	特厄特克沃	呼库黑内哈	敖里给然

撒
wu eng ku run（mu lu tu wo ran）
乌鞥库闰（姆录图沃然）

往伤口上	撒	药粉。
hu ye dun	wu eng ku run	bo e ye
呼叶盾	乌鞴库闰	波厄叶

往地上	给驯鹿	撒些	盐。
dun ne du	ao rao en du	wu eng ku run	tu ru ke ye
盾讷杜	敖饶恩杜	乌鞴库闰	图如克叶

抓牢	绳子。
jia wa ran man nei ti	wu hei kan mo
加瓦然曼内提	乌黑坎莫

别	撒手！
e ne	mu lu tu wo re
厄讷	姆录图沃热

倒
wu eng ku ren
乌鞴库任

倒	茶水。
wu eng ku ren	qia yi mu ye
乌鞴库任	恰衣姆叶

倒	酒。
wu eng ku ren	a ri a kei wa
乌鞴库任	阿日阿剋瓦

洗
si li kei ran
斯利剋然

洗	衣服。
si li kei ran	te e te ke wo
斯利剋然	特厄特克沃

洗	碗。
si li kei ran	ta si kei wa
斯利剋然	塔斯剋瓦

刷

a wa ran（si li kei ran）
阿洼然（斯利剋然）

刷	锅。
si li kei ran	yi ka wo
斯利剋然	衣卡沃

刷	鞋。
si li kei ran	wu en ta wo
斯利剋然	乌恩塔沃

掸

gei wo ren
给沃任

掸	灰尘。
gei wo ren	tu ka la wa
给沃任	图卡拉瓦

掸掉	帽子上的	雪。
gei wo ren	a wo wu en du	yi man na wa
给沃任	阿沃乌恩杜	伊曼纳瓦

扫

mi qi ren
米其任

扫	雪。
mi qi ren	yi man na wa
米其任	伊曼纳瓦

扫　　　　　地。
mi qi ren   dun ne wo
米其任   盾讷沃

糊
na ma ran nen（lei pa ran）
纳玛然恁（累帕然）

糊了　　　　一层泥。
lei pa ran   qia ta a te
累帕然   恰塔阿特

糊　　　　　窗户。
na ma ran   wu kuo si ke wo
纳玛然   乌扩斯克沃

搬
e a li hei nen
厄阿利黑恁

搬　　　　　行李。
e a li hei nen   hu er la wa
厄阿利黑恁   呼尔拉瓦

把桌子　　　搬　　　　　这来。
ji ying kei wo   e a li hei nen   e ri ti kei
基应剋沃   厄阿利黑恁   厄日提剋

摇
a ri pu lu ran（mai yi wo qie ren）
阿日扑录然（麦伊沃切任）

摇　　　　　手。
a ri pu lu ran   e a la wei
阿日扑录然   厄阿拉卫

桦树皮船

桦树皮碗

驯鹿笼头

桦树皮生活用品

桦树皮生活用品

桦树皮制提篮

摇动		树干。		
a ri pu lu ran		mao ao wa		
阿日扑录然		毛敖瓦		

撬
a lu yi hei nen（a lu ye ren）
阿录衣黑恁（阿录叶任）

用撬棍	翘起	箱子	盖。
luo mo ka te	a lu yi hei nan	jia hei kei	ka pa ke wan
络莫卡特	阿录衣黑南	加黑剋	卡帕克万

钥匙	掉了，	只好	把门	撬开。
nei yi wo en mo	bu ri qia	ba nie wo lie	wu re ke wo	a lu yi na nei ren
内伊沃恩莫	布日恰	巴涅沃列	乌热克沃	阿录衣纳内任

开
nei yi ren
内衣任

开	门。
nei yi ren	wu re ke wo
内衣任	乌热克沃

开	箱子。
nei yi ren	jia hei ke wo
内衣任	加黑克沃

开	锁
nei yi ren	zha mao ke（ku lu si wo）
内衣任	扎毛克（库录斯沃）

开	瓶子	盖。
nei yi ren	bi ti li ka	ka pa ke wan
内衣任	比提利卡	卡帕克万

关
sa mo ran
萨莫然

把门　　　关上。
wu re ke wo　sa mo ran
乌热克沃　　萨莫然

关　　　　窗户。
sa mo ran　wu kuo si ke wo
萨莫然　　乌扩斯克沃

封
li pei kei ren（ka yi wo qia）
利培剋任（卡伊沃恰）

船　　　　被冰　　　封住了。
luo ao te ka　wu mu hu du　ka yi wo qia
络敖特卡　　乌姆胡杜　　卡伊沃恰

道路　　　　被封闭了
hao kao tao　li pei kei wei qia
好考涛　　　利培剋危恰

封住　　　瓶　　　　口。
li pei ke ren　bi ti li ka　ka wo ka wan
利培克任　　比提利卡　　卡沃卡万

锁
ka ta ran
卡塔然

锁　　　　门。
ka ta ran　wu re ke wo
卡塔然　　乌热克沃

把	箱子	锁上。
ta re	jia hei ke wa	ka ta ran
塔热	加黑克瓦	卡塔然

穿
te e te en
特厄特恩

穿	裙子。
te e te en	jiu po ka wa
特厄特恩	久坡卡洼

穿	袜子。
te e te en	qiu lu ku wa
特厄特恩	秋录库洼

戴
te ti ren
特提任

戴	项链。
te ti ren	man qiu ka wa
特提任	曼求卡瓦

戴	手套。
te ti ren	kao kao er lao wo
特提任	考考尔劳沃

脱
lu ku tan
录库坦

脱	帽。
lu ku tan	a wo en ma
录库坦	阿沃恩玛

脱下	衣服。
lu kei ran	te e te ke wo
路剋然	特厄特克沃

解开
lu ke tan
录克坦

解开	鞋	带儿。
lu ke tan	wu en ta	su he wan
录克坦	乌恩塔	苏和万

解开	绳子。
lu ke tan	wu hei kan mo
录克坦	乌黑坎莫

松开
mou lu tou wo ran（ti nen）
某录投沃然（提恁）

你	松开		我的	手。
si yi	mou lu tou wo ka er		bi yi	e a la wa wo
司伊	某录投沃卡尔		毕伊	厄阿拉洼沃

松开	缰绳。
mou lu tou wo ran	wei ruo po ke wo
某录投沃然	危若坡克沃

松开	拳头。
mou lu tou wo ran	kao er tao wei
某录投沃然	考尔涛卫

指点
nong nei ren（a la wo wu ran）
农内任（阿拉沃乌然）

指点	方向
nong nei ren	jiu li gei wo
农内任	纠利给沃

摆弄

bu lu tou kei jia ran（ka le ma ren）
布录剅加然（卡勒玛任）

不要	摆弄	枪	栓。
e ke er	bu lu tou kei ri a	bo re	shao mao ke wo
厄克尔	布录剅日阿	波热	绍毛克沃

小孩	在	摆弄	玩具。
kong e a kan	ta ren	bu lu tou kei jia ran	e wei kan mo
孔厄阿坎	塔热	布录剅加然	厄危坎莫

拨弄

ha wa li wei qia ran（hu ku lu qi ren）
哈瓦利危恰然（呼库录其任）

拨弄	炉子里的	火。
hu ku lu qi ren	pie qi du	tao e ao wo
呼库录其任	撇其杜	套厄敖沃

（3）腿部 动作　ha er ga an　ha wa er kei qin
　　　　　　　　哈尔嘎安　哈瓦尔剠芹

走

e ne ren
厄讷忍

他	走得	很	快。
nong an	e ne jie ren	shao ma	hei ma te
农安	厄讷介任	少玛	黑玛特

困难地	走着。
a ran mo	e ne jie ren
阿然莫	厄讷介任

不慌不忙地	走。
e ne bo wa re ke te	e ne jie ren
厄讷波洼热克特	厄讷介任

走在	最后。
e ne jie ren	a ma re gu ma
厄讷介任	阿玛热古玛

步行
gei ri ku ran
给日库然

没有	赶上	车，	只得	步行了
e qie	kan pa ri a	ma si na wa	ti ka da te	gei ri ku na
厄切	坎帕日阿	马斯纳瓦	提卡达特	给日库纳

散步
e ne ke te ren
厄讷克特任

到外边	散步。
tu lin du li	e ne ke te ren
图林杜里	厄讷克特任

去	散步。
hu ru run	e ne ke te na ren
呼如闰	厄讷克特纳任

跑
tu ha ran（hu ku ti ren）
图哈然（呼库提任）

跑步
tu ha jia ran
图哈加然

你	跑	快一点。
si yi	tu ha ka er	hei ma te
司伊	图哈卡尔	黑玛特

驯鹿	跑得	快。
ao rao en	hu ku ti ren	hei ma te
敖饶恩	呼库提任	黑玛特

踢
shou yin nan
收因南

一脚	把人	踢	倒了。
ha er gan ji	bo ye wo	shou yin nan	ti kei ke nan
哈尔甘吉	波叶沃	收因南	提剋克南

他	踢了	我	一脚。
nong an	shou yin nan	min ne	ha er gan ji
农安	收因南	敏讷	哈尔甘吉

踢	足球。
shou yin tu ran	ma qiu ke wo
收因图然	玛秋克沃

踩
ha kei ren（tu wu ren）
哈剋任（图乌任）

一脚	踩在	水里。
ha er gan mi	tu wu ren	wu mu du
哈尔甘米	图乌任	乌姆杜

踩了	我	一脚。
tu wu ren	min ne	ha er gan ji
图乌任	敏讷	哈尔甘吉

用脚	踩	树	枝。
ha er gan ji	ha kei ren	mao ao	ga ri a wa
哈尔甘吉	哈尅任	毛敖	嘎日阿瓦

跳

he te ke nen
和特克恁

跳过	水	洼。
he te ke nen	mu	qiao eng tu ke wo
和特克恁	姆	乔鞦图克沃

跳跃

he te ke ru ren
和特克如任

跳上	岸。
he te ke nen	e mo ke re la
和特克恁	厄莫克热拉

跳到	一旁。
he te ke nen	da ri la
和特克恁	达日拉

坐

te er en
特厄任

坐到	椅子上。
te er en	te e ke tu
特厄任	特厄克图

整	天	坐着。
yi neng	e yi wo	te e e te en
衣能	厄伊沃	特厄厄特恩

站
yi li gei ma ran
衣利给玛然

站着	不动。
yi li gei ma ran	e ne ha wa er la
衣利给玛然	厄讷哈瓦尔拉

站住，	别	往前	走了。
yi li ka er	e ne	jiu la si ka kei	e ne re
衣利卡尔	厄讷	纠拉斯卡剋	厄讷热

骑
wu e ran（wu e wu qia ran）
乌厄然（乌厄乌恰然）

骑	驯鹿。
wu e ran	ao rao en du
乌厄然	敖饶恩杜

骑	自行车。
wu e wu qia ran	wei si pie ri du
乌厄乌恰然	危斯撇日杜

蹲
qiu ku qiao en qiao ren
秋库乔恩乔任

两	人	蹲在	地上。
jiu ri	bo ye	qiu ku qiao en qiao ne	dun ne du
纠日	波叶	秋库乔恩乔讷	盾讷杜

（4）全身动作　man te yin　ha wa er lin
　　　　　　　曼特因　　哈瓦尔林

爬行
tu tu jie ren
涂图介任

小孩	会	爬行了。
kong e a kan	ao qia	tu tu ke te wo kei
孔厄阿坎	敖恰	涂图克特沃剋

攀登
tu kei ti ren
图剋提任

攀登	最	高点。
tu kei ti ren	sa mai	gou ge da di lan
图剋提任	萨迈	勾格达地兰

敬礼
neng e a ri hei nen
能厄阿日黑恁

学生	向老师	敬礼。
wu qin ni kei	wu qi qi li la	neng e a ri hei nen
乌芹尼剋	乌其奇利拉	能厄阿日黑恁

弯	腰
niu kei ri yin	keng ti ran
扭剋日因	坑提然

弯	腰	曲背。
niu kei ri yin	keng ti ran	qiao ke qiao kao
扭剋日因	坑提然	乔克乔考

弯	腰	俯	视	河	面。
niu kei re ha	keng ti ra wei	ye eng e yi	e te en	bei ri a	ao yao wo en
扭刨热哈	坑提日阿危	叶鞴厄伊	厄特恩	贝日阿	敖要沃恩

跪
hen e po tan nen
很厄坡坦恁

跪在	地上。
hen e po tan nen	dun ne du
很厄坡坦恁	盾讷杜

躺
hu ke la ren
呼克拉任

躺在	床上。
hu ke la ren	na kei ri wa te tu
呼克拉任	纳刨日洼特图

躺着	起不	来。
hu ke la jie ne	eng e a e te	ai li ri a
呼克拉介讷	鞴厄阿厄特	埃里日阿

倾斜
ao jiao ao qiao
敖叫敖乔

他	倾斜地	靠在	树上	站着。
nong an	ao jiao ao hao	wu yao qie ne	mao la	yi li gei ma ra
农安	敖叫敖好	乌要切讷	毛拉	伊里给玛然

房子	有点	倾斜
jiu wu	mo ne	ao jiao ao qiao
纠乌	莫讷	敖叫敖乔

依靠		
wu yao qie ren		
乌要切任		

身体	依靠	门框上。
man mi	wu yao qie ren	wu re ke pu tu du
曼米	乌要切任	乌热克扑屯杜

跌倒
ti kei te en
提尅特恩

跌倒	在地上。
ti kei te en	dun ne la
提尅特恩	盾讷拉

滑	倒
ba er da ha	ti kei te en
巴尔达哈	提尅特恩

在冰上	滑	倒了。
wu mu lun du	ba er da ha	ti kei te en
乌姆伦杜	巴尔达哈	提尅特恩

翻滚
hu ke er ka a te en
呼克尔卡阿特恩

痛得	在床上	直翻滚。
e nu kei ha	na kei ri wa te	tu hu ke er ka a te en
厄奴尅哈	纳尅日瓦特图	呼克尔卡阿特恩

颤抖
si li gei yin jie ren
斯利给因介任

冷得		直颤抖。
hei kei ti re wo ha		si li gei yin jie ren
黑剋提热沃哈		斯利给因介任

吓得		直颤抖。
e a le li ha		si li gei yin jie ren
厄阿勒里哈		斯利给因介任

摔跤
ti kei te en（mao re qia ran）
提剋特恩（毛热恰然）

摔跤	比赛
mao re qia ne	da bi di nan
毛热恰纳	达比地南

翻身
po ri hei yin nen man mi（gei pi ti ka kei）
坡日黑因恁曼米（给批提卡剋）

翻身	起床。
po ri hei yin nen man mi	te er en
坡日黑因恁曼米	特厄任

冲
yie hei nen
伊厄黑恁

小偷	冲进	商店。
jiao rao min	yie hei nen	ke de si ye la
交扰敏	伊厄黑恁	克德斯叶拉

冲进	会场。
yi e hei nen	shou bi ran ni kei ti la
伊厄黑恁	收比然尼剋提拉

潜入			
jie lu mo yi e hei yin qia			
介录莫伊厄黑因恰			

潜入	人	家	作案。
jie lu mo yi ha	bo ye	jiu lan	ao ran e ru wo
介录莫伊哈	波叶	纠兰	敖然厄如沃

钻进
yie hei yin nen
伊厄黑因恁

从窗户	钻进	房内。
wu kuo si ke li	yi e hei yin nen	jiu wu dao lan
乌扩斯克里	伊厄黑因恁	纠乌到兰

偷偷地	钻进	树林。
jie lu mi ti	yi e hei yin nen	yi ri a e la
介录米提	伊厄黑因恁	伊日阿厄拉

钻进	水里。
yi e hei nen	mu wu la
伊厄黑恁	姆乌拉

11. **面部　表情**　de re en　ao ri yin
　　　　　　　　　得热恩　敖日因

哭
shao e ao rao en
少厄敖扰恩

小孩	哭了起来。
kong e a kan	shao e ao ao er qiao
孔厄阿坎	少厄敖敖尔乔

好哭的	孩子。
shao e ao tao	kong e a kan
少厄敖涛	孔厄阿坎

流泪
yi na mu jia ran
伊讷木加然

她	流泪了。
nong an	yi na mu jia ran
农安	伊纳木加然

笑
yi nie re en
伊涅热恩

他	高兴地	笑了起来。
nong an	wu ru nei ha	yi nie er qia
农安	乌如内哈	伊涅尔恰

羞愧
ha er jia qia
哈尔加恰

羞愧	难	言。
ha er jia qia	eng e a te	tu ri a hei ne
哈尔加恰	鞥厄阿特	图日阿黑讷

微笑
yi nie mu jie ren
伊涅姆介任

他	对我	微笑了一下。
nong an	min du la	yi nie mu hei yin qie ren
农安	敏杜拉	伊涅姆黑因切任

腼腆			
ha er jia te lan			
哈尔加特兰			

孩子	腼腆		
kong e a kan	ha er jia te lan		
孔厄阿坎	哈尔加特兰		

怕	见	生	人
e a le ren	yi qie mi	hong tu	bo ye wo
厄阿勒任	衣切米	洪图	波叶沃

叹息			
wu si ke ri hei nen			
乌斯克日黑恁			

摇	头	叹息	
lu wu li ne	di li wei	wu si ke ri hei nen	
录乌利讷	地里危	乌斯克日黑恁	

缄默			
si mu la ran			
斯姆拉然			

缄默	不	言。	
si mu li	ba ran	tu ri a e te	
斯姆利	巴然	图日阿厄特	

沉默			
si mu la ran（mao li qia）			
斯姆拉然（毛哩恰）			

他	总是	很	沉默。
nong an	da ku er	bi ne	si mu la ran
农安	达库尔	比讷	斯姆拉然

疲劳
de re qia
得热恰

疲劳	过度。
de re qia	eng e nei
得热恰	鞥厄内

筋疲力尽
se nei yi ya a qin ao qia
色内伊亚阿芹敖恰

我们	回到	家	已是	筋疲力尽。
bu wu	mu qiu ha er	jiu la	e hei le	se nei le a qin ao qia
布乌	姆秋哈尔	纠拉	厄黑勒	色内勒阿芹敖恰

喘气
si yi na er qia
斯伊纳尔恰

累得	直喘气。
de ri yi ha	si yi na er qia
得日衣哈	斯伊纳尔恰

屏息
e ne e ri re
厄讷厄日热

屏息	凝神。
e ne e ri re	qie ru le ren
厄讷厄日热	切如勒任

猎手	屏息，	向	猎物	射击。
an e a li qian	e ne eri re	ta ri	bo you en mo	hao da jie ren
安厄阿利迁	厄讷厄日热	塔日	波优恩莫	号达介任

假装

ai man (sa ru ya an)
埃曼（萨如亚安）

假装	看	不见。
sa ru ya an	yi qie re	ba ran
萨如亚安	衣切热	巴然

假装	不	知道。
sa ru ya an	ba ran	sa ri a
萨如亚安	巴然	萨日阿

假装	睡着了。
ai man	a hei yin qia
埃曼	阿黑因恰

伪装

wu luo kei wei ka ren (ai man ji)
乌罗剋危卡任（埃曼吉）

伪装	和善。
ai man ji	a ya bi ren
埃曼吉	阿亚比任

折了	几根	树枝	做	伪装。
hao kao li ran	a di wa er	mao ao ga ri a la	ao ran	wu luo kei wei ka wo
好考利然	阿地瓦尔	毛敖嘎日阿拉	敖然	乌罗剋危卡沃

12. 生理现象　yi yin jie ri　ao kei qin
　　　　　　　伊因介日　敖剋芹

分娩

ba er di ran
巴尔地然

这只	母	鹿	刚刚	分娩。
e re	niang mi	ao rao en	e re da te	ba er di ran
厄热	酿米	敖饶恩	厄热达特	巴尔地然

出生
ba er di qia
巴尔地恰

我	出生于		根河。
bi	ba er di jia kei wei		gan du
毕	巴尔地加剋危		甘杜

生长
yi he wo qia（yi he wo ren）
伊和沃恰（伊和沃任）

他	生长在	根河
nong an	yi he wo jia kei yin	gan du
农安	伊和沃加剋因	甘杜

成长
yi he wo jie ren
伊和沃介任

这种	树	成长	很慢。
e re ge qin	mao ao	yi he wo ren	ai ri a kun ji
厄热格芹	毛敖	伊和沃任	阿日阿坤吉

生长中的		一代。
yi he wo jie ri li		e ri pi ti li
伊和沃介日里		厄日批提利

繁殖
ke te li wo ren（ba er di ran）
克特里沃任（巴尔地然）

鸟类	在春季	繁殖。
de e yi qia re	ta ri neng nie	ke te li wo ren
得厄伊恰热	塔日能涅	克特里沃任

孵化
bo ye re bu ri（yin ku ba qi ya）
波叶热布日（因库巴其压）

鸭	蛋	孵化	期为
nei kei	wu mu kei tan	bo ye bu ri	bi wei kei
内剋	乌姆剋坛	波叶布日	比为剋

二十	八	天。	
jiu ri jia ri	jia pu kun	yi neng e yi	
纠日加日	加扑坤	伊能厄伊	

幸存
shou la pa na
收拉帕纳

幸存	者
shou la pana	bi jie ri yi
收拉帕纳	比介日伊

死亡
bu qia（bu er te ke）
布恰（布尔特克）

病	人	面临	死亡。
e nu kei jie ri	bu ye	ao er qia	bu er te ke
厄奴剋介日	波叶	敖尔恰	布尔特克

去世
sa mo qia
萨莫恰

他	父亲	早已	去世。
nong an	a min nei yin	ka ya ha ke	sa mo qia
农安	阿敏内因	卡亚哈克	萨莫恰

醒
mie er qia
咩尔恰

他	还	没有	醒。
nong an	yi suo	e qia	mie er la
农安	伊索	厄恰	咩尔拉

把他	叫醒。
nong an man	se ru wo ke er（mie li wei ka ke er）
农安曼	色如沃克尔（咩利危卡克尔）

瞌睡
e re kei ti te en（a ma er qia）
厄热剋提特恩（阿玛尔恰）

打瞌睡。
e re kei qi li qia
厄热剋其利恰

孩子们	瞌睡了	该	睡了。
kong e a ka ri	e re kei qi li qia	bi qia	a hei yin da
孔厄阿卡日	厄热剋其利恰	比恰	阿黑因达

入睡
a hei yin na
阿黑因纳

他	翻来覆去	不能	入睡。
nong an	hu ke er ka ne	ba ran	a hei yina
农安	呼克尔卡讷	巴然	阿黑因纳

失眠
e er qia a hei na
厄尔恰阿黑纳

患　　　　失眠症了。
ao qia　　　e er qia a hei na
敖恰　　　　厄尔恰阿黑纳

饥饿
jie mu jie ren（jie mu kei yin）
介姆介任（介姆剋因）

忍受　　　　饥饿。
mang e yi qia　jie mu en mo
忙厄伊恰然　　介姆恩莫

渴
wu mu wu er qia
乌姆乌尔恰

口　　　　　渴得很。
a ma e a wo　wu mu hei shao ma
阿玛厄阿沃　乌姆黑少玛

馋
su ta（tao rao gao en）
苏塔（涛扰高恩）

嘴　　　　馋
a ma e an　su ta
阿玛厄安　苏塔

醉
shao kao tao
少考涛

喝醉了。		
shao kao tao er qiao		
少考涛尔乔		

醉		话。
shao kao tao hao		tu ran
少考涛好		图然

打哈欠		
jiao e ao nei jia ran		
叫厄敖内加然		

小孩	打哈欠，	困了。
kong a kan	jiao e ao nei jia ran	a ma er qia
孔阿坎	叫厄敖内加然	阿玛尔恰

打喷嚏		
ai si nei jia ran		
埃斯内加然		

他	感到	要打喷嚏了。
nong an	ao ran	ai si nei da wei
农安	敖然	埃斯内达危

打鼾		
lie li ran		
利厄里然		

睡觉	打鼾。	
a jia na	lie li ran	
阿加纳	利厄里然	

怀孕		
he er bu en qia		
和尔布恩恰		

她	已经	怀孕了。
nong an	e hei le	he er bu en qia（dao qiao qia）
农安	厄黑勒	和尔布恩恰（到其敖恰）

消化
ji ke te kei qin
吉克特剋芹

她	消化	不良。
nong an	ji ke te kei qin	e qie a ya
农安	吉克特剋芹	厄切阿牙

出汗
nie hei yin qia
涅黑因恰

出汗	上衣	都被	浸透了。
nie hei yin qia	pa er tao en	wei si	wu ti wei qia
涅黑因恰	帕尔涛恩	危斯	乌提为恰

流血
sa he er qia
洒和尔恰

伤口	流血了。
hu wu ye en	sa he er qia
呼乌叶恩	洒和尔恰

苏醒
sa er lan（mie li ran）
萨尔兰（咩利然）

从昏迷中	苏醒过来。
bu ke qia qie jie ne	mie li ran
布克恰切介讷	咩利然

传染
da wo li di wei ka
达沃里地危卡

肺	结核	是	传染病。
e wo te	e nu ke	bi hei	da wo li di wei ka
厄沃特	厄奴克	比黑	达沃里地危卡

感染
hu re ke nen
呼热克恁

伤口	感染了。		
hu ye en	hu re ken qia		
呼叶恩	呼热肯恰		

生病
e nu kei li qia
厄奴剋利恰

他	在路上	突然	生病了
nong an	hao kao tao	du e mi si ke	e nu kei li qia
农安	好考涛杜	厄米斯克	厄奴剋利恰

吐痰
tou mo nei ran
投莫内然

不要	随	地	吐痰。
eng e a te	den bo yi	dun ne du	tou mo nei ri a
鞥厄阿特	扽波衣	盾讷杜	投莫内日阿

呕吐
yi he re en
衣和热恩

病	人	又在	呕吐。
e nu kei jie ri	bo ye	ao pie ti	yi he er qia
厄奴尅介日	波叶	敖撇提	衣和尔恰

腹泻

a mu lu tu ran（ao hu ru jie ren）
阿姆录图加然（敖呼如介任）

病	人	在腹泻。
e nu kei jie ri	bo ye	ao hu ru jie ren
厄奴尅介日	波叶	敖呼如介任

抽搐

qiu mu qia（mao rao qiao）
秋姆恰（毛扰乔）

他的	腿	抽搐了。
nong an	ni ha er gan nei yin	mao rao qiao
农安尼	哈尔甘内因	毛扰乔

感冒

pa ri a si tu da（gan mao qia）
怕日阿斯图达（感冒恰）

我	感冒了，	还	咳嗽
bi	gan mao qia	yi suo	si mi kei jie mo
毕	感冒恰	伊索	斯米尅介莫

发烧

si re jie ren
斯热介任

他	今天	发烧。
nong an	e hei ti kan	si re jie ren
农安	厄黑提坎	斯热介任

眩晕
ha ru ni kei ran
哈如尼剠然

有时	突然	一阵	眩晕。
ha er dun	e mi si ke	ao wo kei	ha ru ni hei
哈尔盾	厄米斯克	敖沃剠	哈如尼黑

恶心
yi he mu jie ren
伊和木介任

胃	不	舒服，	恶心。
gu di	ba ran	jiu ke ta	yi he mu jie ren
谷地	巴然	纠克塔	伊和木介任

气喘
he e re qia
和厄热恰

他	气喘	吁吁	跑	进来
nong an	he e re qia	si yi na ka ri	tu ha na	yi re en
农安	和厄热恰	斯衣纳卡日	图哈纳	伊热恩

疼痛
nu jie ren
厄奴介任

伤口	疼痛。
hu ye en	e nu jie ren
呼叶恩	厄奴介任

骨头	疼痛。
gei ri a mo na wo	e nu jie ren
给日阿莫纳沃	厄奴介任

抽筋
tan mu jia ran
坦姆加然

腿	受凉	抽筋。
ha er gan	hei kei ti re wo ha	tan mu jia ran
哈尔甘	黑剋提热沃哈	坦姆加然

麻木
ta ri gei ran
塔日给然

两	手	麻木。
ta ri yin mi	e a la wo	ta ri gei ran
塔日因米	厄阿拉沃	塔日给然

休克
bu ke qia qie ren（shao ke wai）
布克恰切任（绍克外）

他	还	处于	休克状态。
nong an	yi suo	bi jie ri	bu ke qia qie jie ne
农安	伊索	比介日	布克恰切介讷

发痒
wu tu ni kei jia ran
乌图尼剋加然

身上	发痒。
man te yi yin	wu tu ni kei ran
曼特衣因	乌图尼剋然

瘫
e er qia ha wa er la
厄尔恰哈瓦尔拉

箱包（内里用桦树皮制作，外面包上鹿皮）

具有民族特色的精美图案

手套

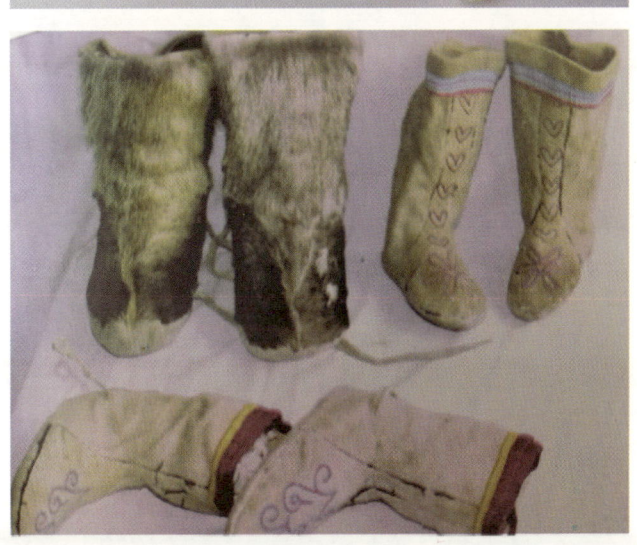

靴子

他	半	身	瘫痪了
nong an	ka er ta kan	man nei yin	e er qia ha wa er la
农安	卡尔塔坎	曼内因	厄尔恰哈瓦尔拉

窒息
ha nu nei li qia（ha nu en qia）
哈奴内里恰（哈奴恩恰）

病	人	发生	窒息	现象
e nu kei jie ri	bo ye	ao qia	ha nu en qia	jia na
厄奴尅介日	波叶	敖恰	哈奴恩恰	加纳

肿胀
a wo wu er qia（pu hu nu qi）
阿沃乌尔恰（扑呼奴其）

伤口	肿胀起来。
hu ye en	a wo wu er qia
呼叶恩	阿沃乌尔恰

走了	一天的	路，	小腿	有些肿胀。
e ne mo	yi neng e yi wo	hao kao tao wo	ha er ga ri bi	a wo wu er qia
厄讷莫	衣能厄伊沃	好考涛沃	哈尔嘎日比	阿沃乌尔恰

水泡
ka pa wo qia（mu ke te wo qia）
卡帕沃恰（姆克特沃恰）

走路	脚上	打水泡了。
e ne ha	ha er gan mi	ka pa wo qia
厄讷哈	哈尔甘米	卡帕沃恰

皮疹
bu da na qia
布达纳恰

她		出皮疹了。
nong an	bu da na wo jia ran	
农安	布达纳沃加然	

聋

kui kei（ge lu ha ta）
奎尅（格录哈塔）

他	耳	聋。
nong an	sai nei yin	kui kei
农安	塞内因	奎尅

有点儿	聋
bi hei mo ne	kui kei
比黑莫讷	奎尅

哑

si yi qia（tu ri a e a）
斯衣恰（图日阿厄阿）

喊得	嗓子	都哑了。
te po ke ha	di li gan nei yin	si yi qia
特坡克哈	地利甘内因	斯衣恰

哑巴

tu ri a e a
图日阿厄阿

瞎

ba li
巴里

瞎了	一只	眼。
ba li qia	wu mu kuan	ai ha en
巴里恰	乌姆宽	埃哈恩

跛			
dao kao lao ke			
到考劳克			

跛		脚。	
dao kao lao ke		ha er gan nei yin	
到考劳克		哈尔甘内因	

疯			
te ne e la			
特讷厄拉			

这个	人	疯了。	
e re	bo ye	te ne e la er qia	
厄热	波叶	特讷厄拉尔恰	

生根			
ning te re bu qia			
宁特热布恰			

瓶	里的	花	生根了。
bi ti li ka	dao ao du	si wei tao ke	ning te re bu qia
比提里卡	到敖杜	斯卫桃克	宁特热布恰

发芽			
mu qiu ke te re bu qia			
姆秋克特热布恰			

杨	柳	发芽了	
hu lu gu dan	sai ke ta	mu qiu ke te re bu qia	
呼录古单	塞克塔	姆秋克特热布恰	

开花			
si wei tao kei ri bu qia			
斯卫桃尅日布恰			

果树	在开花、
ya pu lu ke mao en	si wei tao kei ri bu er qia
亚扑录克毛恩	斯卫桃剋日布尔恰

结果。
hei mi ke te re bu qia（ao qia a ma ri dun）
黑米克特热布恰（敖恰阿玛日盾）

开花	结果。
si wei tao kei yin	hei mi ke te ao qia
斯危桃剋因	黑米克特敖恰

结籽
xie mei si ken
协玫斯肯

这种	花	结籽	很多。
e re si qin	si wei tao ke	xie mei si ken	ke te
厄热格芹	斯危桃克	协玫斯肯	克特

凋谢
bu ru wu lu qiao（a bu gu qia）
布如乌录乔（阿布古恰）

花儿	都	凋谢了。
si wei tao ke li	wei si	bu ru wu lu qiao
斯卫涛克里	危斯	布如乌录乔

13. 头脑反映　di li du wei　sa kei qin
　　　　　　　地里杜危　　撒剋芹

感觉
sa kei qin（gun qie ri yin）
撒剋芹（棍切日因）

是	疼痛的	感觉
er qia	e nu hei wo	sa a ri a
尔恰	厄奴黑沃	萨阿日阿

我	感觉	事情	不	会	成功。
bi	gun qie	jie mo	jie la	e tan	e te wo re
毕	棍切	介莫	介拉	厄坦	厄特沃热

灵感

sa a la nei yin

萨阿拉内因

他的	灵感	能力	很强。
nong an ni	sa la nei yin	bi wei kei yin	te e te en ji
农安尼	萨拉内因	比危尅因	特厄特恩吉

意识

du mai ri yin（sa er qia）

杜迈日因（萨尔恰）

意识到	自己的	错误。
sa er qia	man ni wei	e ru wei
萨尔恰	曼尼危	厄如危

认识

sa ran（sa ri a）

萨然（萨日阿）

我	认识	他。
bi	sa ran	nong an mo
毕	萨然	农安莫

他	不	认识	这种	草	药。
nong an	e qie	sa ri a	e re ge qin ao	rao ke tao	bo e wo
农安	厄切	萨日阿	厄热格芹敖	扰克涛	波厄沃

发觉
sa jia ran (mo de jie ren)
萨加然（莫得介任）

他	发觉	有人	跟踪。
nong an	mo de jie ren	bi hei bo ye	bao dao jiao rao en
农安	莫得介任	比黑波叶	包到交扰恩

今天	才	发觉	驯鹿	少了	一个。
e hei ti kan	du ma ke	mo de ren	ao rao en	a qin	wu mu kuan
厄黑提坎	杜玛克	莫得任	敖饶恩	阿芹	乌姆宽

发现
yi qie mo (sa a qia)
衣切厄莫（萨阿恰）

我	发现	他	有	心	事。
bi	sa ri a kei wei	nong an	bi hei	mie wan du	jie la qi
毕	萨日阿剋危	农安	比黑	灭万杜	介拉其

我	发现	这	山上	有	犴（驼鹿。）
bi	yi qie e mo	e re	wu re du	bie hen	bo you en
毕	衣切厄莫	厄热	乌热杜	别很	波又恩

内心
mie wan du wei
灭万杜卫

内心	十分	欢乐。
mie wan du wei	shao ma te	wu run qiao ao
灭万杜卫	少玛特	乌闰乔敖

心理
mie wan nei yin bi hei yin
灭万内因比黑因

我	理解		你的	心理。
bi	wu you dao jie mo		si yi ne	mie wan ma si
毕	乌又到介莫		司伊讷	灭万玛斯

良心
a ya mie wa nei yin
阿牙灭瓦内因

这	人	太没	良心了!
e re	bo ye	a qin	a ya mie wa na
厄热	波叶	阿芹	阿牙灭瓦纳

隐私
man ni jie lu mo jie lan
曼尼介录莫介兰

暴露	隐私。
mo de wo ren	man ni jie lu mo jie la wan
莫得沃任	曼尼介录莫介拉万

思想
jia er li
加尔利

爱	国	思想。
a ya wo ri	kan ma	jia er li
阿牙沃日	坎玛	加尔利

先进	思想。
jiu la hei kei yin	jia er li
纠拉黑剋因	加尔利

观念
jia lin gun qie kei qin
加林棍切剋芹

旧	观念
gao rao pi ti	jia er gun qie kei ti
告扰批提	加尔棍切剀提

信	心
yi te ku qie ren	mie wan du wei
衣特库切任	灭万杜危

满怀	信	心。
jia lu mo	yi ku te qie ren	mie wan du wei
加录莫	衣特库切任	灭万杜危

自尊
man mi ma nei ta ri
曼米玛内塔日

自尊	心。
man mi ma nei ta ri	mie wan nei yin
曼米玛内塔日	灭万内因

进取	心
jiu la hei kei yin	mie wan nei yin
纠拉黑剀因	灭万内因

他	进取	心	强。
nong an	jiu la hei kei yin	mie wan nei yin	he ge di
农安	纠拉黑剀因	灭万内因	和格地

想要
gun qie jie mo
棍切介莫

我	想要	你	知道	这件	事。
bi	gun qie jie mo	si yi	sa da si	e re	jie la wa
毕	棍切介莫	司伊	萨达斯	厄热	介拉瓦

希望
e ya e te en（e ya e qie mo）
厄亚厄特恩（厄亚厄切莫）

他	希望	你	回来。
nong an	e ya e te en	si yi	mu qiu da si
农安	厄亚厄特恩	司伊	姆秋达斯

希望	今天	不	下雨。
e ya e qie mo	e hei ti kan	e dan	ti ge de re
厄亚厄切莫	厄黑提坎	厄单	提格得热

盼望
a la a te tan（a hei te en）
阿拉阿特坦（阿黑特恩）

盼望	他	早点	来。
a hei te en	nong an man	er e de	e mo dan
阿黑特恩	农安曼	厄热得	厄莫单

愿望
gun qie ren
棍切任

主观	愿望。
man ji	gun qie jie ri yin
曼吉	棍切介日因

满足	愿望。
jia lu wo ran	gun qie ri yi wan
加录沃然	棍切日伊万

渴望
e ya e qie ri yi yin（na da li ran）
厄亚厄切日伊因（纳达利然）

渴望	更	美好的	生活。
e ya e qie ren	yi suo	a ya te ma ri	bi de wo
厄亚厄切任	伊索	阿牙特玛日	比得沃

需要
na da bi qia
纳达比恰

目前	需要	一笔	资金。
e hei ti kan	na da bi qia	tang e wu ya	meng e wu en ne
厄黑提坎	纳达比恰	堂厄乌亚	蒙厄乌恩讷

要求
na da li ran (e ya e qie ren)
纳达利然（厄亚厄切任）

同意	要求。
sa e la si yin	na da li ri yi wan
萨厄拉斯因	纳达利日伊万

我	一定		满足	你的	要求。
bi	ou bi sa qi li na		jia lu wo ran	si yin du	na da wan
毕	欧比萨其利纳		加录沃然	司因杜	纳达万

追求
bao kao en qiu ran (ai hei wei da wei)
包考恩求然（埃黑卫达危）

追求	自己的	利益。
ai hei wei da wei	man du wei	a ya wan
埃黑卫达危	曼杜为	阿牙万

他	追求	一位	姑娘。
nong an	bao kao en qiu ran	wu mu kuan	hu na a te wo
农安	包考恩求然	乌姆宽	呼纳阿特沃

试图			
gun qie ren			
棍切任			

试图	欺骗。		
gun qie ren	wu luo kei da wei		
棍切任	乌罗剋达危		

试图	逃脱。		
gun qie ren	su qia da wei		
棍切任	苏恰达危		

企图			
gun qie jie ren			
棍切介任			

自私	自利的	企图。	
man du wei	a ya bi dan ne	gun qie jie ren	
曼杜危	阿牙比单呢	棍切介任	

企图	逃跑。		
gun qie jie ren	tu ha er da wei		
棍切介任	图哈尔达危		

打算			
du mai ran（gun qie jie mo）			
杜迈然（棍切介莫）			

我	打算	明天	走。
bi	gun qie jie mo	ti mi	hu ru run
毕	棍切介莫	提米	呼如闰

一切	要做	长期	打算。
wei si wan	na da bi ri	gao rao ao te	du mai da
危斯万	纳达比日	高扰敖特	杜迈达

计划
pei lan
培兰

按	计划	进行。
a la mana	pei lan	jiao ran
阿拉玛纳	培兰吉	敖然

订	计划。
ti po ken nen	pei lan ma
提坡肯恁	培兰玛

策划
ao er qia er（ai li wei jia ran）
敖尔恰尔（埃利危加然）

策划	战争。
ai li wei jia ran	wai na wa
埃利危加然	外纳瓦

密谋
jie lu mi ti
介录米提

密谋	搞	破坏。
jie lu mi ti	ni ke re	hu ke qia da wa re
介录米提	涅克热	呼克恰达瓦热

理想
du mai kei ti（gun qie kei qin, yi jia li）
杜迈剋提（棍切剋芹，伊基阿利）

理想	实现了。
gun qie kei qin	ai si wei ran
棍切剋芹	埃斯卫然

兴趣
a ya kei ran（wu run qiu wei kei，na si ta ri a ye ni ye）
阿牙剋然（乌闰秋危剋，纳斯塔日阿耶尼叶）

他	对	上山	打猎
nong an	ta re	e ge dan du	an e a li da wei
农安	塔热	厄格丹杜	安厄阿里达卫

很有	兴趣
shao ma te	a ya kei ran
少玛特	阿牙剋然

爱好
a ya wo ran
阿牙沃然

爱好	游泳。
a ya wo ran	a er bi ri wo
阿牙沃然	阿尔比日沃

你的	爱好	是	什么？
si yin ni	a ya wo ri	bi hei	ai kun
司因尼	阿牙沃日	比黑	埃坤

干劲
ge re bo jie ri yin
格热波介日因

干劲	十足。
ge re wo jie ri yin	se nei qi ti
格热波介日因	色内其提

想法
gun qie ren（gun qie jie ri yin）
棍切任（棍切介日因）

你的	想法		我	明白。
si yin ni	gun qie jie ri wo si		bi	sa ran
司因尼	棍切介日沃斯		毕	萨然

看法
yi qie e ti yin
衣切厄提因

说出	自己的	看法。
tu ri a e te ke er	man ni wei	yi qie e ti wei
图日阿厄特克尔	曼尼卫	衣切厄提危

意见
tu ran nei yin（mie nie ni ye）
图然内因（灭涅尼叶）

你的	意见	怎么样？
si yin ni	tu ran nei	ao en bi hei yin
司因尼	图然内	敖恩比黑因

按照	你的	意见	办。
a la ma na	si yin ni	tu ran ji	ao ran
阿拉玛纳	司因尼	图然吉	敖然

14. 思维活动　jia er du wei　ao kei qin
　　　　　　　加尔杜卫　　敖尅芹

思维
jia er lin（du mai ran，mei si li）
加尔林（杜迈然，梅斯里）

不经	思维（思考），	冲口而出。
e ne	du mai ri a ka te	a mo e an tu ri a hei nen
厄讷	杜迈日阿卡特	阿莫厄安图日阿黑恁

态度
bi wei kei yin（yi qie e ti yin，a bo ri a xi ni ye）
比为剋因（衣切厄提因，阿波日阿西尼叶）

对人的		好	态度。
bo ye du ta re		a ya	bi wei kei
波叶杜塔热		阿牙	比为剋

对人	的	坏	态度。
bo ye du	bi ri	e ru	bi wei kei
波叶杜	比日	厄如	比为剋

认为
gu ne kei wei（gun qie ren）
故讷剋危（棍切任）

我	认为	你	是	对的。
bi	gu ne kei wei	si yi	bi hei	te jie qi
毕	故讷剋危	司伊	比黑	特介其

以为
gun qie jie mo（du mai ran）
棍切介莫（杜迈然）

我	以为	你	不会	来。
bi	gun qie jie mo	si yi	e tan nei	e mo re
毕	棍切介莫	司伊	厄坦内	厄莫热

主张
gun qie jie ri yin（wen nie ni ye）
棍切介日因（玟涅尼叶）

他	主张	马上	动身。
nong a	gun qie jie ri yin	e re da te	e ne hei ne en
农安	棍切介日因	厄热达特	厄讷黑讷恩

坚持
ti ka se（si ta ya qi）
提卡色（斯塔亚其）

坚持	自己的	意见。
ti ka da te	man ni wei	tu ran ji
提卡达特	曼尼为	图然吉

想象
du mai yi mo ka ran（ka bo ri a zi qi）
杜迈伊莫卡然（瓦波日阿兹其）

想象	未来
du mai yi mo ka ran	jiu la si kei pi ti wa
杜迈伊莫卡然	纠拉斯剋批提瓦

不可	想象的。
eng e a te	du mai yi wo ri a ka te
䩨厄阿特	杜迈伊沃日阿卡特

想出
du mai yi mo（pi ri du ma qi）
杜迈伊莫（批日杜玛其）

想出	解决的	办法。
du mai yi mo	e te ri du	ao wo ka wan
杜迈伊莫	厄特日杜	敖沃卡万

想
du mai ran（gun qie ren）
杜迈然（棍切任）

想	事情。
du mai ran	jie la wa
杜迈然	介拉瓦

脑子里	老是	在想。
di li du wei	da ku er	du mai ran
地里杜危	达库尔	杜迈然

考虑
du mai jia ran（du mai ka er）
杜迈加然（杜迈卡尔）

这件	事	你得	好好	考虑。
e re	jie la wa	si yi bi da	a ya ma te	du mai ka er
厄热	介拉瓦	司伊比达	阿牙马特	杜迈卡尔

权衡
wu ri a qi mo ka ren（du mai mi）
乌日阿其莫卡任（杜迈米）

权衡	优	劣。
du mai mi	a ya wan	e ru wan
杜迈米	阿牙万	厄如万

权衡	轻	重。
wu ri a qi mo ka ren	yi ni mo ku en man	wu re ge hei wan
乌日阿其莫卡任	伊尼莫库恩曼	乌热格黑万

猜想
gun qie mi（pa du ma qi）
棍切米（帕杜玛其）

猜想	不到	是	你。
gun qie ren ke te	ba mo	bi qia	si yi
棍切热克特	巴莫	比恰	司伊

推测
gun mu re（su ji qi）
棍姆热（苏基其）

结果	难	以	推测。
ao e a te wan	eng e a te	ao en ka te	gun mu re
敖厄阿特万	鞥厄阿特	敖恩卡特	棍姆热

估计
gu ne kei wei（gun mi）
故讷尅危（棍米）

估计	他	不会	来了。
gu ne kei wei	nong an	e tan	e mo re
故讷尅危	农安	厄坦	厄莫热

预料
sa wo jia ri
萨沃加日

那是	预料之中	的事。
ta re da ke	sa wo jia ri	bi wei kei jie la
塔热达克	萨沃加日	比危尅介拉

预测
sa hei ran
萨黑然

预测	准确。
sa hei ri yin	te jie da te
萨黑日因	特介达特

地震	预测。
dun e de ri gei ri wan	sa hei ran
盾讷得日给日万	萨黑然

预期
wei ren mo en
危任莫恩

计划	完成得	比预期的	早。
pei lan mo	e te wo ren	wei ren mo du ke	e re de te
培兰莫	厄特沃任	危任莫杜克	厄热得特

预见
sa jia ri yi（pi ri de wei ji qi）
萨加日伊（批日得危基其）

预见到	一切	可能的	情况。
sa jia ri yi	wei si	mao si ti bi ri	jie la er ba
萨加日伊	危斯	毛斯提比日	介拉尔巴

回想
jiao en jia ran
叫恩加然

回想	童年	时代
jiao en jia ran	wu sa e a hei pi	ti wei
叫恩加然	乌萨厄阿黑批	提为

回顾
e tan qie ren（jiao en qia ran）
厄坦切任（叫恩恰然）

回顾	过去。
jiao en qia ran	gao rao du ti wa
叫恩恰然	高扰杜提瓦

回想起	一件	要事。
jiao ao nei mo	bi ri wo	jie la wa
叫敖内莫	比日沃	介拉瓦

惦念
jiao ao en qia ran
叫敖恩恰然

惦念	远方的	亲人。
ka sjiao en qia ran	gao rao lao bi hei	ha di wei
叫恩恰然	高扰老比黑	哈地卫

纪念

jiao ao en qia ran
叫敖恩恰然

这张	照片	给	你	做个	纪念吧
e ri wo	nie mie te wo	bu ren	si yin du	ao dan	jiao nei wo na si
厄日沃	涅咩特沃	布任	司因杜	敖丹	叫内沃纳斯

悼念

mu lan qia ran（jiao nei wo ran）
姆兰恰然（叫内沃然）

深切	悼念	他。
song ta te	mu lan qia ran	nong an man
松塔特	姆兰恰然	农安曼

记忆

jiao ao en qia ran（sa qia ran）
叫敖恩恰然（萨恰然）

记忆	在心。
jiao ao en qia ran	mie wan du wei
叫敖恩恰然	灭万杜危

记住

sa jia ka er（sa qia ran）
萨加卡尔（萨恰然）

那件	事	我	还	记住。
ta ri a	jie la wa	bi	yi suo	sa jia mo
塔日阿	介拉瓦	毕	伊索	萨加莫

铭记
jiao nei qia ran
叫内恰然

永生	铭记。
wu ye du wei	jiao nei qia ran
乌叶杜为	叫内恰然

忘记
ao mao e ao qiao
敖毛厄敖乔

完全	忘记了。
wei si	ao mao e ao qiao
危斯	敖毛厄敖乔

忘记	锁	门。
ao mao e ao qiao	ka ta da wei	wu re ke wo
敖毛厄敖乔	卡塔达危	乌热克沃

知道
sa ran（sa jia ran）
萨然（萨加然）

知道	出了	事。
sa ran	you qia	jie la wa
萨然	又恰	介拉瓦

他	知道	这件	事。
nong an	sa jia ran	e re	jie la wa
农安	萨加然	厄热	介拉瓦

人生的	意义	我	知道。
bo ye yi yin jie ne	pao er sa wan	bi	sa ran
波叶伊因介讷	泡尔萨万	毕	萨然

懂得
wu you dao ren
乌又到任

我	懂得	他的	意思。
bi	wu you dao ren	nong an ni	gun qie jie ri wan
毕	乌又到任	农安尼	棍切介日万

了解
sa jia mo
萨加莫

我	了解	你的	意思。
bi	sa jia mo	si yi yin ni	gun qie jie ri wo si
毕	萨加莫	司伊因尼	棍切介日沃斯

清楚
sa a re（sa wa jia ran）
萨阿热（萨瓦加然）

这件	事	谁都	不	清楚。
e re	jie la wa	ni ke te	e qie	sa a re
厄热	介拉瓦	尼克特	厄切	萨阿热

明白
wu you dao ren
乌友到任

你	是个	明白		人，
si yi	bi hei	wu you dao wo kei		bo ye
司伊	比黑	乌又到沃尅		波叶

当然	不会	这样	做
e tan	en nei	ti ka	nie ke re
厄坦	恩内	提卡	涅克热

你	没有	明白		我的	话。
si yi	e qie se	wu you dao re		min ni	tu ran mo
司伊	厄切色	乌友到热		敏尼	图然莫

明白	道理。
wu you dao ren	te jie wan
乌友到任	特介万

理解

wu you dao ne（pa ni ma ni ye）
乌友到讷（帕尼玛尼叶）

相互	理解。
ma man mo re	wu you dao ne
玛曼莫热	乌友到讷

领会

sa er lan（sa an nei, a suo zi na qi）
萨尔兰（萨安内，阿索兹纳其）

把话	领会	错了。
tu ran mo	sa an nei	den bo yi
图然莫	萨安内	扽波衣

误解

den bo yi wu you dao ren
扽波伊乌友到任

不要	误解		我	说的话。
e ke er	den bo yi wu you dao re		bi	tu ran mo wo
厄克尔	扽波伊乌友到热		毕	图然莫沃

迷惑

sa wo re e hei ti（wu luo kei jie ne）
萨沃热厄黑提（乌罗尅介讷）

用假象	迷惑	人。
he te re ji	wu luo kei jie ren	bo ye wo
黑特热吉	乌罗剋介任	波叶沃

为难
tu ru te na qi（zha tu ru jie ni ye）
图如特纳其（扎图如介尼叶）

这件	事	使	我	为难。
e re	jie la	bi ri	min du	tu ru te na qi
厄热	介拉	比日	敏杜	图如特纳其

熟悉
sa mo（sa wo kei）
萨莫（萨沃剋）

我	熟悉	他。
bi	sa mo	nong an man
毕	萨莫	农安曼

熟悉	地形
sa mo	dun ne wan
萨莫	盾讷万

掌握
jia wo la ran（a wo la jie qi）
加沃拉然（阿沃拉借其）

掌握	自己的	命运。
jia wo la ran	man ni wei	yi yin jie ri wei
加沃拉然	曼尼危	伊因介日危

精通
sa ta wo kei
萨塔沃剋

他	精通	俄语。
nong an	sa ta wo kei	lu qia di tu ran mo
农安	萨塔沃剋	录恰地图然莫

相信
te jia ren
特加任

我	相信	你	说的话。
bi	te jia ren	si yi	tu ran mo se
毕	特加任	司伊	图然莫色

此人	不可	相信。
e ri bo ye	eng e a te	te jia wo re
厄日波叶	鞥厄阿特	特加沃热

信仰
te jia kei qin
特加剋芹

有	不同的	信仰。
bi wei kei	hong tu mao re	te jia kei qin
比为剋	洪图毛热	特加剋芹

确信
te jia jie mo（wu wei ren nai）
特加介莫（乌卫任耐）

确信	他	所说的	话。
te jia jie mo	nong an	tu ri a te	ne er ban
特加介莫	农安	图日阿特	讷尔班

轻	信
hei te en mo	te jia ren
黑特恩莫	特加任

不要	轻信		谣言。
eng e a te	hei te en mo te jia re		wu luo ke tu ran mo
鞥厄阿特	黑特恩莫特加热		乌罗克图然莫

信任

te jia qie ren
特加切任

我	信任	你。
bi	te jia qie ren	si yi ne
毕	特加切任	司伊讷

互	不	信任。
ma re bo re	e wo kei	te jia qie re
玛热波热	厄沃剋	特加切热

怀疑

e hei te jia wo re
厄黑特加沃热

他的	话叫	人	怀疑。
nong an ni	tu ran nei yin	bo ye du	e hei te jia wo re
农安尼	图然内因	波叶杜	厄黑特加沃热

赞成

e le ke si（sa e la si yin）
厄勒克斯（萨厄拉斯因）

我	赞成	大家的	意见
bi	e le ke si ren	wei si ni wo	tu ran mo
毕	厄勒克斯任	危斯尼沃	图然莫

同意

sa e la si yin
萨厄拉斯因

这样	办	我	同意。
ti ka	ao ri wa	bi	sa e la si yin
提卡	敖日瓦	毕	萨厄拉斯因

准许

e le ke si wo qia (da bu si ka qi)
厄勒克斯沃恰（达布斯卡其）

防火	期	过了，	准许	通行了
tao e a	ka yin	yi le te en qia	e le ke si wo qia	e ne wo dan
涛厄敖	卡因	衣勒特恩恰	厄勒克斯沃恰	厄讷沃单

支持

bo le e te ti
波勒厄特提

没	人	支持	她。
a qin	bo ye	bo le e te ti	nong an man
阿芹	波叶	波勒厄特提	农安曼

反对

bu le en te ren
布勒恩特任

反对	这种	做法。
bu le en te ren	e re ge qin	ao ri wa
布勒恩特任	厄热格芹	敖日瓦

介意

ta e a wo ri a
塔厄阿沃日阿

不	介意	小	事。
e ta mo	ta e a wo ri a	hei te e	jie la du
厄塔莫	塔厄阿沃日阿	黑特恩	介拉杜

忍受
qi ri pi qie ren（jie ri bie qi）
其日批切任（借日别其）

忍受	生活上的	困难。
qi ri pi qie qia	bi de du wei	tu ru te na wa
其日批切恰	比得杜危	图如特纳瓦

忍	不住
eng e a te	mang e yi qia re
鞥厄阿特	忙厄伊恰热

忍不住	笑了。
e ha mang e yi qia re	yi nie er le en
厄哈忙厄伊恰热	衣涅尔勒恩

容忍
qiu mu ku te
秋姆库特

不能	容忍的	错误。
eng e a te	qiu mu ku qi wo re	e ru wo
鞥厄阿特	秋姆库其沃热	厄如沃

克制
kei yi qia ran
剋伊恰然

克制	自己	不	发火。
kei yi qia ran	man mi	e ne	ti ku er la
剋伊恰然	曼米	厄讷	提库尔拉

同情
mu lan nan
姆兰南

玛鲁神

阿隆神与乌麦神

玛鲁神

同情	孤寡	老	人。
mu lan nan	ang e a jia kan	sa ge di	bo ye wo
姆兰南	昂厄阿加坎	萨格地	波叶沃

原谅

yi si wei ni ke er（pa ri a si ji qi）
伊斯危尼克尔（怕日阿斯基其）

希望	你	原谅	我
e ya e qie mo	si yi	yi si wei ni ke er	min ne
厄亚厄切莫	司伊	伊斯危尼克尔	敏讷

遗憾

mu la nie（sa ri a lie qi）
姆拉涅（萨日阿列其）

未能	相见，	感到	十分	遗憾。
e qie er ti	yi qie er di re	gun qie ren	shao ma	mu la ni ran
厄切尔提	衣切尔地热	棍切任	少玛	姆拉尼然

抱歉

yi si wei ni ke er（yi zi wei nie ni ye）
伊斯危尼克尔（伊兹危涅尼叶）

这事	办	不了，	很抱歉！
e ri jie la wa	e te re	eng e a ti wei	yi si wei ni ke er
厄日介拉瓦	厄特热	厄阿提危	伊斯危尼克尔

内疚

ha er jia a te tan
哈尔加阿特坦

做了	错	事，	十分	内疚。
ao ha	e ru te	jie la wa	shao ma te	ha er jia a te tan
敖哈	厄如特	介拉瓦	少玛特	哈尔加阿特坦

羞愧
ha er jia qia
哈尔加恰

羞愧　　　　　万分。
ha er jia qia　　eng e nei mo te
哈尔加恰　　　　鞼厄内莫特

满脸　　　羞愧。
de re en　　ha er jia qia
得热恩　　　哈尔加恰

耻辱
ha er jia wo ka（kei rie a te）
哈尔加沃卡（剋日厄阿特）

这是　　极大的　　　　耻辱。
e re　　eng e nei mo　　ha er jia wo ka
厄热　　鞼厄内莫　　　　哈尔加沃卡

懊悔
hei te mo er bo
黑特莫尔波

懊悔　　　　　不该　　　　听　　　　　　他的　　　话
hei te mo er bo　　eng e a ti wei　　dao er qia te　　nong an　　tu ran man
黑特莫尔波　　　　鞼阿提危　　　　到尔恰阿特　　农安　　　　图然曼

关心
jiao ao en qia ran
叫敖恩恰然

关心　　　　　　孩子们的　　　　　健康。
jiao ao en qia ran　　kong e a ka ri ba　　a bo ga ri wan
叫敖恩恰然　　　　　孔厄阿卡日巴　　　　阿波嘎日阿万

体贴
mu la na ri
姆拉纳日

她	很会	体贴	人。
nong an	shao ma te	mu la na ri	bo ye wo
农安	少玛特	姆拉纳日	波叶沃

担心
ba er gu qia ran
巴尔故恰然

我	担心	他们	迷路。
bi	ba er gu qia ran	nong a ri ti yin	ka ai jie a ti yin
毕	巴尔故恰然	农阿日提因	卡埃吉厄阿提因

放心
yi te ke ren（e ne jiao en qia ri a）
伊特克任（厄讷叫恩恰日阿）

我	对他	完全	放心。
bi	nong an man	wei si	yi te ke ren
毕	农安曼	危斯	伊特克任

注意
ba ku qia na（se ren qie ne）
巴库恰纳（色任切讷）

注意	卫生。
ba ku qia ran	yi ri a si wa
巴库恰然	伊日阿斯洼

注意	防火。
se ren qie ne	ka yi tao e ao wo
色任切讷	卡伊涛厄敖沃

小心		
se ren qie ne(ba ku qia ne)		
色任切讷(巴库恰纳)		

小心	火烛。	
se ren qie ne	jie ge de er jie e a en	
色任切讷	介格得尔吉厄阿恩	

小心	别	摔着了。
ba ku qia na	e ne	ti kei te
巴库恰纳	厄讷	提剀特

小心	别	弄坏了。
se ren qie ne	e ne	hu ke qia re
色任切讷	厄讷	呼克恰热

专心		
mie wa ma te wei		
灭瓦玛特为		

专心	工作。	
mie wa ma te wei	ge re bo jie ren	
灭瓦玛特为	格热波介任	

分心		
he re ke te mie wan ji		
和热克特灭万吉		

分心	就会	出错。
he re ke te mie wan ji	ao wo kei	den bo yi li
和热克特灭万吉	敖沃剀	扽波伊里

重视		
tang e wu qia ran(tang e wu qia ri)		
堂厄乌恰然(堂厄乌恰日)		

重视　　　　　　友谊。
tang e wu qia ri　　du ru wu su bo wo
堂厄乌恰日　　　　杜如乌苏波沃

尊重
tang e wu qia ran（wu wa ri a qi，ma nei la ran）
堂厄乌恰然（乌洼日阿其，玛内拉然）

尊重　　　　　事实。
wu wa ri a qi　jie la te jie wan
乌洼日阿其　　介拉特介万

尊重　　　　老　　　人。
ma nei la ran　sa ge di　　bo ye wo
玛内拉然　　　萨格地　　　波叶沃

珍视
tang e wu qia ran
堂厄乌恰然

珍视　　　　　时间。
tang e wu qia ri　wei ren mo wo
堂厄乌恰日　　　危任莫沃

忽视
hei te en te ren
黑特恩特任

这一点　　　不应　　　忽视。
e ri bi hei wan　eng e a te　hei te en te wo re
厄日比黑万　　　鞥厄阿特　　黑特恩特沃热

不顾
e ne jiao na（e ne ba ku qia re）
厄讷叫纳（厄讷巴库恰热）

只顾		自己。	
jiao ao en qia ran		ma hao wei	
叫敖恩恰然		玛好为	

不顾	别	人。	
e ne jiao na	hong tu	bo ye wo	
厄讷叫纳	洪图	波叶沃	

犹豫
ba ran ti po ken ne
巴然提坡肯讷

到现在	他	仍	犹豫	不定。
e re ma ke tu	nong an	yi suo	ba ran	ti po ken ne
厄热玛克图	农安	伊索	巴然	提坡肯讷

动摇
bao si kao wo qiao
包斯考沃乔

信心	不可	动摇。
yi te ku qie ri wei	eng e a te	bao si kao li wo re
伊特库切日危	厄阿特	包斯考利沃热

谨防
ba ku qia ran
巴库恰然

谨防	火	烛。
ba ku qia ran	tao e ao	jie ge de ri wo
巴库恰然	涛厄敖	介格得日沃

谨防	偷盗。
ba ku qia ran	jiao rao min mo
巴库恰然	叫扰敏莫

疏忽
e qie ba ku qia ri a
厄切巴库恰日阿

由于	疏忽，		发生了	事故。
ti ka te re	e ne ba ku qia ri a		ou wo ren	si lu qia yi（wo jie la wa）
提卡特热	厄讷巴库恰日阿		又沃任	斯录恰伊沃（介拉瓦）

沉溺
yi ying e qia
伊应厄恰

沉溺于　　　　　　　　酒色。
yi ying e qia mo　　　　a ri a kei du
伊应厄恰莫　　　　　　阿日阿剋杜

陶醉
e ya li wo qia
厄亚利沃恰

陶醉于　　　　　　　　快乐中。
e ya li wo qia　　　　　wu run qiu ri du
厄亚利沃恰　　　　　　乌闰秋日杜

热衷
a ya kei ran
阿亚剋然

热衷于　　　打猎。
a ya kei ran　a e a li ri wa
阿亚剋然　　安厄阿利日瓦

依恋
jiao ao en qia ran
叫敖恩恰然

依恋	家乡。
jiao ao en qia ran	bi jia kei wei bu e a wei
叫敖恩恰然	比加剋为布厄阿危

习惯

ta te qia（sa kao qi，pi ri wei si ka）
塔特恰（萨考其，批日危斯卡）

习惯	早起。
ta te qia	e re de te e ne
塔特恰	厄热得特厄讷

好	习惯。
a ya	sa kao qi
阿牙	萨考其

保证

te jie mo（ri wu qia qi xia）
特介莫（日乌恰其夏）

保证	不	出	事故。
te jie mo	e tan	you wo re	jie la wa
特介莫	厄坦	又沃热	介拉瓦

应得

gang e a ti yin
刚厄阿提因

应得的	报酬。
gang e a ti yin	ta ma nei yin
刚厄阿提因	塔玛内因

不值得

ai kun man（hei te mo le bo）
埃坤曼（黑特莫勒波）

不值得	为小事	争吵。
ai kun man	hei te kan jie la li	ku hei e le ren
埃坤曼	黑特坎介拉里	库黑厄勒任

愿意

e ya e te en（ha jie qi）
厄亚厄特恩（哈借其）

我	愿意	帮助。
bi	e ya e qie mo	bo le te ta wei
毕	厄亚厄切莫	波勒特塔危

自愿

man jie ya e te en
曼吉厄亚厄特恩

自愿	参加。
man jie ya e te en	bi da wei
曼吉厄亚厄特恩	比达危

能够

e te ri（ai hei wei wo ri）
厄特日（埃黑危沃日）

这个	我	能够	做到。
e ri wo	bi	e te ri	ao da wei
厄日沃	毕	厄特日	敖达危

可以

mao si na
冒斯纳

我	可以	帮助	你。
bi	mao si na	bo le e te en	si yi ne
毕	冒斯纳	波勒厄特恩	司伊讷

我	可以	进来吗？		
bi	mao si na	yi ke te		
毕	冒斯纳	伊克特		

可能				
mao si ti（bu ka）				
冒斯提（布卡）				

他	可能	还	不	知道。
nong an	bu ka	yi suo	e qie	sa ri a
农安	布卡	伊索	厄切	萨日阿

可能	要下小雨。
mao si ti	ti ge de er e a te
冒斯提	提格得尔厄阿特

擅长
ao lan nei yin（sa ta kei qin）
敖兰内因（萨塔剋芹）

擅长	绘画。
ao lan nei yin	ao niao ri yi wa
敖兰内因	敖鸟日伊瓦

15. 思想　情绪的　变化　jia er lin　bie hei yin　hong tu ao kei qin
　　　　　　　　　　　　　加尔林　　别黑因　　洪图敖剋芹

心情
mie wan du wei bi hei yin
咩万杜为比黑因

兴奋的	心情。
wu run qiu ri	mie wan du wei
乌闰秋日	咩万杜为

悲痛的	心情。
mo re ga jie ren	mie wan du wei
莫热嘎介任	咩万杜为

高兴
wu run qiao
乌闰乔

见到	您	我	十分	高兴。
yi qie ha	si yi ne	bi	shao ma te	wu run nei mo
衣切哈	司伊讷	毕	少玛特	乌闰内莫

他	心里		不	高兴。
nong an	mie wan du we		ba ran	wu run qiu ru
农安	咩万杜为		巴然	乌闰秋如

特别	高兴。
eng e nei mo te	wu run qiao
鞥厄内莫特	乌闰乔

喜悦
wu run qiu run
乌闰秋闰

喜悦的	心情。
wu run qiu jiu run	mie wan du wei
乌闰秋纠闰	咩万杜为

万分	喜悦。
te te mo te	wu run qiao
特特莫特	乌闰乔

痛苦
e nu kei ren
厄奴剋任

痛苦的　　　样子。
e nu kei ren　yi qie den
厄奴剋任　　衣切

痛苦　　　极了。
e nu jie er n　shao ma te
厄奴介任　　少玛特

不愉快
e qie wu run qiu ru
厄切乌闰秋如

心中　　　　不愉快。
mie wan du wei　e qie wu run qiu ru
咩万杜为　　　厄切乌闰秋如

折磨
mu e na ran
姆厄纳然

他　　　受尽了　　　折磨。
nong an　mu e nan qia　mu e na wa
农安　　姆厄南恰　　姆厄纳洼

悲痛
mu la ni hei
姆拉尼黑

悲痛的　　消息。
mu la ni hei　dao er di wei ran
姆拉尼黑　　到尔地危然

悲惨
mou e nan na（ta ri a gei jie ya）
谋厄南纳（塔日阿给介亚）

悲惨的	生活。		
mou e nan na	bi jie re en		
谋厄南纳	比介热恩		

悲哀
mo re ga jie ren
莫热嘎介任

悲哀的	心情。
mo re ga jie ren	mie wan du wei
莫热嘎介任	咩万杜为

担忧
ao er bao en qiao rao en
敖尔包恩乔扰恩

我	为	你的	身体	担忧。
bi	bi ri	si yi ne	man mo se	ao er bao en qiao rao en
毕	比日	司伊讷	曼莫色	敖尔包恩乔扰恩

苦恼
wu hao qie ren
乌好切任

我	有件	苦恼的	事。
bi	bi hei	wu hao qie wo ri	jie la
毕	比黑	乌好切沃日	介拉

生气
ti ku er jia ran
提库尔加然

别	叫我	生气。	
e ke er	min ne	ti ku en e yi ri a	
厄克尔	敏讷	提库恩厄伊日阿	

生气地	说。
ti ku er na	gu ne en
提库尔纳	故讷恩

他	在生你的气。
nong an	ti ku er jia ran si yin du ke
农安	提库尔加然司因杜克

泄气
bie li qia ran（he ran qia）
别里恰然（和然恰）

别	泄气。
e ne	bie li qia ri a
厄讷	别里恰日阿

泄气	松	劲。
bie er qia	mu lu tu re ge qia	se nei yin
别尔恰	姆录图热格恰	色内因

失望
he ran en qia
和然恩恰

失望的	心情。
he ran en qie ren	mie wan du wei
和然恩切任	咩万杜为

失望	而归。
he ran nei ha	mu qiu ran
和然内哈	姆秋然

满意
e le ke si ren
厄勒克斯任

他	对你	很不	满意。
nong an	si yi ne	e wo kei	e le ke si re
农安	司伊讷	厄沃尅	厄勒克斯热

我	对你的	工作	十分	满意。
bi	si yi ni wo	ge re ba wo	shao ma te	e le ke si ren
毕	司伊尼沃	格热巴沃	少玛特	厄勒克斯任

满足
jia lu wo ran（e le kei yin）
加录沃然（厄勒尅因）

感到	满足。
gun qie mo	e le kei yin
棍切莫	厄勒尅因

一定	满足	你的	要求。
te jie mo	jia lu wo ran	si yin ni	na da li jia ri wa si
特介莫	加录沃然	司因尼	纳达利加日瓦斯

舒适
jiu kei ti（wu duo bo nei）
纠尅提（乌多波内）

舒适	房间里。
jiu kei ti	kao mo na kei yin
纠尅提	考莫纳尅因

很	温暖，	很	舒适。
shao ma	niang ma hei	shao ma	jiu kei ti
少玛	酿玛黑	少玛	纠尅提

轻松
yi ni mo ku en ji（qiu mu ku te）
伊尼莫库恩吉（秋姆库特）

轻松的		生活。
yi ni mo ku en ji		bi jie ren
伊尼莫库恩吉		比介任

轻松	愉快地	劳动。
yi ni mo ku en ji	wu run qiu ne	ge re bo ren
伊尼莫库恩吉	乌闰秋讷	格热波任

放松

qiu mu ku te
秋姆库特

思想	放松
jia li wei	qiu mu ku te
加里危	秋姆库特

放松	警惕。
qiu mu ku wo qia	se re qie rei wei
秋姆库沃恰	色任切日卫

紧张

kang kei li qia（bo wa ren）
抗剀里恰（波瓦任）

紧张地	劳动。
bo wa jie ne er	ge re bo ren
波瓦介讷尔	格热波任

心情	紧张。
mie wan du wei	bo wan jie ren
咩万杜为	波瓦介任

不安

ba ran qie ru le re（e qie de ke si）
巴然切如勒热（厄切得克斯）

坐立	不安。
te e e te	ba ran qie ru li
特厄厄特	巴然切如里

身心	不安。
man nei yin	e qie de ke si
曼内因	厄切得克斯

平静
de ke si（qie ru li，si pa kuo yi nei）
得克斯（切如里，斯怕扩衣内）

平静的	生活。
de ke si ti	bi jie ren
得克斯提	比介任

风	浪	已经	平静了。
e di yin ne	wu e a jie ha	e hei le	de ke si ren
厄地因讷	乌厄阿介哈	厄黑勒	得克斯任

冷静
qie ru le ren（bo re mi ti）
切如勒任（波热米提）

不要	慌？	应该	冷静一点。
e ne	bo wa re	na da	qie ru le da re
厄讷	波瓦热	纳达	切如勒达热

恐慌
e a le jie ren
厄阿勒介任

千万	不可	恐慌
ao en ka te	e ne er	e a er le
敖恩卡特	厄讷尔	厄阿尔勒

慌乱
bo wa er qia er
波瓦尔恰尔

不要	慌乱，	要	冷静。
e ji si	bo wa re	na da	qie ru leri
厄吉斯	波瓦热	纳达	切如勒日

喜欢
a ya wo ran
阿牙沃然

我	很喜欢	他。
bi	a ya wo ran	nong an man
毕	阿牙沃然	农安曼

他	不	喜欢	这个	人。
nong an	e wo kei	a ya wo ri a	e re	bo ye wo
农安	厄沃剋	阿牙沃日阿	厄热	波叶沃

偏爱
a ya te gu ta ran
阿牙特故塔然

妈妈	偏爱	小妹。
eni	a ya te gu ta ran	ne kun mo
额尼	阿牙特故塔然	讷坤莫

反感
bu le en te ren
布勒恩特任

我	对	这种	人	反感。
bi	bi ri	e re ge qin	bo ye wo	bu le en te ren
毕	比日	厄热格芹	波叶沃	布勒恩特任

厌烦
de mo ri kei ren
得莫日剋任

没完	没了地	唠叨，
e ne	e te re ke te	tu ri a qie ren
厄讷	厄特热克特	图日阿切任

太	使人	厌烦。
eng e nei	bo ye du	de mo ri yi hei
鞥厄内	波叶杜	得莫日伊黑

讨厌
de mo ri yi kei ren
得莫日伊剋任

我	讨厌	阴雨	天气。
bi	de mo ri yi kei ren	ti gei de	bu e a wa
毕	得莫日伊剋任	提给得	布厄阿洼

怨恨
ti ku le ran
提库勒然

我	没有	怨恨	她。
bi	e qie wo	ti ku er jia re	nong an du ke
毕	厄切沃	提库尔加热	农安杜克

忌妒
yi qie e a ren
伊切厄阿任

他	从不	忌妒	任何	人。
nong an	e wo kei	yi qie e a re	yi ri ke te	bo ye wo
农安	厄沃剋	伊切厄阿热	伊日克特	波叶沃

羡慕

a ya kei ran（e ya e te en）
阿牙剋然（厄亚特恩）

羡慕	他的	成就。
a ya kei ran	nong an ni	e te jia ke wan
阿牙剋然	农安尼	厄特加克万

有	什么可	羡慕的。
bi qia	ai kun man	e ya e te ti
比恰	埃坤曼	厄亚厄特提

钦佩

ka nie qie wo ri（wa si hei qi sa）
卡涅切沃日（瓦斯黑其萨）

钦佩	他的	为人。
ka nia wo ri	nong an bi ri	bo ye en
卡尼阿沃日	农安比日	波叶恩

尊敬

ma nei la wo ri yi（wu wa ri a qi）
玛内拉沃日伊（乌洼日阿其）

尊敬	长者。
ma nei la ne	sa ge di wo
玛内拉讷	萨格地沃

亵渎

shao ka te na（pa ri a fa na qi ya）
少卡特纳（怕日阿发纳其亚）

言语	亵渎。
tu ran nei yin	shao ka te na
图然内因	少卡特纳

惊奇
ji kei ti ri kei ren
吉剋提日剋任

惊奇的	目光。
ji kei ti ri kei ne	yi qie e qie ren
吉剋提日剋讷	衣切厄切任

震惊
ao lao wo hei ran（ba ti ri xie ni ye）
敖劳沃黑然（巴提日协尼耶）

令人	震惊！
bo ye du	ao lao wo hei ran
波叶杜	敖劳沃黑然

害怕
e a le jie ren
厄阿勒介任

做了	坏	事	而害怕。
ao ha	e ru	jie la wa	e a le jie ren
敖哈	厄如	介拉瓦	厄阿勒介任

惊吓
ao lao qiao（e a le er qia）
敖劳乔（厄阿勒尔恰）

孩子	受了惊吓，	哭起来了。
kong a kan	e a le er qia	shao e a jiao rao en
孔阿坎	厄阿勒尔恰	少厄敖叫扰恩

恐怖
e a le wo ka（jie ruo ri）
厄阿勒沃卡（借若日）

恐怖	气氛。
e a le wo ka	ao ran
厄阿勒沃卡	敖然

激动
shao kan qia
少坎恰

心里	很	激动。
mie wan du wei	shao ma	shao kan qia
咩万杜为	少玛	少坎恰

兴奋
wu run qiao（wu run qiu run）
乌闰乔（乌闰秋闰）

兴奋得	睡不着觉。
wu run nei ha	a hei na ka te ba ran
乌闰内哈	阿黑纳卡特巴然

大家	都很	兴奋。
wei si mo	shao ma te	wu run qiao er
危斯莫	少玛特	乌闰乔尔

兴奋	过度。
wu run qiao	eng e nei mo te en
乌闰乔	厄内莫特恩

感动
gun qie li wo ka nen
棍切利沃卡恁

感动得	流泪。
gun qie li ha	yi na mu jia ran
棍切利哈	伊纳姆加然

你的	关怀	使我	深受	感动。
si yi ne	yi qie e te ne du si	min du	eng e nei mo	gun qie wo ri
司伊讷	衣切厄特讷杜斯	敏杜	鞥厄内莫	棍切沃日

冲动
ti ku lei li qia（ti ku er jia ran）
提库雷里恰（提库尔加然）

不要	冲动，	冷静点。
e ke er	ti ku er la	bo re mi ti
厄克尔	提库尔拉	波热米提

抱怨
wei na wa te ta ren
危纳瓦特塔任

互相	抱怨。
ma man mo re	wei na wa te ta ren
玛曼莫热	危纳瓦特塔任

抱怨	自己。	不该	说这话。
wei na wa te ta ren	man mi	eng e a te wei	tu ri a te ti ka
危纳瓦特塔任	曼米	鞥厄阿特为	图日阿特提卡

诉苦
wu lu gu qia nen
乌录故恰恁

无	处	诉苦。
a qin	min si te	wu lu gu qia en da
阿芹	灭斯特	乌录故恰恩达

16. 事、事物　je la、wei shi
　　　　　　　介腊　危师

事
jie la
介腊

你	有	事吗？
si yi	bi hei	jie la qi wu
司伊	比黑	介腊其乌

我	有	事	找	你	帮忙。
bi	bi hei	jie la qi	ge la ke te ren	si ne	bo le e te ta si
毕	比黑	介腊其	格拉克特任	司讷	波勒厄特塔斯

事情
jie lan
介兰

事情	多，	忙	不过来。
jie lan	ke te	kan pa re	eng e a te
介兰	克特	坎怕热	鞥厄阿特

情况
bi wei kei yin（jie lan）
比危剋因（介兰）

情况	良好	情况	困难。
jie lan	a ya bi hei	jie lan	tu ru wu te na
介兰	阿牙比黑	介兰	图如乌特纳

他的	工作	情况	很	好。
nong an ni	ge re bo ri yin	bi wei kei yin	shao	a ya
农安尼	格热波日因	比危剋因	少	阿牙

事实
jie la sa man（fa ke te）
介腊萨曼（发克特）

明显的	事实。
yi qie wo ri mo	jie la sa man
衣切沃日莫	介腊萨曼

隐瞒	事实	真相。
jia ya jia ran	jie la wa	te jie mo wan
加亚加然	介腊瓦	特介莫万

事件
jie la ao nan
介腊敖南

边境	事件。
gei ri ani qia li	jie la ao nan
给日阿尼恰里	介腊敖南

众所	周知的	事件。
wei si mo	sa jia ri yi ti yin	jie la ao nan
危斯莫	萨加日伊提因	介腊敖南

事例
jie la bi qia lin（pi ri mie ri）
介腊比恰林（批日灭日）

实际	事例。
te jie mo	jie la bi qia lin
特介莫	介腊比恰林

历史	事例。
gao rao du pi ti	jie la bi qia lin
告扰杜批提	介腊比恰林

问题
wa pu ruo si（jie la）
洼扑若斯（介腊）

生活	问题	解决	问题
bi de du	jie la	e te er en	ai dan mo
比得杜	介腊	厄特厄任	埃丹莫

疑问
han e ou wo ka（sa mian ni ye）
汉厄欧沃卡（萨棉尼耶）

这	还	是个	疑问。
e re	yi suo	bi ren	han e ou wo ka
厄热	伊索	比仁	汉厄欧沃卡

你	有	什么	疑问	提出来，
si yi	bi hei	ai kun	han e ou wo ka	gu ke er
司伊	比黑	埃坤	汉厄欧沃卡	故克尔

我	给你	解答。
bi	si yin du	te de wo ren
毕	司因杜	特得沃任

开端。
ao er jia kei yin
敖尔加剋因

新的		开端。
an e wu ma ke ta		ao er jia kei yin
安厄乌马克塔		敖尔加剋因

故事的	开端。
nei ma e a kan	ao er jia kei yin
内玛厄阿坎	敖尔加剋因

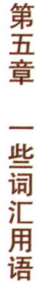

良好的	开端
a ya a te	ao er jia kei yin
阿牙阿特	敖尔加剋因

结束
e te po te en
厄特坡特恩

驯鹿	接羔期	结束。
ao rao en	eng ne kang kei qin	e te po te en
敖饶恩	鞥讷抗剋芹	厄特坡特恩

事情	到此	并未	结束。
jie la	e re ma ke tu	e qia ma te	e te po te
介腊	厄热玛克图	厄恰玛特	厄特坡特

结尾
a ma ri yin
阿玛日因

这件	事的	结尾	办坏了。
e re	jie la wa	a ma ri wan	ao qia e ru e te
厄热	介拉瓦	阿玛日万	敖恰厄如厄特

最后
a ma re gu（a ma re dun）
阿玛热古（阿玛热盾）

最后	到达
a ma re gu	yi si tan
阿玛热古	伊斯坦

他	想	最后	一次
nong an	gun qie ren	a ma re dun	wu mo na kan
农安	棍切任	阿玛热盾	乌莫纳坎

见	你一面。
yi qie da wei	si yi ne
衣切达危	司伊讷

经历

e mo jia ke（e mo jia kei yin）
厄莫加克（厄莫加剋因）

生活	经历
bi de wo	e mo jia kei yin
比得沃	厄莫加剋因

前途

jiu la si ka kei（jiu la hei kei yin）
纠拉斯卡剋（纠拉黑剋因）

光明的	前途
e a ri yi jie ren	jiu la si ka kei yin
厄阿日伊介任	纠拉斯卡剋因

前程

jiu la si ka kei yin
纠拉斯卡剋因

前程	远大。
jiu la si ka kei yin	gao rao ku en
纠拉斯卡剋因	告扰库恩

命运

en e de en（bie a ti yin，su de ba）
厄讷得恩（比厄阿提因，苏得巴）

相信	自己的	命运
te jia ne	man ni wei	bie a te wei
特加讷	曼尼为	比厄阿特为

20世纪30年代苏联摄影家拍摄的敖鲁古雅老照片

敖鲁古雅使鹿部落的孩子们

敖鲁古雅的年轻人

骑驯鹿的鄂温克女子

敖鲁古雅的猎民

抱怨	命运	不	好。
wei na wa ta ran	e ne de wei	e hei	a ya wan
危纳瓦塔然	厄讷得为	厄黑	阿牙万

运气
ku tu wu en（ku tu qi）
库图乌恩（库图其）

运气	不好。
ku tu wu en	e qie a ya
库图乌恩	厄切阿牙

好	运气
a ya	ku tu qi
阿牙	库图其

这	是	你的	运气。
e re	bi hei	si yi ni	ku tu wu si
厄热	比黑	司伊尼	库图乌斯

厄运
e ru er qia（e ru wan）
厄如尔恰（厄如万）

他	逃脱	不了	厄运。
nong an	you re	e tan	e ru wan
农安	又热	厄坦	厄如万

灾害
e ru li wei qia
厄如里危恰

灾害	非常	严重。
e ru li wei qia	eng e nei mo	wu re ge hei ti
厄如里危恰	鞥厄内莫	乌热格黑提

隐患
e ru ao e a ti yin
厄如敖厄阿提因

消除	隐患。
a qin ao wo ka nen	e ru ao e a te wan
阿芹敖沃卡恁	厄如敖厄阿特万

艰难
tu ru te na
图如特纳

行动	艰难。
ha wa er li yin	tu ru te na
哈瓦尔里因	图如特纳

日子	过得	艰难
bi de wei	bi jie ri yin	tu ru wu te na
比得为	比介日因	图如乌特纳

艰难的	道路。
tu ru te na	hao kao tao du
图如特纳	好考涛杜

困难
tu ru te na
图如特纳

生活	困难。
bi jie ri yin	tu ru te na
比介日因	图如特纳

困难	补助
tu ru te na wa	bo le wo ka
图如特纳瓦	波勒沃卡

挫折
hu ke qia ka
呼克恰卡

遭受	挫折。
ao wo qia	hu ke qia ka
敖沃恰	呼克恰卡

冤屈
e rong kei te en
厄荣剋特恩

别	冤屈了	好	人。
e ke er	e rong kei te	a ya	bo ye wo
厄克尔	厄荣剋特	阿牙	波叶沃

恩惠
a ya er lin
阿牙尔林

忘不了		你的	恩惠。
ao mo e ao rao e ta mo		si yin ni	a ya er ba si
敖莫厄敖扰厄塔莫		司因尼	阿牙尔巴斯

矛盾
ai da qi（ai dan）
埃达其（埃丹）

他们	俩的	矛盾。
nong a ri ti yin	jiu ri yi	ai dan ti yin
农阿日提因	纠日伊	埃丹提因

很	深
shao ma	song ta
少玛	松塔

冲突
ku hei e le ren
库黑厄勒任

边界	冲突。
gei ran ni qia du	ku hei e le jie re
给然尼恰杜	库黑厄勒介热

不和
e wo kei li jiu ke te
厄沃剋里纠克特

家庭	不和
xie mi ya ti yin	e wo kei jiu ke ta
协米亚提因	厄沃剋纠克塔

他们	彼此	不和
nong a ri ti yin	ma ri du wo ri	e wo kei jiu ke ta
农阿日提因	玛日杜沃日	厄沃剋纠克塔

光荣
si la wa
斯拉洼

光荣的	称号
si la wa te	ge ren bi te ren
斯拉洼特	格热比特任

不	朽
e wo kei	ku qiu re（da ku er ma bi ri）
厄沃剋	库秋热（达库尔马比日）

不朽	功勋。
da ku er ma bi ri	zha si lu ga（a ya wa ao nan）
达库尔马比日	扎斯录嘎（阿牙瓦敖南）

这	种	木材	千	年	不朽。
e re	ge qin	mao ao en	ti hei ti qia	an e a nei du	e wo kei ku qiu re
厄热	格芹	毛敖恩	剃黑提恰	安厄阿内杜	厄沃剋枯秋热

成绩

e te wo nen（e te po nen）
厄特沃恁（厄特坡恁）

工作上	取得	很大的	成绩。
ge re ba du	ao qia	he ge di	e te wo nen
格热巴杜	敖恰	和格地	厄特沃恁

成果

e te po nen
厄特坡恁

辛勤	劳动	成果。
mou e nan na	ge re bo ne	e te po nen
谋厄南纳	格热波讷	厄特坡恁

错误

e ru qi（e ru wan）
厄如其（厄如万）

改正	错误。
jiu kei ran	e ru wan
纠剋然	厄如万

错误	思想
e ru qi	jia er li
厄如其	加尔里

失误

ni la te na
尼拉特纳

纠正　　　工作中的　　　失误。
jiu kei ran　ge re ba du wei　ni la te na wa
纠剋然　　格热巴杜为　　尼拉特纳瓦

漏洞
a bu li ti（hu qie ke）
阿布里提（呼切克）

工作中的　　漏洞。
ge re ba du　a bu li ti
格热巴杜　　阿布里提

堵塞　　　漏洞。
li pei kei ren　hu qie ke wo
利培剋任　　呼切克沃

经验
ma si ti ri yin（sa na lin）
玛斯提日因（萨纳林）

工作　　　经验
ge re ba du　ma si ti ri yin
格热巴杜　　玛斯提日因

生活　　经验
bi de wo　sa na lin
比得沃　　萨纳林

体验
sa mo na ke（sa na ran）
萨莫纳克（萨纳然）

体验　　生活。
sa na ran　bi kei ti wo
萨纳然　　比剋提沃

亲身	体验。
ma mo te wei	sa na ran
玛莫特为	萨纳然

教训
a la wo wu ren（ke he wo ri yi）
阿拉沃乌任（克和沃日伊）

教训	子女。
a la wo wu ren	kong a ka ri bi
阿拉沃乌任	孔阿卡日比

这	对他	是个	教训。
e re	nong an dun	bi hei	ke he wo ri
厄热	农安盾	比黑	克和沃日

印象
sa wo jia ri yin（sa qia wo ran）
萨沃加日因（萨恰沃然）

难	忘的	印象。
e hei te	ao mao e ao wo rao	sa wo jia ri yin
厄黑特	敖毛厄敖沃饶	萨沃加日因

人们	对	他的	印象	很深。
na rao te	bi ri	nong an man	sa jia ri yin	song ta
纳饶特	比日	农安曼	萨加日因	松塔

形势
ao er jia kei yin（ao jia ri yin，xi tu a qi ya）
敖尔加剋因（敖加日因，西图阿其亚）

国内	形势。
kan ni dao lan	ao er jia ri yin
坎尼到兰	敖尔加日因

形势		已经	好转
ao er jia kei yin		e hei le	a ya er qia
敖尔加剋因		厄黑勒	阿牙尔恰

高潮
gou ge da er qia
勾格达尔恰

根河的	水	位	已接近	高潮
ga en ni	mu	bi kei qin	yi si qia ran	gou ge da di wan
嘎恩尼	姆	比剋芹	衣斯恰然	勾格达地万

困境
tu ru te na
图如特纳

摆脱	困境。
you wo ren	tu ru te na wa
又沃任	图如特纳洼

陷入	困境。
ao li wei ran	tu ru te na du
敖里危然	图如特纳杜

情况
bi wei kei yin（ao jia ran）
比危剋因（敖加然）

他的	生活	情况	很	好。
nong an ni	bi jie ri yin	bi wei kei yin	shao	a ya
农安尼	比介日因	比危剋因	少	阿牙

你的	工作	情况	怎样。	
si yin ni	ge re ba	bi wei kei yin	ao en	
司因尼	格热巴	比危剋因	敖恩	

状态
bi hei yin（sa si ta ya ni ye）
比黑因（萨斯塔亚尼耶）

病	人	处于	昏迷	状态
e nu kei jie ri	bo ye	ao ran	e ne sa re	bi wei kei
厄奴剋介日	波叶	敖然	厄讷萨热	比危剋

现象
ao jia wo kei（yi qie wo er nen）
敖加沃剋（衣切沃尔恁）

奇怪的	现象。
ji kei ti te	yi qie wo er nen
基剋提特	衣切沃尔恁

稀有的	现象。
ou wu kun bi hei	yi qie wo er nen
欧乌坤比黑	衣切沃尔恁

打架斗殴的	现象	时有	发生。
ku hei jie ri li	ao jia ri yin	da ku er	you jie ren
库黑介日里	敖加日因	达库尔	又介任

气氛
ao li wei nan（ao wo qia）
敖利危南（敖沃恰）

气氛	和谐
ao wo qia	jiu kei li di na
敖沃恰	纠剋里地纳

欢乐的	节日	气氛
wei si lie ne	pei ri a si ni kei	ao er qia
危斯列讷	培日阿斯尼剋	敖尔恰

气氛	紧张。
ao er qia	kang kei ma
敖尔恰	抗剀马

迹象
sa ma lin（sa wo ri yin）
萨玛林（萨沃日因）

没有	任何	迹象。
a qin	ai kun ka te	sa wo ri yin
阿芹	埃坤卡特	萨沃日因

下落
bi jie ri yin
比介日因

寻找	孩子的	下落
ge la ke te ren	kong a kan mi	yi du bi hei wan
格拉克特任	孔阿坎米	伊杜比黑万

踪迹
wu jia an
乌加安

驯鹿的	踪迹
ao rao en ni	wu jia an
敖饶恩尼	乌加安

犴	在雪地上	留下的	踪迹
tao kei	ai man na	du bi hei	wu jia an
涛剋	埃曼纳杜	比黑	乌加安

用途
na da lin（na dan）
纳达林（纳丹）

用途	很	广
na da lin	shao ma	ke te du
纳达林	少玛	克特杜。

用途	不	大
na dan	e qie	he ge di
纳丹	厄切	和格地

作用
ao wo kei yin（pao er sa en）
敖沃剠因（泡尔萨恩）

带头	作用。
jiu lu gu du	ao wo kei
纠录故杜	敖沃剠

他的	这些	话	是有	作用的。
nong an ni	e ri li	tu ran	bi wei kei	pao er sa qi
农安尼	厄日里	图然	比危剠	泡尔萨其

反应
ao rao kei yin（gu nei wei kei）
敖沃剠因（故内为剠）

群众	反应	好。
na rao ao te	gu nei wei kei	a ya
纳扰敖特	故内为剠	阿牙

反射
a ma si ka kei ga re pa ran
阿玛斯卡剠嘎热怕然

光线	反射
ga re pa	a ma si ka kei ga re pa ran
嘎热怕	阿玛斯卡剠嘎热怕然

反动
bu le en ti ka kei
布勒恩提卡剋

思想	反动。
jia er lin	bu le en ti ka kei
加尔林	布勒恩提卡剋

反动	言	行。
bu le en ti ka kei	tu ran nei yin	ao jia ri yin
布勒恩提卡剋	图然内因	敖加日因

反动	分子。
bu le en ti ka kei	bo ye
布勒恩提卡剋	波叶

名声
ge re bin（ai ri pu ta ci ya）
格热宾（埃日扑塔茨亚）

好	名声
a ya	ge re bin
阿牙	格热宾

坏	名声
e ru	ge re bin
厄如	格热宾

威望
te jia qie wo ri yin（pei ri si ji ri）
特加切沃日因（培日斯吉日）

他	的	威望	很	高。
nong an	bi ri	te jia qie wo ri yin	shao ma	gou ge da
农安	比日	特加切沃日因	少玛	勾格达

对象
pi ri ai de mie te（a ya wo ri yin）
批日埃得灭特（阿牙沃日因）

劳动	对象
ge re ba	pi ri ai de mie te
格热巴	批日埃得灭特

她	是	他的	对象。
ta ri	bi hei	nong an ni	a ya wo ri yin
塔日	比黑	农安尼	阿牙沃日因

目标
e te wo e a ti yin（cai li）
厄特沃厄阿提因（采利）

工作	目标。
ge re ba	e te wo e a ti yin
格热巴	厄特沃厄阿提因

打中	目标。
na wa ka nan	hai le da ka wa
纳洼卡南	害勒达卡瓦

目标	明确。
cai li	ya si na（sa ma）
采利	亚斯纳（萨玛）

目的
e te e a ti yin（ai si wei e a ti yin）
厄特厄阿提因（埃斯为厄阿提因）

目的	已	达到。
e te e a ti yin	e hei le	ai hei wei qia
厄特厄阿提因	厄黑勒	埃黑危恰

针对			
pi ri a mo（ta re ma wa）			
批日阿莫（塔热玛瓦）			

针对	病情	下	药。
pi ri a mo	e nu ku tun	bu ren	bo e wo
批日阿莫	厄奴库屯	布任	波厄沃

17. 事由、事理　jie la te ke nei yin（jie la te jie lin）
　　　　　　　　介拉特克内因（介拉特介林）

原因
te ke nei yin
特克内因

这是	他们	争吵的	原因。
e re te re	nong a re	ku hei e le ri yi	te ke nei yin
厄热特热	农阿热	库黑厄勒日伊	特克内因

发生		火灾的	原因。
you jia kei yin		jie ge de	te ke nei yin
又加剋因		介格得	特克内因

原因	何在？
te ke nei yin	ai kun du ke
特克内因	埃坤杜克

理由
te jie en（gu ke te en，duo wa de）
特介恩（故克特恩，多洼得）

毫	无	理由
hei te en ke te	a qin	te jie en
黑特恩克特	阿芹	特介恩

没有	理由	来	反对。
a qin	te jie en	ao ri	bu le en te da
阿芹	特介恩	敖日	布勒恩特达

理由	何在
gu ke te en	ai kun du ke
故克特恩	埃坤杜克

结果

ao jia kei yin（a ma ri dun，yi tuo ke，pu luo de）
敖加剋因（阿玛日盾，伊托克，扑罗得）

结果	怎样？
a ma ri dun	ao en bi hei
阿玛日盾	敖恩比黑

结果	不	好。
ao jia kei yin	e qie	a ya
敖加剋因	厄切	阿牙

后果

ao jia kei yin（a ma ri yin）
敖加剋因（阿玛日因）

做	事	之前	要	考虑	后果。
ao er mi	jie la ya	nao nao li	na da	du mai ran	a ma re wan
敖尔米	介拉亚	闹闹里	纳达	杜迈然	阿玛热万

起源

ao er jia kei yin（e le ke si tun）
敖尔加剋因（厄勒克斯屯）

生命的	起源
yi yin jie ri bi hei	ao er jia kei yin
伊因介日比黑	敖尔加剋因

来源
e mo kei qin（te ken te ren）
厄莫剋芹（特肯特任）

生活	来源
bi de dun	e mo kei qin
比得盾	厄莫剋芹

原料	来源
ao wo en ta kei ti	e mo kei qin
敖沃恩塔剋提	厄莫剋芹

收入	来源
da huo de	e mo kei qin
达活得	厄莫剋芹

根源
te ken nei yin（te ken man）
特肯内因（特肯曼）

查清	事故。
sa wo e a te	si lu qia yi
萨沃厄阿特	斯录恰衣

发生的	根源
you jia kei yin	te ken man
又加剋因	特肯曼

历史	根源
bie lie ri gei	te ken nei yin
别列日给	特肯内因

思想	根源
jia er lin	te ken nei yin
加尔林	特肯内因

证据
sa ma er kei qi（te ke qi，da ga zha qi）
萨玛尔剋其（特克其，达嘎扎其）

说话	要	有	证据。
tu ran nei	na da	bi hei	te ke qi
图然内	纳达	比黑	特克其

线索
sa wo ri yin（hao kao tao en）
萨沃日因（好考涛恩）

提供	线索	
te de wo ri	sa wo ri wan	(ni qi)
特得沃日	萨沃日万	（尼其）

见证
yi qie qia bi wei kei（si wei jie ji li）
衣切恰比危剋（斯危介吉里）

我	可以	作	见证。
bi	mao si na	ao ri	yi qie qia bi wei kei
毕	冒斯纳	敖日	衣切恰比危剋

根据
te ken te ne（ou si na wa ni ye）
特肯特讷（偶斯纳洼尼耶）

有	什么	根据？
bi hei	ai kun	te ke nei yin
比黑	埃坤	特克内因

说话	要	有	根据。
tu ri a te mi	na da	bi ri	te ke qi
图日阿特米	纳达	比日	特克其

结论	以事实	为	根据。
gu nei wo ren	jie la	bi hei jin	te ken te ne
故内沃任	介腊	比黑劲	特肯特讷

道理
te jie qi（te jie lin, zi de ri a wei yi）
特介其（特介林，兹得日阿危伊）

这	话	有	道理。
e re	tu ran	bi hei	te jie qi
厄热	图然	比黑	特介其

不	讲	道理。	
ba ran	tu ri a e te	te jie wo	
巴然	图日阿厄特	特介沃	

这是	什么	道理?	
e re te re	ai kun	te jie en	
厄热特热	埃坤	特介恩	

借口
gu ke te en
故克特恩

这是	争吵的	借口。	
e re te re	ku hei e leri yin	gu ke te en	
厄热特热	库黑厄勒日因	故克特恩	

条理
qie ma li（pa ri ya da ke）
切玛里（怕日压达克）

办	事	有	条理。
ao ri	jie la wa	bi ri	qie ma li
敖日	介拉瓦	比日	切玛里

生活	安排的	很有	条理。
bi de wei	ao tinan	bi hei lin	qie ma li
比得为	敖提南	比黑林	切玛里

思路
du mai jia ri yin
杜迈加日因

思路	混乱
du mai jia ri yin	pu tan ka（su mu bu ri）
杜迈加日因	扑坦卡（苏姆布日）

思路	开阔
du mai jia ri yin	e mo e te
杜迈加日因	厄莫厄特

思路	明晰
du mai jia ri yin	sa bo gan
杜迈加日因	萨波竿

观点
yi qie e ti yin（gun qie ri yin）
衣切厄提因（棍切日因）

说明	自己的	观点。
gun ne en	man ni wei	yi qie e ti wei
棍讷恩	曼尼危	衣切厄提为

方法
ao kei qin（e te wo kan）
敖剋芹（厄特沃坎）

工作	方法
ge re ba du	e te wo kan
格热巴杜	厄特沃坎

思想	方法
jia er du wei	e te wo kan
加尔杜为	厄特沃坎

领导	方法
bao dao wo jiao ri	ao kei qin
包到沃叫日	敖剋芹

措施
ao wo ka en (mie ri a pi ri ya ji ye)
敖沃卡恩（灭日阿批日亚吉耶）

措施	得当。
ao wo ka en	jiu ke e a te
敖沃卡恩	纠克厄阿特

落实	措施。
e te li wo ren	ao wo ka wan
厄特里沃任	敖沃卡万

制定	措施。
ti po ken ne en	ao wo ka wan
提坡肯讷恩	敖沃卡万

关系
bi wei kei yin (bi hei ti yin)
比危剋因（比黑提因）

兄弟	关系
ne ku nen	bi wei kei yin
讷库恁	比危剋因

和邻居的	关系	很	好。
ni ma ke niu en	bi wei kei yin	shao ma	a ya
尼玛克妞恩	比危剋因	少玛	阿牙

友谊
du ru si bo
杜如斯波

多	年的	友谊。
a di ka te	an e a nei wa	du ru si bo wo en
阿地卡特	安厄阿内瓦	杜如斯波沃恩

兄弟	般的	友谊
a ku na re	e a qin	du ru si bo en
阿库纳热	厄阿芹	杜如斯波恩

18. 物　yi de e（wei shi）
　　伊得厄（危师）

奖品
pa da ri kei（na ge ri a da）
怕达日剋（纳格日阿达）

向	先进	工作者	发	奖品。
a ya	a te	ge re bo qia du	bu ren	pa da ri yi kei wo
阿牙	阿特	格热波恰杜	布任	怕达日伊剋沃

纪念品
jiao nei wo en（su wei ni ri）
叫内沃恩（苏危尼日）

赠送	纪念品。
pa da ri yi ran	jiao nei wo en ma
怕达日伊然	叫内沃恩玛

19. 物体的部分　　pie re de mie te　　ha di lin
　　　　　　　　撒热得灭特　　哈地林

顶			
hao rao nei yin			
好扰内因			

山	顶	房	顶
wu re	hao rao nei yin	jiu wu	hao rao nei yin
乌热	好扰内因	纠乌	好扰内因

底（低）			
he ren（he re gei li）			
和任（和热给里）			

碗	底儿	井	底
ta si kei	he ren	wu la ti kei	he ren
塔斯剀	和任	乌拉提剀	和任

由顶	到底	地势	低
hao rao en du ke	he re lan	dun ne en	he re gei li
好扰恩杜克	和热兰	盾讷恩	和热给里

尖			
su ling（du e an）			
苏令（杜厄安）			

刀	尖		
kao tao	du e an		
考涛	杜厄安		

针	尖	尖顶	刺刀	尖
yi yin mo	du e an	su ling	hao rao nei yin	yi si ti kei	du e an
伊因莫	杜厄安	苏令	好扰内因	伊斯提剀	杜厄安

末			
mu dan nei yin			
姆丹内因			

月	末	树	末
bie e a	mu dan nei yin	mao ao	mu dan nei yin
别厄阿	姆丹内因	毛敖	姆丹内因

边			
jia po ka（jia po kan）			
加坡卡（加坡坎）			

河	边	马路	边
bi ri a	jia po kan	wu lu ke sha	jia po kan
比日阿	加坡坎	乌录克沙	加坡坎

角	
kei ri a ka nei yin（mu en nu kei yin）	
剋日阿卡内因（姆恩奴剋因）	

房	角	桌子	角
jiu wu	mu en nu kei yin	ji ying kei	mu en nu kei yin
纠乌	姆恩奴剋因	吉应剋	姆恩奴剋因

直	角
e wu ng ne	kei ri a ka nei yin
厄乌鞥讷	剋日阿卡内因

面	
ao yao（ao yao en）	
敖要（敖要恩）	

地	面	水	面
dun e	ao yao en	mu	ao yao en
盾讷	敖要恩	姆	敖要恩

桌　面	路　面		
ji ying kei	ao yao en	hao kao tao	ao yao en
吉应剋	敖要恩	好考涛	敖要恩

盖
ka pa ke
卡帕克

锅　盖	水桶　盖	箱　盖			
yi ka	ka pa ke	mu leng kei	ka pa ke	jia hei kei	ka pa ke
衣卡	卡帕克	姆楞剋	卡帕克	加黑剋	卡帕克

架
lao kao wo en
劳考沃恩

衣	架
te e te ke wo	lao kao wo en
特厄特克沃	劳考沃恩

架子
de er ken
得尔肯

钩
qiao wo kao
乔沃考

挂	钩
lao kao wo en	qiao wo kao
劳考沃恩	乔沃考

杆
mao en（nei yin nu kan）
毛恩（内因奴坎）

旗	杆
pei la ke	mao en
培拉克	毛恩

柄
e hei yin（jia wa er gan）
厄黑因（加瓦尔甘）

斧	柄	刀	柄
su ke	e hei yin	kao tao	e hei nei yin
苏克	厄黑因	考涛	厄黑内因

把手
jia wa er ga nei yin
加瓦尔嘎内因

门的	把手	折断了。
wu re ke	jia wa er ga nei yin	hao kao ri gao qiao
乌热克	加瓦尔嘎内因	好考日高乔

钉子
tao e ao hao
涛厄敖好

钉	钉子
tu ru kei ran	tao e ao hao wo
图如尅然	涛厄敖好沃

锁
ka ta wo en
卡塔沃恩

铜	锁	锁	门
a er ta ma	ka ta wo en	ka ta ran	wo re er wo
阿尔塔玛	卡塔沃恩	卡塔然	乌热尔沃

刀
kao tao
考涛

尖	刀	刀	刃	砍刀
su ling	kao tao	kao tao	jie ye en	wu te kan
苏令	考涛	考涛	介耶恩	乌特坎

斧
su ke
苏克

用斧子	砍	木头。
su ke te	tao kao tao rao en	mao ao wa
苏克特	涛考涛扰恩	毛敖瓦

斧子
su ke
苏克

锤
ha er ka qia an
哈尔卡恰安

用锤子	钉	钉子。
ha er ka qia an ji	tu ru kei ran	tao e ao hao wo
哈尔卡恰安吉	图如剋然	涛厄敖好沃

钳子
ka ri a pi kei（e you re ge）
卡日阿批剋（厄尤热格）

用钳子	夹。
e you re ge te	ka pi qi ran
厄尤热格特	卡批其然

锯

hu wu wo en
呼乌沃恩

一把锯	锯	木头
Hu wo wo en	hu wo na ran	mao ao wa
呼乌沃恩	呼乌纳然	毛敖瓦

钻

hu qie ke ren（pu ru pu qia na）
呼切克任（扑入普恰纳）

钻头

hu qie ke wo en
呼切克沃恩

钻一个	小孔。
hu qie ke ren	sa e a ri ti
呼切克任	萨厄阿日提

桌

ji ying kei
吉应剋

桌子	圆	桌	餐	桌
ji ying kei	tong wu ru ke	ji ying kei	si lu wo en	ji ying kei
吉应剋	铜乌如克	吉应剋	斯录沃恩	吉应剋

椅子

te e ke
特厄克

这张	椅子	是	用桦木	制成的。
e re	te e ke	bi qia	qia er ban ji	ao wo qia
厄热	特厄克	比恰	恰尔板吉	敖沃恰

床
na kei ri wa te
纳剋日瓦特

躺在　　　　　床上。
hu ke la jie ren　　na kei ri wa te tu
呼克拉介任　　纳剋日瓦特图

箱
jia hei kei
加黑剋

木　　　　　箱
mao ma　　jia hei kei
毛玛　　　加黑剋

手提　　　　箱
e a li wo en　　jia hei kei
厄阿里沃恩　　加黑剋

柜
na wo en te kei ti（shi ka fu）
纳沃恩特剋提（师卡夫）

衣柜
te e te ke ru ke
特厄特克如克

碗柜
ta si kei ru ke
塔斯剋如克

驯鹿拉冰车

20. 外　貌　tu lu gun　yi qie den
　　　　图录棍　　衣切抪

面貌
yi qie den（bi wei kei yin）
衣切抪（比危剋因）

面貌	相似	面貌	一新
yi qie den	wu ren jie ren bi	wei kei yin	ao ma ke ta ao qia
衣切抪	乌热介任比	比危剋因	敖玛克塔敖恰

外观
ao yao gu en yi qie den（tu lu gun yi qie den）
敖要故恩衣切抪（图录棍衣切抪）

房子	的	外观。
jiu wu	bi hei	tu lu gun yi qie den
纠乌	比黑	图录棍衣切抪

形状
ao yao en bi hei yin
敖要恩比黑因

形状	奇特。
ao yao en bi hei yin	ji kei ti mo
敖要恩比黑因	吉剋提莫

式样
ao mo ran
敖莫然

时髦	式样。
e hei ti ka pi ti	ao mo ran
厄黑提卡批提	敖莫然

各种	式样的	服装。
hong tu tao ne	ao mo ri a lin	te e te ke er
洪图涛讷	敖莫日阿林	特厄特克尔

全景。
wei si yi qie ri yin
危斯伊切沃日因

根河	市区	全景
ge an	de ri mo nen	wei si yi qie wo ri yin
格安	得日莫恁	危斯伊切沃日因

相貌
yi qie den
衣切扽

相貌	秀丽	相貌	丑陋
yi qie den	a ya ke ke en	yi qie den	e ru mi
衣切扽	阿牙可克恩	衣切扽	厄如米

姿势
ao qia ran（ao jia ri yin）
敖恰然（敖加日因）

做瞄准的	姿势	跑步	姿势
qiao kao ri qiao nao	ao qia ran	tu ha jia na	ao jia ri yin
乔考日乔闹	敖恰然	图哈加纳	敖加日因

骑	驯鹿	姿势。
wu e wu qia na	ao rao en du	ao qia ran
乌厄乌恰纳	敖饶恩杜	敖恰然

表情
bi wei kei yin（ao wo nan）
比危尅因（敖沃南）

面部	表情
de re en	ao wo nan
得热恩	敖沃南

痛苦的	表情
e nu kei jie ne	bi wei kei yin
厄奴剋介讷	比危剋因

21. 性能　pao er sa lin
　　　　泡尔萨林

性质
ai ku ma en（ai kun di yin）
埃库玛恩（埃坤地因）

土壤	性质
tu ka lan	ai kun di yin
图卡兰	埃坤地因

物质的	性质	是	多种	多样的
wei xie si wo er	ai kun di yin	bi hei	sa ke yi	hong tu tao ne er
比黑	萨克伊	比黑	萨克伊	洪图涛讷尔

特性
bi mo re qi（bi wei kei men）
比莫热其（比危剋门）

他	这个	人	很有	特性。
nong an	e re	bo ye	bi ren	bi mo re qi
农安	厄热	波叶	比任	比莫热其

优点
a ya lin
阿牙林

他的	优点	很	多。
nong an ni	a ya lin	shao	ke te
农安尼	阿牙林	少	克特

指出	优点。
gu nen	a ya wan
故恁	阿牙万

缺点
a bu li ti qi
阿布里提其

有	缺点	就	改正
bi mi	a bu li ti qi	na da	jiu kei ran
比米	阿布里提其	纳达	纠剠然

故障
hu ke qia ka qi
呼克恰卡其

机器	出了	故障
ma si na	ao qia	hu ke qia wo qia
玛斯纳	敖恰	呼克恰沃恰

好处
a ya qi
阿牙其

这	没有	什么	好处。
e re	a qin	ai kun ka te	a ya en
厄热	阿芹	埃坤卡特	阿牙恩

你	骗	我	有	什么好处。
si yi	wu luo kei re kei si	min ne	bi hei	ai kun a ya qi
司伊	乌罗剠热剠斯	敏讷	比黑	埃坤阿牙其

弊端	
e ru lin（pao ri ti kan）	
厄如林（泡日提坎）	

除掉	弊端
niao da ran	e ru wan
鸟达然	厄如万

特征	
sa man（a shuo bie nai qi）	
萨曼（阿说别耐其）	

相貌	特征
yi qie de en	sa man
衣切得恩	萨曼

差距	
a bu er ti yin（gao rao ao er tao en）	
阿布尔提因（告扰敖尔涛恩）	

看	到	自己的	差距。
yi qie	e qia	man ni wei	a bu er ti wan
衣切	厄恰	曼尼危	阿布尔提万

缩小		差距。
wu sha li wei ka nen		a bu er ti wan
乌沙里为卡恁		阿布尔提万

界	
he re ke er tan（gei ri a ni qia）	
和热克尔坦（给日阿尼恰）	

地	界
mie si te	he re ke er tan
灭斯特	和热克尔坦

国	界
kan ni	gei ri a ni qia
坎尼	给日阿尼恰

构造
ao mo ran
敖莫然

机器	构造	桥梁的	构造
ma si na	ao mo ran	ti gei di lan ni	ao mo ran
马斯纳	敖莫然	提给地兰尼	敖莫然

种类
hong tu tao ne lin
洪图涛讷林

花的	种类	很	多。
si wei tao ke	hong tu tao ne lin	shao ma	ke te
斯危涛克	洪图涛讷林	少玛	克特

树的	种类	驯鹿的	种类
mao ao er	hong tu tao ne lin	ao rao en ni	hong tu tao ne lin
毛敖尔	洪图涛讷林	敖饶恩尼	洪图涛讷林

类别
hong tu mao ri ti yin
洪图冒日提因

商品	类别
wu nei ye wo ri	hong tu mao ri ti yin
乌内耶沃日	洪图冒日提因

表面
ao yao en（ao yao re）
敖要恩（敖要热）

表面上	看来	还	不错。
ao yao du kei yin	yi qie e te mi	yi suo	shao ao ya
敖要杜剋因	衣切厄特米	伊说	少敖亚

表面	上	强大	表面	光滑
ao yao re	bi hei	se nei yin he ge di	ao yao en	bu li ti li
敖要热	比黑	色内因和格地	敖要恩	布里提里

表面	光滑
ao yao en	bu li ti li
敖要恩	布里提里

根本
te ke men（na da di man，se po xie mo）
特克门（纳达地曼，色坡协莫）

最	根本的	问题。
sa mai	na da di man bi ri	wa pu ruo si（jie la）
萨迈	纳达地曼比日	洼扑若斯（介腊）

我	根本	不	知道。
bi	se wo xie mo	e qie wo	sa re
毕	色沃协莫	厄切沃	萨热

问题	必须	根本上	解决。
jie la wa	ao bi sa qi li na	te ke mo du kei yin	e te ren
介腊瓦	敖比萨其里纳	特克莫杜剋因	厄特任

根本	不对。
se po xie mo	e qie te jie
色坡协莫	厄切特介

基础
he re en（te ke nei yin）
和热恩（特克内因）

房屋的	基础	裂	缝了。
jiu wu ni	he re en	de er	pa mo qia
纠乌尼	和热恩	得尔	怕莫恰

思想	基础	物质	基础
jia er lin	te ke nei yin	ma jie ri ya	te ke nei yin
加尔林	特克内因	玛介日亚	特克内因

顺序
a ma ru er ta
阿玛如尔塔

按	顺序	入场。
ti ka	a ma ru er ta	yi ti ren
提卡	阿玛如尔塔	伊提任

名次
nuo mei ri yin
诺玫日因

名次	第几？
nuo mei ri yin	a di ti yin
诺玫日因	阿地提因

日程
wei ri mo lin（wei ri men）
危日莫林（危日门）

工作	日程
ge re bo kei ti	wei ri men
格热波剋提	危日门

关键
sa mai na dan（nei wu men）
萨迈纳丹（内乌门）

关键	问题
sa mai na dan	jie la (wa pu ruo si)
萨迈纳丹	介腊（洼扑若斯）

解决	问题的	关键		就在	这里。
e te mi	jie la wo	sa mai na dan		bi ren	e du te re
厄特米	介腊沃	萨迈纳丹		比任	厄杜特热

中心

dou lin nei yin (na da di man, qian te ri)
斗林内因（纳达地曼，千特日）

一切	工作的	中心。
wei si mo	ge re bani	na da di man
危斯莫	格热巴尼	纳达地曼

城市	中心
guo ri a de	dou lin nei yin
锅日阿得	斗林内因

商业	中心
wu nei ye jie ri qian	dou lu gu man
乌内耶介日迁	斗录故曼

质量

man nei yin (a ya an, ka qie si te wa)
曼内因（阿亚安，卡切斯特洼）

质量	坏的	质量	好的
man nei yin	e ru te gu	man nei yin	a ya te gu
曼内因	厄如特故	曼内因	阿牙特故

这	鞋	质量	特别	好。
e re	wu en ta	man nei yin	eng e nei mo	a ya
厄热	乌恩塔	曼内因	鞥厄内莫	阿牙

水平
gou ge dan（bi wei kei yin）
勾格丹（比为剋因）

人民的	生活	水平	正在	提高。
na rao ao te	bi de en	bi wei kei yin	ao jia ran	gou ge da ma ri
纳扰敖特	比得恩	比危剋因	敖加然	勾格达玛日

程度
yi ri ban ji（yi ri banei yin）
伊日班吉（伊日巴内因）

损坏	程度	如何？
hu ke qia wa nan	yi ri ban ji	ao qia
呼克恰洼南	伊日班吉	敖恰

界限
he re ke er ta kei ti（he re ke er ta en）
和热克尔塔剋提（和热克尔塔恩）

越出	界限。
you qia wo	he re ke er ta kei ti wo
又乌恰	和热克尔塔剋提沃

不得	超越	这个	界限。
eng e a te	he de wo re	e re	he re ke er ta kei ti wan
鞥厄阿特	和得沃热	厄热	和热克尔塔剋提万

限度
mu da qi（jia po ka qi）
姆达其（加坡卡其）

什么	事	都有	限度。
ai kun ka te	jie la	bi wei kei	mu da qi
埃昆卡特	介腊	比危剋	姆达其

无	限度	有	限度	不	知	限度
a qin	mu da na	bi hei	mu da qi	e qie	sa re	mu dan man
阿芹	姆达纳	比黑	姆达其	厄切	萨热	姆丹曼

权限

e te kei qin（bi wei kei lin）
厄特剋芹（比危剋林）

管理	权限
jia wo la jia ri yin	bi wei kei lin
加沃拉加日因	比危剋林

极点

eng e nei mo te（te te en ji）
鞥厄内莫特（特特恩吉）

高兴到	极点
wu runei li qia	eng e nei mo te
乌如内里恰	鞥厄内莫特

力量

se nei（se nei qi）
色内（色内其）

人	多	力量	大
bo ye	ke te	se nei yin	he ge di
波叶	克特	色内因	和格地

能力

shao ao qi（se nei qi）
少敖其（色内其）

他	有	能力	干	这个	工作。	
nong an	bi hei	shao ao qi	e te ri yi	e re	ge re ba wo	
农安	比黑	少敖其	厄特日伊	厄热	格热巴沃	

他	能力	不够。
nong an	shao ao en	eng e a te yi si ta
农安	少敖恩	鞿厄阿特伊斯塔

劳动	能力
ge re bo ri yi	se nei yin
格热波日伊	色内因

技术

ma si ti ri yin（ao lan nei yin，jie he ni ka）
玛斯提日因（敖兰内因，介和妮卡）

技术	人员
ma si ti ri qi	bo ye er
玛斯提日其	波叶尔

技术	高明
ma si ti ri yin	gou ge da
玛斯提日因	勾格达

技术	落后
ma si ti ri yin	shou po ti wo qia
玛斯提日因	收扑提沃恰

22. 外形　tu lu gu en bi hei yin（ao yao en yi qie den）
　　图录故恩比黑因（敖要恩衣切拖）

长

e ou nei mi
厄欧内米

衣服	太	长。
te e te ke	eng e nei	e ou nei mi
特厄特克	鞿厄内	厄欧内米

长	桌子	长	脸
e ou nei mi	ji ying kei	e ou nei mi	de ren
厄欧内米	吉应剋	厄欧内米	得任

短
wu ru mu kun
乌如木坤

短	头发	短	时间
wu ru mu kun	niu ri kei te	wu ru mu kun	wei ren mo
乌如木坤	妞日剋特	乌如木坤	危任莫

短	枪	短	裤
wu ru mu ku kan	bo re	wu ru mu kun	yi si tan
乌如木库坎	波热	乌如木坤	伊斯坦

高
gou ge da
勾格达

高	房子	高	山	地势	高
gou ge da	jiu wu	gou ge da	wu re	dun nen	gou ge da
勾格达	纠乌	勾格达	乌热	盾恁	勾格达

这	孩子	眼看	高了。
e re	kong e a kan	yi qie wo jie ne	gou ge da er qia
厄热	孔厄阿坎	衣切沃介讷	勾格达尔恰

矮
nie ke te kun
涅克特坤

矮矮的
nie ke te ku kan
涅克特库坎

我	比他		矮些。
bi	nong an du ke		nie ke te mo re
毕	农安杜克		涅克特莫热

胖

bu ru gu
布如古

过分	胖了	不	好。
eng e nei	bu ru gu mi	e qie	a ya
鞥厄内	布如古米	厄切	阿牙

胖子

bu ru gu nao yi
布如古闹伊

瘦

ti yin e
提因厄

瘦得	皮包	骨头。
ti yin e qia	gei ri a mo	na ri ke te
提因厄恰	给日阿莫	纳日克特

他	瘦	多了。
nong an	ti yin e qia	te te en
农安	提因厄恰	特特恩

深

song ta
松塔

河	水	深	三	米。
bei ri a	mu en	song ta	ai lan	mie te re
贝日阿	姆恩	松塔	埃兰	灭特热

这	井	很深。
e re	wu la ti kei	shao song ta
厄热	乌拉提剋	少松塔

挖	深些。
wu le ren	song ta te
乌勒任	松塔特

浅
a re ba
阿热巴

河	水	变浅了
bei ri a	mu en	a re ba er qia
贝日阿	姆恩	阿热巴尔恰

河	水	浅
bei ri a	mu en	a re ba
贝日阿	姆恩	阿热巴

薄
ne mu kun
讷木坤

薄	板	薄	被
ne mu kun	ka pa ta ka	ne mu kun	hu er la
讷木坤	卡帕塔卡	讷木坤	呼尔拉

广大
de le e yi（ke te di）
得勒厄伊（克特地）

广大	地区
de le e yi	mie si te er
得勒厄伊	灭斯特尔

宽阔

e mo e kun (de le e yi)
厄莫厄坤（得勒厄伊）

宽阔的	林带		街道	宽阔。
de le yi	yi ri a e yi yin		wu lu ke sha	e mo e kun
得勒伊	伊日阿厄伊因		乌录克沙	厄莫厄坤

宽阔的	林荫	大道。
e mo e kun bi hei	yi ri a e li	hao kao tao
厄莫厄坤比黑	伊日阿厄里	好考涛

宽敞

e mo e
厄莫厄

屋子	很	宽敞。
jiu wu	shao ma	e mo e
纠乌	少玛	厄莫厄

这儿	很	宽敞。
e du	shao	e mo e
厄杜	少	厄莫厄

狭窄

ti ya ku kan
提亚库坎

狭窄的	通道。
ti ya ku kan	e ne kei ti hao kao tao
提亚库坎	厄讷剋提好考涛

大

he ge di
和格地

雨下得		真	大。		
ti ge de jie ren		a ya	he ge di ti		
提格得介任		阿牙	和格地提		

大	山	大	树	地方	大
he ge di	wu re	he ge di	yi ri a ke t	mie si te	he ge di
和格地	乌热	和格地	伊日阿克特	灭斯特	和格地

巨大的

he ge di kun
和格地坤

人民的	巨大	力量
na rao ao te ni	he ge di kun	se nei yin
纳扰敖特尼	和格地坤	色内因

巨大的	房屋	巨大	变化
he ge di kun	bi hei jiu wu	he ge di ti	hong tu ao qia
和格地坤	比黑纠乌	和格地提	洪图敖恰

中等

dou lin di（dou lu gu）
斗林地（斗录古）

中等	教育	中等	个儿
dou lin di	a la wo wu ri yin	dou lin	gou ge dan
斗林地	阿拉沃乌日因	斗林	勾格丹

小

wu sha kan（wu sha）
乌沙坎（乌沙）

地方	太	小。
mie si te	eng e nei	wu sha
灭斯特	鞥厄内	乌沙

小	城市
wu sha kan	gao ri a e te
乌沙坎	告日阿厄特

风	小了。
e di yin	wu sha er lan
厄地因	乌沙尔兰

雨	小了。
ti ge de	wu sha er lan
提格得	乌沙尔兰

直

e wu eng ne
厄乌鞦讷

这条	马路	很	直。
e wu	wu lu ke sha	shao ma	e wu eng ne
厄热	乌录克沙	少玛	厄乌鞦讷

直起	腰来。
e wu eng ne wo ren	keng ti ri a wei
厄乌鞦讷沃任	坑提日阿为

弯曲

qiao kao qiao kao（qiao kao qiao kei li jia）
乔考乔考（乔考乔剋里加）

河	弯曲。
bei ri a	qiao kao qiao kao en
贝日阿	乔考乔考恩

曲折的	小路。
qiao kao qiao kei li jia	hao kao tao
乔考乔剋里加	好考涛

敖鲁古雅使鹿部落鄂温克语言（词汇）

歪
ao jiao qiao
敖叫乔

树	被风吹	歪了。
mao ao	e di yin du	ao jiao qiao
毛敖	厄地因杜	敖叫乔

门	歪了	
wu re ke	ao jiao qiao	
乌热克	敖叫乔	

斜
ao jiao re
敖叫热

斜着	身子	坐在	桌	旁。
ao jiao ao te	man mi	e te ren	ji ying kei	jia po ka lin
敖叫敖特	曼米	特厄任	吉应尅	加坡卡林

平
de ke si
得克斯

地板	很	平。
mao si ta	shao ma	de ke si
毛斯塔	少玛	得克斯

公路	很	平。
sa si xie	shao	de ke si
萨斯协	少	得克斯

平地
de ke si   dun ne
得克斯   盾讷

平平		这块	地。
de ke su re ren		e re	dun ne wo
得克苏热任		厄热	盾讷沃

平缓

de ke si ri

得克斯日

山的	坡度	平缓。
wu re en	tu ke ti ri yin	de ke si ri
乌热恩	图克提日因	得克斯日

山路	平缓。
wu re hao kao tao en	de ke si ri
乌热好考涛恩	得克斯日

陡峭

tu kei ti ri（hei ta，yi li qia ma，ku ru duo yi）

图剋提日（黑塔，伊里恰马，库如多伊）

山势	陡峭		陡峭	的	河岸
wu re en	hei ta		tu kei ti ri	bei ri a	e mo ke re
乌热恩	黑塔		图剋提日	贝日阿	厄莫克热

尖

su ling（du e a an）

苏令（杜厄阿安）

尖	刀
su ling	kao tao
苏令	考涛

尖	脑袋
su lin	dei lin
苏令	得林

刺刀	尖
yi si ti kei	du e a an
伊斯提剀	杜厄阿安

凸起
mu ke qie ke（you qie ren，bu er te ri yin）
姆克切克（又切任，布尔特日因）

凸起的	眼睛。
bu er te ri yin	ai ha lin
布尔特日因	埃哈林

路面	凹凸	不	平
hao kao tao	mu ke qie ke ta ne	e qie	de ke si
好考涛	姆克切克塔讷	厄切	得克斯

方
kei ran qia ke
剀然恰克

桌子	是	方的。
jie ying kei	bi hei	kei ran qia ke
吉应剀	比黑	剀然恰克

这个	石块	是	方的。
e re	jiao ao lao	bi hei	kei ran qia ke
厄热	叫敖劳	比黑	剀然恰克

球形
ma qiu ke e qin（bu mo ba ri yin，mu ke qie ri yin）
玛秋克厄芹（布莫巴日因，姆克切日因）

做成	球形的。
ao ran	ma qiu ke e qin
敖然	玛秋克厄芹

圆	
tong wu ru ke	
同乌如克	

圆	圈
tong wu ru ke	ha ku
同乌如克	哈库

圆	盖
tong wu ru ke	ka po ka ke
同乌如克	卡坡卡克

拱形	
kong e wu hei yin qie ri（tong e ao le mo）	
孔厄乌黑因切日（同厄敖勒莫）	

拱形的	门
tong e ao le mo	wu re ke
同厄敖勒莫	乌热克

弧形	
tong wu ru wo qiao	
同乌如沃乔	

弧形的	彩虹
tong wu ru wo qiao	si ai ru en
同乌如沃乔	斯埃如恩

对称	
wu re er di ta ne er（si mie ti ri ya）	
乌热尔地塔讷尔（斯灭提日亚）	

蝴蝶	翅膀的	花纹	是	对称的。
la ri dao	de ke ti lan	ao niao lin	bi hei	wu re er di ta ne er
腊日到	得克提兰	敖鸟林	比黑	乌热尔地塔讷尔

整齐
de ke si ti（qie ma li）
得克斯提（切马里）

屋里	摆设得	很	整齐。
jiu wu du	na ti ne lin	shao ma	qie ma li
纠乌杜	纳提讷林	少玛	切马里

树木	长得	整齐
yi ri a ke te er	yi he wo qia er	de ke si ti
伊日阿克特尔	伊和沃恰尔	得克斯提

服装	整齐
te e te ken	qie ma li
特厄特肯	切马里

23. 表象　yi qie wo ri yin（pie ri si ta wo lie ni ye）
　　　　　　衣切沃日因（撇日斯塔沃列尼叶）

多
ke te
克特

林子里的	蘑菇	很	多。
yi ri a e du	de wo e ne ke te	shao ma	ke te
伊日阿厄杜	得沃恩厄克特	少玛	克特

这儿	人	真多。
e du	bo ye	a ya ke te
厄杜	波叶	阿亚克特

不	算多。
e qie	ma te ke te
厄切	马特克特

许多
shao ma ke te
少玛克特

许多　　　　　人。
shao ma ke te　　bo ye
少玛克特　　　　波叶

我　有　　许多话　　要说。
bi　bi hei　ke te tu ran　gu ne a ti wei
毕　比黑　　克特图然　　棍厄阿提为

多数
ke te di yin
克特地因

多数　　　　　人　　　已经　　　　来了。
ke te di yin　　bo ye　　e hei le　　e mo qia er
克特地因　　　波叶　　厄黑勒　　　厄莫恰尔

无数
a qin tang e wu ya
阿芹堂厄乌亚

无数的　　　　　　　人。
a qin tang e wu ya　　bo ye er
阿芹堂厄乌亚　　　　波叶尔

心里　　　　　无数
mie wan du wei　a qin tang e wu ya
咩万杜为　　　阿芹堂厄乌亚

少
ou wu kun
欧乌坤

你	穿	得	太少。
si yi	te en te qia	eng e nei	ou wu kun ma
司伊	特厄特恰	鞯厄内	欧乌坤马

少	三个	人
ou wu kun	ai lan	bo ye
欧乌坤	埃兰	波叶

他	给	得	太少了。
nong an	bu ren	eng e nei	ou wu kun ma
农安	布任	鞯厄内	欧乌坤马

少数

ou wu kun di（ha di li ti yin）
欧乌坤地（哈地里提因）

少数	人	迟到。
ha di li ti yin	bo ye er	a man nei ran
哈地里提因	波叶尔	阿曼内然

少数	人的	意见。
ha di li ti yin	bo ye er	tu ran ti yin
哈地里提因	波叶尔	图然提因

单独

e mu ku qun（wu mu kao mo）
厄姆库群（乌姆考莫）

单独	生活
e mu kun qun	bi jie wo kei
厄姆库群	比介沃尅

单独	行动
e mu ku qun	nie ke er qia
厄姆库群	涅克尔恰

单独	谈谈
e mu kei ri	wu lu gu qia ma te en
厄姆剠日	乌录故恰马特恩

双（一双）
ta ri nen（jiu re ge de）
塔日恁（纠热格得）

双	手
ta ri yin	e a lan
塔日因	厄阿兰

双	翅
ta ri nei yin	de ke ti lan
塔日内因	得克提兰

全体
wei si mo（wei hei t yin）
危斯莫（危黑提因）

全体	到齐。
wei si mo	ai si ta
危斯莫	埃斯塔

全体	出动。
wei si mo	e ne hei nen
危斯莫	厄讷黑恁

一切
wei si yin
危斯因

我	一切	都	明白。
bi	we si	wan	sa jia mo
毕	危斯	万	萨加莫

一切　　　并非　　　如此。
wei hei yin　e qei ma te　ti ka
危黑因　　　厄切马特　　提卡

部分
ha di li ti yin
哈地里提因

部分　　　　人　　　缺席。
ha di li ti yin　bo ye　e qia e mo re
哈地里提因　　波叶　　厄恰厄莫热

部分　　　完成
ha di lin　e te wo ren
哈地林　　厄特沃任

狩猎　　　　点的　　　一部分。
an e a li qian　gu ru po er　ha di lin
安厄阿里迁　　故如坡尔　　哈地林

稠
ti pi ti ri a
提批提日阿

粥　　　熬　　　　　得　　　　太稠。
ya pu te　ka hei la qia　eng e nei　ti pi ti ri a
亚扑特　　卡黑拉恰　　　鞥厄内　　提批提日阿

稠　　　　　云　　　密　　　　布。
ti pi ti ri a　tu hu　di ri a mo　ao qia
提批提日阿　　图呼　　地日阿莫　　敖恰

浓
si le po（qia ke ti ri a）
斯勒坡（恰克提日阿）

浓	汤
qia ke ti ri a	si yi le
恰克提日阿	斯衣勒

浓	茶
si le po	qia yi
斯勒坡	恰衣

粘

na ma ri a qia（na ma ri a na an）
纳马日阿恰（纳马日阿纳安）

饺子	都	粘在	一块。
po li mian	wei si	na ma ri a qia	wu mu kuan du
坡里面	危斯	纳马日阿恰	乌姆宽杜

茂盛

ne er bu li（ke te er qia）
讷尔布里（克特尔恰）

庄稼	茂盛
ta ri e a an	ne er bu li
塔日厄阿安	讷尔布里

青草	茂盛
ao rao ke tao	ne er bu li
敖扰克涛	讷尔布里

松柏	茂盛
yi ri a ke te er	ke te er qia
伊日阿克特尔	克特尔恰

贫瘠

tu ka la mo na
图卡拉莫纳

鄂温克人营地中放驯鹿鞍子和鹿皮的架子

贫瘠的		山区。
tu ka la mo na		mie si te lin
图卡拉莫纳		灭斯特林

土地	贫瘠
dun ne	tu ka la mo na
盾讷	图卡拉莫纳

荒芜
ao rao ke tao ri ke ta
敖扰克涛日克塔

田	荒芜
ta rie a an	ao rao ke tao ri ke ta
塔日厄阿安	敖扰克涛日克塔

满
jia lu mu（jia lu po qia）
加录牧（加录坡恰）

满满的	一桶	水
jia lu mu kun	mu leng kei	mu en
加录牧坤	姆楞剋	姆恩

装得	满满的
te wo qia	jia lu mo ku en ji
特沃恰	加录莫库恩吉

满上	一杯
jia lu ran	wu ru mo ke wo
加录然	乌如莫克沃

空
yi qi te ke（keng gu li）
伊其特克（坑古里）

空	箱子
yi qi te ke	qiu mu dan
伊其特克	秋姆丹

空	房间
yi qi te ke	kao mo na ke
伊其特克	考莫纳克

他	空着	手	回来。
nong an	yi qi te ke	e a la ri yi ke ta	e mo ren
农安	伊其特克	厄阿拉日伊克塔	厄莫任

秃
bao hao ri yin（bao hao kao）
包好日因（包好考）

秃秃的	山
bao hao	wu re
包好考	乌热

秃	头
bao hao ri yin	dei lin
包好日因	德林

完全
wei si wan（wei si tun，wei hei yin）
危斯万（危斯屯，危黑因）

完全	新的。
wei hei yin	an e wu ma ke ta
危黑因	安厄乌玛克塔

完全	对。
wei hei yin	te jie
危黑因	特介

我	完全	同意	你的	意见。
bi	wei si tun	sa e la si yin	si yin ni	tu ran mo si
毕	危斯屯	萨厄拉斯因	司因尼	图然莫斯

紧

kang kei
抗尅

把绳子	紧一下。
wu hei kang mo	kang ku ru ran
乌黑坎莫	抗库如然

拧	紧
mu ri kei ran	kang kei ti
姆日尅然	抗尅提

用手	握	紧。
e a la te	jia wa ran	kang kei ti
厄阿拉特	加瓦然	抗尅提

紧一紧	腰带
kang ku ru ran	te le e yi wei
抗库如然	特勒厄伊为

松弛

qiu mu ku
秋姆库

工作	之后	可以	松弛	一下。
ge re bo	ha er	mao si na	qiu mu ku	li wei ren
格热波	哈尔	毛斯纳	秋姆库	利为任

肌肉	松弛。
yi er le en	qiu mu ku
伊尔勒恩	秋姆库

精神　　　　松弛。
jia er lin　　qiu mu ku
加尔林　　　秋姆库

牢固
man nei ku en
曼内库恩

桌子　　　腿　　　　不　　　牢固。
ji ying kei　ha er gan nei　e qie　man nei
吉应剋　　哈尔杆内　　厄切　　曼内

房　　　　基　　　牢固。
jiu wu　　he re en　　man nei
纠乌　　　和热恩　　曼内

牢固的　　　　友谊。
man nei bi ri　de ru ri ba
曼内比日　　　德如日巴

耐用的　　　　布料。
man neinie ke te ri　ao nao kao tao
曼内涅克特日　　　　敖闹考涛

软
du you kun（nie a er bu ri yin）
杜又坤（涅阿尔布日因）

柳条　　　很软。
si ke ta　　du you ku kan
斯克塔　　杜又库坎

软　　　　木
du you kun　mao ao
杜又坤　　　毛敖

硬		
mang e a hei		
芒厄阿黑		

硬	木	
mang e a hei	mao ao	
芒厄阿黑	毛敖	

一块硬	面包。	
mang e a hei	kei lie bo	
芒厄阿黑	剋列波	

脆
bu ke ta ri yin
布克塔日因

树	枝	脆。
mao ao	ga ran	bu ke ta ri yin
毛敖	嘎然	布克塔日因

饼干	很	脆。
pei ran ni kei	eng e nei	bu ke ta ri yin
培然尼剋	鞥厄内	布克塔日因

生
e hei kei yin
厄黑剋因

饭	有点	生。
bi li ga	mo ne	e hei kei yin
比里嘎	莫讷	厄黑剋因

生	肉	
e hei kei yin	wu er le	
厄黑剋因	乌尔勒	

熟
yi ri qia
伊日恰

肉	还	没有	熟。
wu er re	yi suo	e qia	yi ri re
乌尔勒	伊索	厄恰	伊日热

米饭	煮	熟了。
ka hei	hei ke qie ran	yi ri qia
卡黑	黑克切然	伊日恰

老
mang e a hei li qia（sa ge di）
芒厄阿黑利恰（萨格地）

肉片	炒	得	太老了。
wu er le wo	yi sai ri ri qia	eng e nei	mang e a hei te
乌尔勒沃	伊萨日伊恰	鞥厄内	芒厄阿黑特

嫩
du you kun
杜又坤

鹿	肉	很	嫩。
kou ma ka	wu er le en	shao ma	du you kun
扣马卡	乌尔勒恩	少玛	杜又坤

钝
tu pao yi（ta pu re）
图泡伊（塔扑热）

钝	刀
ta pu re	kao tao
塔扑热	考涛

刀	钝了。		
kao tao	tu pao yi qia		
考涛	图泡伊恰		

锋利			
e mo re（su ling）			
厄莫热（苏令）			

刀	锋		
kao tao	su ling		
考涛	苏令		

刀	口	锋利	
kao tao	jie ye en	e mo re	
考涛	介叶恩	厄莫热	

锋利的	剪刀		
e mo re ri	kei pi ti		
厄莫热日	剋批提		

轻			
yi ni mu kun			
衣尼姆坤			

体	重	很	轻。
man nei yin	wu re gen	shao ma	yi ni mu kun
曼内因	乌热根	少玛	衣尼姆坤

脚步	轻		
gei ran jia ran	yi ni mu kun ji		
给然加然	衣尼姆坤吉		

身	轻	如	燕
man nei yin	yi ni mu kun	mo te re	wei li kan
曼内因	衣尼姆坤	莫特热	卫利坎

重
wu re ge hei
乌热格黑

他	比	我重
nong an	min du ke	wu re ge mo re
农安	敏杜克	乌热格莫热

工作	重
ge re ba	wu re ge hei
格热巴	乌热格黑

响亮
yi ri di（zi wo en kei）
伊日地（兹沃恩剋）

响亮的	嗓音
yi ri di bi hei	di li gan nei yin
伊日地比黑	弟利甘内因

响亮的	名字
yi ri di bi ri	ge re bin
伊日地比日	格热宾

歌声	响亮
ha e a en	zi wo en kei
哈厄阿恩	兹沃恩剋

低沉
he re gei li（ku pu li, ge lu huo yi, mang e a hei）
和热给里（库扑里，格录活衣，芒厄阿黑）

天空	低沉。
bu e a	ku pu li
布厄阿	库扑里

乌云	低沉。
tu wu hu	he re gei li
图乌呼	和热给里

低沉的	嗓音。
ge lu huo yi bi hei	di li gan nei y
格录活衣比黑	弟利甘内因

嘶哑
si yi qia
斯伊恰

嗓音	嘶哑。
di li gan	si yi qia
弟利甘	斯伊恰

喊得	嗓子	都嘶哑了。
te po ke h	di li gan nei yin	si yi wei qia
特坡克哈	弟利甘内因	斯伊为恰

明亮
e a ri hei（e a ri jie ren）
厄阿日黑（厄阿日介任）

明亮的	屋子。
e a ri hei	jiu wu
厄阿日黑	纠乌

灿烂
jiu ha li（hu ti ri yin）
纠哈里（呼提日因）

灿烂的	阳	光。
jiu ha li mo	si wu en	ga ri pa an
纠哈里莫	斯乌恩	嘎日怕安

黑暗
ha ke ti ri a hei（si ying ke wo）
哈剋提日阿黑（斯应克沃）

黑暗的　　　夜　　　　空。
si ying ke wo　dao lao bao　bu e a
斯应克沃　　　到劳包　　　布厄阿

昏暗
ku pu li
库扑里

屋里　　　很　　　昏暗。
jiu wu du　shao ma　ku pu li
纠乌杜　　少玛　　库扑里

天色　　　昏暗。
bu e a ao ran　ku pu li
布厄阿敖然　　库扑里

清澈
gei re（gei ri a li）
给热（给日阿里）

河水　　　清澈　　　透明。
bei ri a mu en　gei ri a li　se ya er bu ren
贝日阿姆恩　　给日阿里　　色亚尔布任

透明
se ya er bu ren
色亚尔布任

浑浊
si yi kei
斯衣剋

污水	浑浊。
niang ri a mu	si yi kei
酿日阿姆	斯剋

浑浊的	河水。
si kei jia ran	bei ri a mu en
斯剋加然	贝日阿姆恩

模糊
bu ri li（mo ne te）
布日里（莫讷特）

两	眼	模糊。
jiu ri yin	ai han	bu ri li
纠日因	埃汉	布日里

模糊地	记得。
mo ne te	sa wo ran
莫讷特	萨沃然

远
gao rao
高扰

远	古
gao rao du	bi lie ri
高扰杜	比列日

从	远方	来。
ta la	gao rao lao ke	e mo ren
塔拉	高扰劳克	厄莫任

遥远
eng e nei mo gao rao ao
鞥厄内莫高扰敖

路途	遥远。
hao kao tao en kei	eng e nei mo gao rao ao
好考涛恩尅	鞥厄内莫高扰敖

近

da e a
达厄阿

我	住的	很	近。
bi	jiu ta ran	shao ma	da e a du
毕	纠塔然	少玛	达厄阿杜

离这儿	很	近。
e du ke	sha ma	da e a
厄杜克	少玛	达厄阿

哪	路	近些?
yi ri	hao kao tao	da e a bi hei
伊日	好考涛	达厄阿比黑

快

hei ma (e hei e re, hei ma te)
黑玛(厄黑厄热,黑玛特)

快	干活儿去。
hei ma te	ge re bo na ke er
黑玛特	格热波纳克尔

快步	走。
hei ma ku en ji	e ne ren
黑玛库恩吉	厄讷任

你	尽快	回来。
si yi	hei ma te	e mo da wei
司伊	黑玛特	厄莫达为

慢		
a ri a kun		
阿日阿坤		

工作	进行得	很慢。
ge re bo	jie ri ti yin	a ri a kun
格热波	介日提因	阿日阿坤

你	走	慢一点儿。
si yi	e ne ke er	a ri a kun ji
司伊	厄讷克尔	阿日阿坤吉

等着	他
a la te ka er	nong an man
阿拉特卡尔	农安曼

永远
gao rao ku na（da ku er）
高扰库纳（达库尔）

永远	记住。
da ku er ma	sa a qia ran
达库尔玛	萨阿恰然

短暂
wu ru mu ku kan
乌如姆库坎

两	年的	时间是	短暂的。
jiu ri	an e a nei bi hei	wei ren mo en	wu ru mu ku kan
纠日	安厄阿内比黑	危任莫恩乌	如姆库坎

冷
yi ni ni hei
伊尼尼黑

天气	一天比一天	冷了。
bu e a	yi ne e yi ti kei yin	yi ni ni li jie ren
布厄阿	衣讷厄伊提剀因	伊尼尼里介任

今天	外面	很	冷。
e hei ti kan	tu lin	shao ma	yi ni ni hei
厄黑提坎	图林	少玛	伊尼尼黑

你	冷	不冷？
sa y	yi ni ni hei	e qie wu
司伊	伊尼尼黑	厄切乌

热
he ku hei
和库黑

今天	热。
e hei ti kan	he ku hei
厄黑提坎	和库黑

热	水
he ku hei	mu
和库黑	姆

凉
hei mu ri yi hei（shang e wu en）
黑姆日伊黑（尚厄乌恩）

天气	凉了。
bu e a	shang e wu er qia
布厄阿	尚厄乌尔恰

凉	水
hei mu ri yi hei	mu
黑姆日伊黑	姆

暖	
niang ma hei	
酿马黑	

天	暖了。
bu e a	niang ma er qia
布厄阿	酿马尔恰

穿	暖点儿。
te te ke er	niang hei ti
特特克尔	酿马黑提

干	
ka ta kei yin（ao er gao qiao）	
卡塔剋因（敖尔高乔）	

衣服	干了。
te te ke	ao er gao qiao
特特克	敖尔高乔

干	草
ka ta kei yin	ao rao ke tao
卡塔剋因	敖扰克涛

干枯	
ka ta qia	
卡塔恰	

草木	都	干枯了。
ao rao ke tao mao ao	wei si	ka ta qia er
敖扰克涛毛敖	危斯	卡塔恰尔

秋天	树	叶	干枯。
bao lao	mao ao	a ba dan na	ka ta qia er
包劳	毛敖	阿巴丹纳	卡塔恰尔

枯竭

hang e wu qia（ao er gao qiao）
航厄乌恰（敖尔高乔）

河	水	枯竭。
bei ri a	mu en	hang e wu qia
贝日阿	姆恩	航厄乌恰

湿

wu la pu kun
乌拉扑坤

雨后	地皮	很	湿。
ti ge de re kei yin	dun e	ao yao en	wu la pu kun
提格得热尅因	盾讷	敖要恩	乌拉扑坤

潮湿

de re bo wo qia（de re ba kei yin）
得热波沃恰（得热巴尅因）

房屋	低层	潮湿。
jiu wu	he re en	de re ba kei yin
纠乌	和热恩	得热巴尅因

新

an e wu ma ke ta
安厄乌马克塔

新	装	新	房
an e wu ma ke ta	te te ke	an e wu ma ke ta	jiu wu
安厄乌马克塔	特特克	安厄乌马克塔	纠乌

新鲜

ao ma ke ta er
敖马克塔尔

新鲜	蔬菜
ao ma ke ta er	ka pu si ta er
敖马克塔尔	卡普斯塔尔

新鲜的	肉类
ao ma ke ta er	wu er le er
敖马克塔尔	乌尔勒尔

时髦
e hei ti ka pi ti
厄黑提卡批提

时髦	服装
e hei ti ka pi ti	te te ke er
厄黑提卡批提	特特克尔

陈旧
gao rao pi ti qia
高扰批提恰

陈旧的	式样
gao rao pi ti qia	ao mo ran
高扰批提恰	敖莫然

陈旧的	服装
gao rao pi ti li	te te ke er
高扰批提里	特特克尔

美丽
a ya ke ke en（ke ri a xi wai yi）
阿亚克克恩（克日阿希外伊）

美丽的	山	河。
a ya ke ke en	wu re en	bei ri a lin
阿亚克克恩	乌热恩	贝日阿林

丑
e ru mi
厄如米

相貌	丑陋
yi qie den	e ru mi
衣切拸	厄如米

丑陋的	怪物
kei ri hei mi	ai ku mi（qiu duo wei xia）
剋日黑米	埃库米（秋多危夏）

光滑
bu li ti li
布利提里

桌	面	光滑
ji ying kei	ao yao en	bu li ti li
吉应尅	敖要恩	布利提里

粗糙
se wa li（le pu tu li）
色瓦里（勒扑图里）

手工	粗糙
ao wo nan	le pu tu li
敖沃南	勒扑图里

皮肤	粗糙
nan na en	se wa li
南纳恩	色瓦里

粗糙的	鞋子
le pu tu li bi ri	wu en ta
勒扑图里比日	乌恩塔

24. 性质　ai kun di（ai ku ma）
　　　　　埃坤地（埃库玛）

真
te jie mo
特介莫

这	是	真的。
e re	te re	te jie mo
厄热	特热	特介莫

说	真的
gun mi	te jie mo
棍米	特介莫

真正
te jie mo en
特介莫恩

真正的	友谊。
te jie mo jin	du ru si ne yi
特介莫进	杜如斯讷伊

确实
e lin mo
厄林莫

我	确实	不	知道。
bi	e lin mo	e qie wo	sa ri a
毕	厄林莫	厄切沃	萨日阿

假
hei te en（wu luo kei wei ka）
黑特恩（乌罗尅为卡）

假	货
wu luo kei wei ka	yi de e
乌罗剋为卡	衣得厄

假	话
hei te en	tu ran
黑特恩	图然

虚假
ai man（hei te re）
埃曼（黑特热）

虚假的	情谊。
ai man ji	a ya bi ren
埃曼吉	阿亚比任

对人	虚假
bo ye du	ai man
波叶杜	埃曼

逼真
wu re mo qia（wu reri yi mo）
乌热莫恰（乌热日伊莫）

这	驯鹿	画得	逼真。
e re	ao rao en mo	ao niao wu	wu re mo qia
厄热	敖饶恩莫	敖鸟乔	乌热莫恰

好
a ya
阿牙

好	思想
a ya	jia li qi
阿牙	加里其

好	人
a ya	bo ye
阿牙	波叶

好	驯鹿
a ya	ao rao en
阿牙	敖饶恩

好	枪法
a ya	hao da le en
阿牙	好达勒恩

坏	
e ru	
厄如	

坏	人
e ru	bo ye
厄如	波叶

坏	事
e ru	jie la
厄如	介拉

坏	话
e ru	tu ran
厄如	图然

坏	思想
e ru	jia li qi
厄如	加里其

差	
a bu er	
阿布尔	

说	差了。
tu ran mei	a bu er ti
图然玫	阿布尔提

差得	远。
a bu lin	gao rao ao te
阿布林	高扰敖特

就	差	一个	驯鹿了。
yi suo	a bu er	wu mu kuan	ao rao en
伊索	阿布尔	乌姆宽	敖饶恩

良性
a ya di
阿牙地

良性	肿瘤
a ya di	nie ru en
阿牙地	涅如恩

恶性
e ru di mo
厄如地莫

恶性	肿瘤
e ru di mo	ni ru en
厄如地莫	涅如恩

高
gou ge da di（a ya di ma）
勾格达地（阿牙地马）

高级	商品
a ya di ma	ta wa ri（wu nei yin yi de e）
阿牙地马	塔洼日（乌内因衣得厄）

次等			
he re ge mo re			
和热格莫热			

次等	货		
he re ge mo re	yi de e (ta wa ri)		
和热格莫热	伊得厄（塔洼日）		

困难			
tu ru wu te na			
图如乌特纳			

行动	困难。		
ha wa er li yin	tu ru wu te na		
哈瓦尔利因	图如乌特纳		

生活	困难		
bi de en	tu ru wu te na		
比得恩	图如乌特纳		

容易			
hei te en			
黑特恩			

说时	容易	做时	难。
tu ran ji	hei te en	ao ri du	tu ru wu te na
图然吉	黑特恩	敖日杜	图如乌特纳

这件	事	容易。	
e re te re	jie la	hei te en	
厄热特热	介腊	黑特恩	

并不	容易。		
e qie ma te	hei te en		
厄切玛特	黑特恩		

实际	
te jie men (te jie mo lin)	
特介门（特介莫林）	

实际	情况
te jie mo	bi wei kei yin
特介莫	比危剋因

实际	生活
te jie mo	bi de en
特介莫	比得恩

现实	
yi qie wo er qia (e hei pi ti)	
衣切沃尔恰（厄黑批提）	

现实	政策
e hei pi ti	ba li qi ka
厄黑批提	巴里其卡

现实	生活
e hei pi ti	bi de
厄黑批提	比得

正确	
te jie	
特介	

正确	路线
te jie qi	hao kao tao en
特介其	好考涛恩

正确的	方向
te jie bi hei	e ne de en
特介比黑	厄讷得恩

正确	思想
te jie	jia li
特介	加里

荒谬
den bo yi (e hei jiu ke ta)
㧝波衣（厄黑纠克塔）

说话	荒谬。
tu ran nei yin	den bo yi
图然内因	㧝波衣

合理
jiu ku ti te
纠库提特

这	事	做得	合理。
e re	jie la wa	ao nan	jiu ku ti
厄热	介腊瓦	敖南	纠库提

合理地	使用	资金。	
jiu ku ti te	nie ke te ren	meng e wu en mo	
纠库提特	涅克特任	蒙厄乌恩莫	

有理
te jie qi
特介其

讲得	有理。
gun jie ren	te jie ji
棍介任	特介吉

谁	有理
ni yi	te jie qi
尼伊	特介其

无理			
e hei te jie（a qin te jie en）			
厄黑特介（阿芹特介恩）			

无理	要求		
e hei ti te jie	na da li ran		
厄黑提特介	纳达里然		

无理	行为		
e hei ti te jie	nie ke jie ren		
厄黑提特介	涅克介任		

无理	挑衅		
a qin te jie e te	lie si jie ren		
阿芹特介厄特	列斯介任		

将就			
ti hei wo（ao en da）			
提黑沃（敖恩达）			

这	只能	将就着	用。
e re	ti ka da te	ti hei wo	nie ke te ren
厄热	提卡达特	提黑沃	涅克特任

这	房子	不	大,
e re	jiu wu	e qie	he ge di
厄热	纠乌	厄切	和格地

将就着	住。		
ti hei wo da te	jiu ta ran		
提黑沃达特	纠塔然		

灵活			
shan pa er（hei yi ma）			
闪怕尔（黑伊玛）			

动作	灵活
ha wa er lin	shan pa er
哈洼尔林	闪怕尔

固定
ti po ken nen（ti po ken mu ren）
提坡肯恁（提坡肯姆任）

固定	工作	时间。
ti po ken ne	ge re bo ri	wei ren mo wan
提坡肯恁	格热波日	危任莫万

把小组	人员	固定下来。
gu ru wu po	bo ye er ban	ti po ken mu ren
故如乌坡	波叶尔班	提坡肯姆任

稳定
de ke si
得克斯

物	价	稳定
yi de e	ta ma nei yin	de ke si
衣得厄	塔马内因	得克斯

生活	稳定
bi de en	de ke si
比得恩	得克斯

呆滞
mu yao li（ao er ba li，tu pao yi）
姆要里（敖尔巴里，图泡伊）

脸上	表情	呆滞。
de ren	bi ri yin	ao er ba li
得任	比日因	敖尔巴里

猛烈
te te ku mo
特特库莫

猛烈的　　　　　西北风。
te te ku mo tee　　di yin jie ren
特特库莫特　　　厄地因介任

凶猛
nie lu hei jie ri（ku ke yi）
涅录黑介日（库克伊）

凶猛的　　　　　老虎。
ni lu hei jie ri mo　　qi gei ri
涅录黑介日莫　　齐给日

洪水　　来势　　　　　凶猛。
mu da　　e mo jie ri yin　　nie lu hei jie ri
姆达　　厄莫介日因　　涅录黑介日

温顺
bo re mo（dao er di bo gan）
波热莫（到尔地波甘）

温顺的　　　驯鹿
bo re mo bi ri　　ao rao en
波热莫比日　　敖扰恩

深入
dao si ka kei（yi ren）
到斯卡剋（伊任）

深入到　　森林中　　去。
dao si ka kei　　yi ri a e la　　hu ru run
到斯卡剋　　伊日阿厄拉　　呼如闰

原生态的敖鲁古雅鄂温克人营地

轻微
mo ne (yi ni mu ku kan)
莫讷（伊尼姆库刊）

轻微的　　　咳嗽
mo ne bi ri　　si mi kei jie ren
莫讷比日　　斯米剋介任

微薄
hei te en mo (ou wu kun)
黑特恩莫（欧乌坤）

收入　　　相当　　　微薄。
pu lu qi ran　eng e nei mo　ou wu kun ma
扑录其然　　鞥厄内莫　　欧乌坤玛

稳固
man nei yin
曼内因

基础　　　稳固
he ren　　man nei yin
和任　　　曼内因

地位　　　稳固
bi kei qin　man nei yin
比剋芹　　曼内伊

强大
se nei he ge di
色内和格地

国家　　　强大
kan ni　　se nei he ge di
坎尼　　　色内和格地

有力
se nei qi
色内其

双	手	有力
ta ri yin	e a la	se nei qi
塔日因	厄阿拉	色内其

微弱
a ran ma
阿然玛

呼吸	微弱
e ri jie ren	a ran ma
厄日介任	阿然玛

微弱的	声音
a ri a ma bi hei	di li gan nei yin
阿日阿玛比黑	地里甘内因

伟大
he ge die
和格地厄

伟大的	人物
he ge die mo	bo ye en
和格地厄莫	波叶恩

渺小
wu sha kan
乌沙坎

渺小的	人物
wu sha kan bi hei	bo ye en
乌沙坎比黑	波叶恩

个	人的	力量	是	渺小的。
e mu kei yin	bo ye ni	se nei yin	bi ri	wu sha kan
厄姆剋因	波叶尼	色内因	比日	乌沙坎

贵重
dao rao gao yi
到扰高伊

贵重的	礼物
dao rao gao yi	pa da ri wo en
到扰高伊	怕达日沃恩

昂贵
dao rao gao yi
到扰高伊

价格	昂贵
ta ma nei yin	dao rao gao yi
塔玛内因	到扰高伊

公道
de ke si ti（jiu ku ti）
得克斯提（纠库提）

价钱	公道
ta manei yin	jiu ku ti
塔玛内因	纠库提

主持	公道
wo la ran	de ke si ti
加沃拉然	得克斯提

便宜
ji si wo yi
基斯沃伊

价格	便宜
ta manei yin	ji si wo yi
塔玛内因	基斯沃伊

便宜	货
ji si wo yi	ta wa ri（yi de e）
基斯沃伊	塔洼日（伊得厄）

重要	
na da di ma（he ge di mo）	
纳达地玛（和格地莫）	

重要	人物
he ge di mo	bo ye bi hei
和格地莫	波叶比黑

重大	
he ge di ku en	
和格地库恩	

重大	事件
he ge di ku en	sa bei wo ji ye（jie la bi qia）
和格地库恩	萨杯沃基叶（介腊比恰）

主要	
sa mai bi hei（na da di ma, ge la wa nei yi）	
萨迈比黑（纳达地玛，格拉洼内伊）	

主要	问题
sa mai bi hei	wa pu ruo si
萨迈比黑	洼普若斯

主要	原因
sa mai bi hei	te ke nei yin
萨迈比黑	特克内因

主要	任务
na da di ma	jie na lin
纳达地玛	介腊林

次要	
e qie na da di man（pa bo ci nei yi）	
厄切纳达地曼（怕波茨内伊）	

次要	问题
e qie na da di ma	wa pu ruo si（jie la）
厄切纳达地玛	洼普若斯（介腊）

次要	任务
e qie na da di man	ge re ba（zha da qia）
厄切纳达地曼	格热巴（扎达恰）

紧急	
bo wa wo ri yi（si pie shi nei yi）	
波瓦沃日伊（斯撇什内伊）	

情况	紧急
sa si ta ya ni ye	bo wa wo ri yi
萨斯塔亚尼叶	波瓦沃日伊

紧急	任务
bo wa wo ri yi	zha da qia
波瓦沃日伊	扎达恰

紧急	救援
bo wa ne er	bo le te na ren
波瓦讷尔	波勒特纳任

严重	
wu re ge hei	
乌热格黑	

严重	问题
wu re ge hei	wa pu ruo si
乌热格黑	洼普若斯

病情	严重
e nu kei yin	wu re ge hei
厄奴剋因	乌热格黑

必须
na da ma er（nu ri nei yi）
纳达玛尔（奴日内伊）

生活	必需	品
bi de du	na da ma er	yi de e
比得杜	纳达玛尔	伊得厄

多余
hu le ke
呼勒克

多余的	粮食
hu le ke er	bi li ga
呼勒克尔	比里嘎

多余的	东西
hu le ke er	yi de e
呼勒克尔	伊得厄

简单
hei te en
黑特恩

头脑	简单
dei lin	hei te en
嘚林	黑特恩

结构	简单
ao mo ran	hei te en
敖莫然	黑特恩

平均
wu ri a qi ti
乌日阿其提

平均	分配
wu ri a qi ti	bu ri li di ran
乌日阿其提	布日里地然

普遍
wei si lin
危斯林

物	价	普遍	下降。
yi de e	ta ma nei yin	wei si lin	he re ge le qia
伊得厄	塔玛内因	危斯林	和热格勒恰

各	地	普遍	降雨。
ke te	mie si te li	wei si li	ti ge de jie ren
克特	灭斯特里	危斯林	提格得介任

熟悉
sa ran（sa wo ri yi）
萨然（萨沃日伊）

熟悉	地形。
sa ran	dun ne wan
萨然	盾讷万

我	熟悉	他。
bi	sa ran	nong an man
毕	萨然	农安曼

陌生
e hei sa wo re
厄黑萨沃热

陌生的	地方。
e hei sa wo re	mie si te
厄黑萨沃热	灭斯特

陌生	人
e hei sa wo re	bo ye
厄黑萨沃热	波叶

亲密
da e a er di ma
达厄阿尔地玛

我们的	关系	很亲密。
bu er te ri	bi wei kei yin	da e a er di ma
布乌特日	比为剋因	达厄阿尔地玛,

亲密得	像	一	家人。
da e a er di ma	mo te re	wu mu kuan	jiu bo ye
达厄阿尔地玛	莫特热	乌姆宽	纠波叶

疏远
gao rao li wei qia er
高扰里为恰尔

近来	他们的	关系	疏远了。
da e a du	nong a ri ti yin	bi wei kei yin	gao rao li wei qia er
达厄阿杜	农阿日提因	比危剋因	高扰里为恰尔

我	故意	和他	疏远。
bi	sha ru ya en	nong an niu en	gao rao li wei ran
毕	沙如亚恩	农安妞恩	高扰里为然

友好
gei ri kei ne re
给日尅讷热

我	是	他的	生前	友好。
bi	bi hei	nong an ni	bie hei yin	gei ri kei yin
毕	比黑	农安尼	比厄黑因	给日尅因

我们	几	个	一直
bu wu	a di	bi hei	da ku er
布乌	阿地	比黑	达库尔

很	友好。
shao ma	gei ri kei ne re
少玛	给日尅讷热

和睦
jiu kei li di ma
纠尅里地玛

和睦的	家庭。
jiu kei li di ma	xi mi ya
纠尅里地玛	协咪亚

和睦地	生活。
jiu kei li di na	bi jie ren
纠尅里地纳	比介任

大家	都很	和睦。
wei si mo	shao ma te	jiu kei li di ran
危斯莫	少玛特	纠尅里地然

敌意
bu la nen（tao ke kun te ren）
布拉恁（涛克坤特任）

心怀	敌意。
mie wan du wei	tao ke kun te ren
灭万杜为	涛克坤特任

纯净

yi ri a si（qi si tai）
伊日阿斯（奇斯太）

纯净的	水
yi ri a si bi hei	mu
伊日阿斯比黑	姆

单纯

ou wu kun（ta ri hao wa）
欧乌坤（塔日好洼）

思想	单纯
jia er lin	ou wu kun
加尔林	欧乌坤

复杂

pu tan ka（ke te，si luo ri nei yi）
普坦卡（克特，斯罗日内伊）

复杂的	问题
pu tan ka bi ri	wa pu ruo si
普坦卡比日	洼普若斯

事情	愈来愈	复杂了。
jie la	si te ri ao ran	pu tan ka
介腊	斯特日敖然	普坦卡

重叠

so yao lao tao（wu mo e le ta）
敖要劳涛（乌莫厄勒塔）

群山	重叠
wu re er	wu mo e le ta
乌热尔	乌莫厄勒塔

琐碎
bao si kao er（hei te ka er）
包斯考尔（黑特卡尔）

琐碎的	闲话
bao si kao er	ta ke tu ran
包斯考尔	塔克图然

琐碎的	小事
hei te ka re	jie la er
黑特卡热	介腊尔

足够
yi si e a te（yi si ti）
伊斯厄阿特（伊斯提）

冬天	有	足够的	样子。
tu e	bi hei yin	yi si e a te	mao ao
图厄	别黑因	伊斯厄阿特	毛敖

这些	钱	在路上	足够	用了
e re ba	meng e wu en	hao kao tao du	yi si e a te	nie ke te mi
厄热巴	蒙厄乌恩	好考涛杜	伊斯厄阿特	涅克特米

贫乏
jiao e ao ri yi（ou wu kun）
叫厄敖日伊（欧乌坤）

家境	贫乏。
jiu wu dun	jiao e ao ri yi
纠乌盾	叫厄敖日伊

可爱
a ya kan
阿牙坎

孩子	真	可爱。
kong e a kan	ni bao si	a ya kan
孔厄阿坎	尼包斯	阿牙坎

可怕
nie lu hei ren（e a le wo ren）
涅录黑任（厄阿勒沃任）

样子	真	可怕。
yi qie den	ni bao si	nie lu hei ren
衣切拸	尼包斯	涅录黑任

可怜
mu la ni hei
姆拉尼黑

这	老人	真	可怜。
e la	sha ge di bo ye	a ya	mu la ni hei
厄热	沙格地波叶	阿牙	姆拉尼黑

正常
ti ka mo（ti ka da te）
提卡莫（提卡达特）

这	是	正常	现象
e re	de ke	ti ka mo	bi wei kei
厄热	得克	提卡莫	比为剋

反常
den bo yi
拸波伊

夏天	下雪	是	反常	现象。
jiu e wu	yi ma na ran	eri	den bo yi	bi wei kei
纠厄阿	伊玛纳然	厄日	拢波伊	比为剋

奇怪
ji kao wei yin（ji kei ti）
基考危因（基剋提）

这种	鱼	形状	很奇怪。
e re ge qin	ao er lao	bi ri yin	a ya ji kei ti
厄热格芹	敖尔劳	比日因	阿亚基剋提

奇怪	他	怎么	还	不来。
ji kao wei yin	nong an	ao en ke	ba ran	e mo re
基考危因	农安	敖恩克	巴然	厄莫热

奇特
ji kei ti te
基剋提特

奇特的　　　景象
ji kei ti te bi ri　　ka ri ji na（ao wo qia）
基剋提特比日　　卡日基纳（敖沃恰）

公开
sa wo ka na en（sa wo ri ti）
萨沃卡纳恩（萨沃日提）

这件	事	还	不能	公开。
e re	jie la wa	yi shuo	eng e a te	sa wo kana
厄热	介腊瓦	伊说	翰厄阿特	萨沃卡纳

秘密
jie lu mo
介录莫

秘密	谈话
jie lu mo	wu lu gu qia ma te en
介录莫	乌录故恰玛特恩

秘密	会见
jie lu mo	yi qie er di ren
介录莫	衣切尔地任

合法
jiu kei ti sa kao en du
纠剋提萨考恩杜

合法	收入
jiu kei ti sa kao en du	pu lu qi ran
纠剋提萨考恩杜	扑录其然

非法
e hei jiu ke ta sa kao en du
厄黑纠克塔萨考恩杜

明显
da a mo（yi qie wo ri）
萨阿莫（衣切沃日）

明显的	差别
sa a mo bi ri	hong tu tao ne
萨阿莫比日	洪图涛讷

明显的	失误
yi qie wo ri bi ri	a bu er ti
衣切沃日比日	阿布尔提

有用
na da qi
纳达其

有用的			人		
bi hei na da qi			bo ye		
比黑纳达其			波叶		

无用
a qin na da ya（a qin pao er sha ya）
阿芹纳达亚（阿芹泡尔沙亚）

无用的			人		
a qin pao er sha ya			bo ye		
阿芹泡尔沙亚			波叶		

方便
lao po ka
劳坡卡

人	多	说话	不大	方便。
bo ye	ke te	tu ri a te mi	e qie	lao po ka
波叶	克特	图日阿特米	厄切	劳坡卡

住在	这里	很	方便。	
an e a te tan	e du	shao ma	lao po ka	
安厄阿特坦	厄杜	少玛	劳坡卡	

不便
e qie lao po ka
厄切劳坡卡

这儿	交通	不便。	
e du	sa a bo xie ni ye	e qie lao po ka	
厄杜	萨阿波协尼叶	厄切劳坡卡	

适当
jiu kei ti
纠剋提

找个	适当的	时机。
ba ka ran	jiu kei ti	wei ren mo ye
巴卡然	纠剋提	危任莫耶

这个	决定	很适当。
e re	ti po ken	jiu ke e a te
厄热	提坡肯	纠克厄阿特

话说得	不	适当。
tu ri a qie ri yin	e qie	jiu kei ti
图日阿切日因	厄切	纠剋提

及时
e le ke ka kei yin（e hei e re，ke si ta ji）
厄勒克卡剋因（厄黑厄热，克斯塔基）

及时	雨
e le ke ka kei yin	ti ge de ren
厄勒克卡剋因	提格得任

有	问题	及时	解决。
bie hei kei yin	jie la	e hei e re	e te da
别黑剋因	介腊	厄黑厄热	厄特达

天然
bu e a ao mo ran（pie ri ruo da）
布厄阿敖莫然（撇日若达）

天然	牧场
pie ri ruo da	ao eng kao wo kei ti
撇日若达	敖鞥考沃剋提

固有
bi mo ren
比莫任

白	是	雪的	固有	颜色。
ba ge da ri yin	bi hei	yi man na ni	bi mo ren	kei ri a si kan
巴格达日因	比黑	伊曼纳尼	比莫任	尅日阿斯坎

现成
bo lan ao wo qia
波兰敖沃恰

现成	饭
bo lan	bi li ga
波兰	比里嘎

现成的	服装
bo lan ao wo qia	te te ke
波兰敖沃恰	特特克

公用
wei si ni（ou bo xi）
危斯尼（欧波西）

公用	电话
wei si ni	jie lie fou en
危斯尼	介列否恩

国有
kan ni bi hei
坎尼比黑

土地	国有
dun e	kan ni bi hei
盾讷	坎尼比黑

国有	财产
kan ni bi hei	yi mu qie si ti wa
坎尼比黑	伊姆切斯提洼

私人		
man ni yin（li qi nei yi）		
曼尼因（里其内伊）		

私人	商店	
man ni yin	ke de xie en	
曼尼因	克德协恩	

这		
e re		
厄热		

这里		
e du		
厄杜		

这	地方	
e re	mie si te	
厄热	灭斯特	

这	个人	
e re	bo ye	
厄热	波叶	

这些		
e ri li（e re）		
厄日里（厄热）		

这些	日子	老	下雨。
e re	a di yi la du	da ku er	ti ge de ren
厄热	阿地伊拉杜	达库尔	提格得任

那		
ta ri		
塔日		

那	地方		
ta ri	mie si te		
塔日	灭斯特		

那	是	谁	
ta ti	bi qia	ni yi	
塔日	比恰	尼伊	

那些
ta ri li
塔日里

那些	事
ta ri li	jie la
塔日里	介腊

那些	人
ta ri li	bo ye
塔日里	波叶

某个

ni yi wo er（ta re wa er）

尼伊沃尔（塔热洼尔）

某个	姓×××的人	找	你。
ni yi wo er	a mu kei qi ××bo ye	ge la ke te ren	si ne
尼伊沃尔	阿姆剋其×××波叶	格拉克特任	司讷

这么	重大的	事	不是
ti ka	he ge di bi ri	jie la wa	e qie
提卡	和格地比日	介腊瓦	厄切

某个人	所能	决定的
ni yi wo er bo ye	bi ne	ti po ke ne ri
尼伊沃尔波叶	比讷	提坡肯讷日

每个						
ka si nai						
卡斯耐						

每个	人					
ka si nai	bo ye					
卡斯耐	波叶					

每个	民族					
ka si nai	na rao te					
卡斯耐	纳扰特					

各个						
ta re ta na er（wei si ta ne er）						
塔热塔纳尔（危斯塔讷尔）						

各个	方面					
wei si ta ne er	bi hei lin					
危斯塔讷尔	比黑林					

任何						
ai kun ka te						
埃坤卡特						

任何	人	都做不到				
ai kun ka te	bo ye	e ta ne te re				
埃坤卡特	波叶	厄坦厄特热				

其他						
hong tu lu（he re ke er）						
洪图录（和热克尔）						

你	留下，	其他	人	都	去。	
si yi	e man mu ke er	hong tu lu	bo ye	wei si	hu ru run	
司伊	厄曼姆克尔	洪图录	波叶	危斯	呼如闰	

当地			
e du mie si te（e re ni mie si te）			
厄杜灭斯特（厄热尼灭斯特）			

当地	居民		
e re ni mie si te	ri jie li（bo ye en）		
厄热尼灭斯特	日介里（波叶恩）		

他	是	当地	人。
nong an	bi hei	e re ni mie si te	bo ye
农安	比黑	厄热尼灭斯特	波叶

本国
man ni kan
曼尼坎

本国	制造
man ni kan	ao na
曼尼坎	敖南

本国	人
man ni kan	bo ye en
曼尼坎	波叶恩

外国
hong tu kan（he re ke kan）
洪图坎（和热克坎）

外国	货
hong tu kan ni	yi de e
洪图坎尼	伊得厄

外国	人
hong tu kan ni	bo ye
洪图坎尼	波叶

外国	代表团
hong tu kan	jie lei ga ti li
洪图坎	借列嘎提利

外国	朋友
hong tu kan	gei ri kei wei（de lu ke）
洪图坎	给日剋为（得录克）

25. **品行**　jia lin bi wei kei yin（pa li jie yin ni ye）
　　　　加林比危剋因（怕利介因尼叶）

善良
a ya bi hei
阿牙比黑

心地	善良
mie wan nei yin	a ya bi hei
灭万内因	阿牙比黑

善良的	人们
a ya er bi hei li	bo ye er
阿牙尔比黑里	波叶尔

邪恶
e ru te ka kei（bu e a si ka kei）
厄如特卡剋（布厄阿斯卡剋）

邪恶的	念头
e ru te ka kei bi ri	du mai jia ran
厄如特卡剋比日	杜迈加然

诚实
bo re mo
波热莫

诚实	可信
bo re mo	te jia wo ri
波热莫	特加沃日

说话	诚实
tu ri a te ti yin	bo re mei ti
图日阿特提因	波热玫提

狡猾
kei ti re yi
剋提热伊

狡猾的	人
kei ti re yi bi hei	bo ye
剋提热伊比黑	波叶

狡猾的	眼神
kei ti re yi bi hei	ai ha lin
剋提热伊比黑	埃哈林

忠诚
yi te ka er（te jie mo jin）
衣特卡尔（特介莫劲）

忠诚的	朋友
te jie mo jin bi ri	gei ri kei
特介莫劲比日	给日剋

和蔼
jiu kei li di na
纠剋利地纳

待	人	和蔼。
bi wei kei	bo ye du	jiu kei li di na（bo re mei ti）
比为剋	波叶杜	纠剋利地纳（波热玫提）

粗暴
ji ke yi (ge ru bi qi)
基克衣（格如比其）

他	是个	很	粗暴的	人。
nong an	bi wei kei	shao ma	ji ke yi	bo ye
农安	比危岜	少玛	基克衣	波叶

乐观
wei shuo le yi
为说勒伊

他	是个	很	乐观的	人。
nong an	bi wei ke	shao ma	wei shuo le yi	bo ye
农安	比危岜	少玛	为说勒伊	波叶

悲观
he ran qia (he ran qie ren)
和然恰（和然切任）

悲观	厌世
he ran qie ren	bi hei wo
和然切任	比黑沃

坚强
man nei yi
曼内伊

意志	坚强的	人。
mie wan du wei	man nei yi bi ri	bo ye
灭万杜危	曼内伊比日	波叶

脆弱
eng e en e wo
鞥厄恩厄沃

脆弱	女子
eng e en e wo	a hei
鞥厄恩厄沃	阿黑

身体	脆弱
bo ye en	eng e en e wo
波叶恩	厄恩厄沃

勇敢

e hei e a le re（ha ri a bo ri wei yi）
厄黑厄阿勒热（哈日阿波日为伊）

勇敢的	人
e hei e a le re	bo ye
厄黑厄阿勒热	波叶

胆怯

e a le ke si
厄阿勒克斯

他	是	胆怯的	人
nong an	bi ri	e a le ke si	bo ye
农安	比日	厄阿勒克斯	波叶

成熟

yi ri qia（e te wo qia）
伊日恰（厄特沃恰）

发育	成熟
yi he wo ri yin	e te wo qia
伊和沃日因	厄特沃恰

松塔儿	成熟了
niang ta	yi ri qia
酿塔	伊日恰

松子	成熟了
bao kao tao	yi ri qia
包考涛	伊日恰

幼稚
wu sa（hei te en）
乌萨（黑特恩）

思想	幼稚
jia er lin	hei te en
加尔林	黑特恩

幼稚的	孩子
wu sa bi hei	kong e a kan
乌萨比黑	孔厄阿坎

勤奋
bao yi kai
包伊开

他	工作	很	勤奋。
nong an	ge re ba du	shao ma	bao yi kai
农安	格热巴杜	少玛	包伊开

懒惰
e ne er e a
厄讷尔厄阿

这	人	有点儿	懒惰
e re	bo ye	bi wei kei	e ne er e a
厄热	波叶	比危剋	厄讷尔厄阿

节省
ao jiao ao nao（ao jiao ao te nao）
敖叫敖闹（敖叫敖特闹）

生活	过得	节省。
bi de en	bi jie ri yin	ao jiao ao te nao
比得恩	比介日因	敖叫敖特闹

奢侈
hu mo te jie ren
呼莫特介任

她	过着	奢侈的	生活。
nong an	bi jie ren	hu mo te jie ne	bi de wo
农安	比介任	呼莫特介讷	比得沃

细致
a ya ma te（xia jie li nei yi）
阿亚玛特（夏介里内伊）

活儿	做得	真细致。
ge re ba wo	ao qia	a ya ma te
格热巴沃	敖恰	阿亚玛特

细致地	观察。
a ya ma te	yi qie e te en
阿亚玛特	衣切厄特恩

粗心
ao en da（nie bie ri ai nei qi）
敖恩达（涅别日埃内其）

做工作	粗心，	就要	出错。
ge re bo jie ne	ao en da te	ao wo kei	den bo yi ti
格热波介讷	敖恩达特	敖沃尅	扽波衣提

稳重
bo re mo（de ke si）
波热莫（得克斯）

为人	稳重
bo ye en	de ke si
波叶恩	得克斯

忍耐
mang e yi qia ran
芒厄伊恰然

极力	忍耐
e le mo te wei	mang e yi qia ran
厄勒莫特危	芒厄伊恰然

人的	忍耐	程度	是	有限的。
bo ye te re	mang e yi qia wo	jia ri yin	bi hei	mu da qi
波叶特热	芒厄伊恰沃	加日因	比黑	姆达其

急躁
bo wa kei（bo wa ren）
波瓦尅（波瓦任）

做	事	急躁。
ao jia na	jie la wa	bo wa kei
敖加纳	介腊瓦	波瓦尅

礼貌
ma nei la na
玛内拉纳

礼貌	待	人。
ma nei la na	bi ne	bo ye wo
玛内拉纳	比讷	波叶沃

野蛮
ji ke yi（ti yin ma er）
基克伊（提因玛尔）

雪原之王——驯鹿

野蛮的	行为
ji ke yi ti	ao jia ran
基克伊提	敖加然

野蛮	人
ji ke yi	bo ye
基克伊	波叶

骄傲
shao ka te tan
绍卡特坦

骄傲	自	大
shao ka te tan	man mi	he ge di ti
绍卡特坦	曼米	和格地提

谦虚
e qie shao ka qi ke ta（bo re mo）
厄切绍卡其克塔（波热莫）

为人	谦虚
bo ye en	e qie shao ka qi ke ta
波叶恩	厄切绍卡其克塔

正派
de ke si ri
得克斯日

正派	人
de ke si ri	bo ye
得克斯日	波叶

做	正派	人
ao ri	de ke si ri	bo ye
敖日	得克斯日	波叶

庸俗	
po shi lei	
坡师雷	

庸俗的	行为
po shi lei te	nie ke jie ren
坡师雷特	涅克介任

热情	
a ya ma te	
阿牙马特	

热情	接待	客	人。
a ya ma te	ma nei la ren	ma ta	bo ye wo
阿牙马特	玛内拉任	玛塔	波叶沃

冷淡		
ba ran yi qie hei ne		
巴然衣切黑讷		

她	对我	很冷淡。
nong an	min ne	ba ran yi qie hei ne
农安	敏讷	巴然衣切黑讷

先进	
jiu la hei kei yin（gou ge da）	
纠拉黑剋因（勾格达）	

先进	人物
jiu la hei kei yin	bo ye en
纠拉黑剋因	波叶恩

先进	思想
jiu la hei kei yin	jia li
纠拉黑剋因	加利

从	落后	变为	先进
bi ha	a ma re gu	ao qia	jiu la hei kei yin
比哈	阿玛热故	敖恰	纠拉黑剋因

落后

a ma re gu（shou pi ti wei qia，niao da po ti yin）
阿玛热故（收批提为恰，鸟达坡提因）

思想	落后
jia er lin	a ma re gu
加尔林	阿玛热故

落后	分子
a ma re gu	bo ye en
阿玛热故	波叶恩

落后的	生产	工具。
niao da po ti yin	ge re bo wo en	se pi li
鸟达坡提因	格热波沃恩	色批里

26. 境况　bi wei kei yin
　　　　　比危剋因

平静
de ke si（ji hei yi）
得克斯（基黑伊）

湖	水	平静
a mu te	mu en	de ke si
阿姆特	姆恩	得克斯

安静
qie ru li（si pa kuo yi nei yi）
切如里（斯帕括伊内衣）

树林里	很	安静
yi ri a e du	shao ma	qie ru li
伊日阿厄杜	少玛	切如里

混乱
pu tan ka（li di li）
普坦卡（里地利）

屋里	混乱	不堪。
jiu dao en	li di li	ao qia
纠到恩	里地利	敖恰

兴旺
ke te er jie ren
克特尔介任

驯鹿	兴旺
ao rao en	ke te er jie ren
敖饶恩	克特尔介任

衰退
a bu li wo jia ran（ou wu kun ao qia）
阿布里沃加然（欧乌坤敖恰）

经济	衰退
yi de e	a bu li wo jia ran
伊得厄	阿布里沃加然

喧闹
ku e an
库厄安

人群	突然	喧闹	起来。
bo ye er	e mi si ke	ku e a	ao ran
波叶尔	厄米斯克	库厄安	敖然

拥挤
ka ma nei ti tan（ka ma nei ran）
卡玛内提坦（卡玛内然）

不要　　　　拥挤。
e ne er　　　ka ma nei ti ta
厄讷尔　　　卡玛内提塔

寂静
qie ru li（ji shi na）
切如里（基师纳）

寂静的　　　　夜晚。
qie ru li bi hei　dao lao bao
切如里比黑　　　到劳包

孤独
e mu ke mo
厄姆克莫

孤独的　　　　　老　　　人
e mu ke mo bi hei　sa ge di　bo ye
厄姆克莫比黑　　　萨格地　　波叶

孤立
he re ke mo
和热克莫

孤立的　　　　小岛
he re ke mo du　dao e yin
和热克莫杜　　　道厄因

匆忙
bo wa jie ren（bo wa ka ri）
波瓦介任（波瓦卡日）

匆忙	赶来
bo wa ka ri	e mo ren
波瓦卡日	厄莫任

忙碌

bo wa ke te jie ren
波瓦克特介任

终日	忙碌
yine e yi wo	bo wa ke te ren
伊讷厄衣沃	波瓦克特任

空闲

ta ke ma（shao lao qi）
塔克玛（少劳其）

他	没有	空闲的	时间。
nong an	a qin	ta ke ma	wei ren men
农安	阿芹	塔克玛	危任门

辛苦

mou e nan qia
某厄南恰

母亲	辛苦	一生。
e ni	mou e nan qia	wu ye du wei
额尼	某厄南恰	乌叶杜为

安全

qie ru li（bie zha ba si na si qi）
切如里（别扎巴斯纳斯其）

安全	生产
qie ru li	ge re bo ren
切如里	格热波任

危险	
e a le wo ri yi（nie lu hei jie ri，a ba si nei yi）	
厄阿勒沃日伊（涅录黑介日，阿巴斯内伊）	

危险	人物
nie lu hei jie ri	bo ye en
涅录黑介日	波叶恩

伤势	危险
hu ye en	e a le wo ri yi
呼叶恩	厄阿勒沃日伊

干净
yi ri a si
衣日阿斯

房间	很	干净。
kao mo na ke	shao ma	yi ri a si
考莫纳克	少玛	衣日阿斯

洗	干净
si li kei ran	yi ri a si ti
斯里剋然	衣日阿斯提

整洁
qie ma li
切玛里

衣着	整洁。
te e te ke en	qie ma li
特厄特克恩	切玛里

整洁的	街道
qie ma li bie hei	wu lu ke sha
切玛里比黑	乌录克沙

肮脏
niang ri a
酿日阿

房间　　　　　肮脏
kao mo na ke　niang ri a
考莫纳克　　　酿日阿

整齐
de ke si（qie ma li）
得克斯（切玛里）

房间　　　　　　　布置　　　　　　整齐。
kao mao na ke wa　de re pu se qia　qie ma li
考莫纳克洼　　　　得热扑色恰　　　切玛里

富裕
ba ya an
巴亚安

家中　　　　　富裕
jiu wu du wei　ba ya an
纠乌杜为　　　巴亚安

生活　　　　　富裕
bi jie ri yin　ba ya an
比介日因　　　巴亚安

拮据
tu ru te na（zha tu ru jie ni ye）
图如特纳（扎图如介尼叶）

手头　　　　拮据
a la du　　　meng e wu en a qin
厄阿拉杜　　蒙厄乌恩阿芹

生活	拮据
bi de en	tu ru te na
比得恩	图如特纳

平稳
de ke si
得克斯

物	价	平稳。
yi de e	ta ma nei yi	de ke si
伊得厄	塔玛内因	得克斯

把	桌子	放	平稳。
ta re	ji ying kei wo	na ke er	de ke si ti
塔热	基应剋沃	纳克尔	得克斯提

顺利
lao po ka te（bo la ga pa lu qi nei yi）
劳坡卡特（波拉嘎怕录其内伊）

顺利	完成	任务。
lao po ka te	e te wo ren	ge re ba wo
劳坡卡特	厄特沃任	格热巴沃

问题	顺利地	解决了
jie la wa	bo la ga pa lu qi nei yi	e te wo ren
介腊瓦	波拉嘎怕录其内伊	厄特沃任

27. 物体　状态　pie ri ai de mie te　ao wo kei yin
　　　　　　　撒日埃得灭特　　敖沃剋因

垂
ti kei qie ren
提剋切任

胖得	肉	都	垂下来了。
bu ru gu hao	wu er le en	yi suo	ti kei qie jie ren
布如故好	乌尔勒恩	伊索	提剋切介任

下垂

he re gei si ka kai（ti kei qie ren）
和热给斯卡剋（提剋切任）

柳树	树叶	下垂。
si ai ke ta	ga ri a lin	ti kei qie ren
斯埃克塔	嘎日阿林	提剋切任

鼓起

mu ke qie re qia
姆克切热恰

鼓起	一个	大。
mu ke qie re ren	wu mu kuan	bao kao tao
姆克切热任	乌姆宽	包考涛

伸出

you wo ren（you wo ha）
又沃任（又沃哈）

伸出	手	与客人	握手。
you wo ha	e a la wei	ma ta bo ye wo	dao rao wo ren
又沃哈	厄阿拉为	玛塔波叶沃	到扰沃任

展开

ne po ta nen（ao li wo ran, da ri nan, nei yi ren）
讷坡塔恁（敖里沃然，达日南，内伊任）

展开	双	臂。
da ri nan	jiu ri	e a la wei
达日南	纠日	厄阿拉危

展开	活动。
ao li wo ran	ge re ba wo
敖里沃然	格热巴沃

老鹰	展开	翅膀。
kei ran	ne po ta nei ha	de ke tei la wei
剋然	讷坡塔内哈	得克提拉危

飞向	蓝天。
de er en	bu e a la
得厄任	布厄阿拉

缩小
wu sha li wei ka nen（wu sha wu re ran）
乌沙里危卡恁（乌沙乌热然）

缩小	差距。
wu sha li wei ka nen	a bu li ti wan
乌沙里危卡恁	阿布里提万

落下
ti kei qie ren（ti kei wo ren）
提剋切任（提剋沃任）

落下	门帘。
ti kei wo ren	wu re ke pu tun mo
提剋沃任	乌热克普屯莫

叶子	从	树上	落下。
a ba dan na	ta re	mao ao du ke	ti kei qie ren
阿巴丹纳	塔热	毛敖杜克	提剋切任

脱落
bu ru qiao
布如乔

牙齿	脱落
yi ke te en	bu ru qiao
衣克特恩	布如乔

驯鹿	角	脱落。
ao rao en	yi ye en	bu ru qiao（ni yin qia）
敖饶恩	伊叶恩	布如乔（尼因恰）

倒塌
nie er qiu re ge qia
涅尔秋热格恰

房屋	倒塌。
jiu wu	nie er qiu re ge qia
纠乌	涅尔秋热格恰

损坏
hu ke qia wo qia（hu ku qia ran）
呼克恰沃恰（呼库恰然）

桦皮船	损坏了。
jia a wo	hu ke qia wo qia
加阿沃	呼克恰沃恰

折断
hao kao li ran
好考里然

不要	把	树	枝
e ne er	ta re	mao ao	ga ri a wan
厄讷尔	塔热	毛敖	嘎日阿万

折断了。
hao kao li ri a
好考里日阿

竖立		
ai li wo ran		
埃里沃然		

竖立	旗	杆。
ai li wo ran	pei la ke	mao wan
埃里沃然	培拉克	毛万

颠倒			
gei pi ti ka kei			
给批提卡剋			

他	把话	说	颠倒了。
nong an	tu ran mo	gu nen	gei pi ti ka kei
农安	图然莫	故恁	给批提卡剋

这一面	应该	朝上。
e re gu en	bie a ti yin	wu yi si ka kei
厄热故恩	比厄阿提因	乌伊斯卡剋

别	放	颠倒了。
e ke er	na re	gei pi ti ka kei
厄克尔	纳热	给批提卡剋

排队
a ma ru er ta
阿玛如尔塔

排队	上	车。
a ma ru er ta	tu ku ti ren	ma si na la
阿玛如尔塔	图库提任	玛斯纳拉

分布
he re ke er ta qie ren
和热克尔塔切任

苔原	地带的	分布。
ao eng kao qi	mie si te er	he re ke er ta en
奥鞥考其	灭斯特尔	和热克尔塔恩

狩猎	点	分布在	贝尔茨河	地区。
an e a li qian	gu ru po	he re ke er ta qie ren	bei si ta ri ai	mie si te du
安厄阿里迁	故如坡	和热克尔塔切任	贝斯塔日埃	灭斯特杜

散布

he re ke er ta
和热克尔塔

驯鹿群	散布在	山坡上。
ao rao ao ri	he re ke er ta bi ren	wu re tu ku ti ri lin
敖饶敖日	和热克尔塔比任	乌热图库提日林

冲

e mi si ke
厄米斯克

水	来得	很冲。
mu	e mo ren	e mi si ke
姆	厄莫任	厄米斯克

溅

a pi ti hei nen
阿批提黑恁

溅了	一身	泥
a pi ti hei nen	wei si man mi	qia ta ao ran
阿批提黑恁	危斯曼米	恰塔敖然

喷

a pi ti jie ren
阿批提介任

喷	药	水。
a pi ti jie ren	bo e	mu te
阿批提介任	波厄	姆特

溢
ta er dan qia（mu ren qia）
塔尔丹恰（姆任恰）

河	水	四	溢。
bei ri a	mu en	wei si lin	ta er dan qia
贝日阿	姆恩	危斯林	塔尔丹恰

滴
sha ba da ran
沙巴达然

雨	水	从树上	滴下来。
ti gei de	mu en	mao ao du ke	sha ba da ran
提给得	姆恩	毛敖杜克	沙巴达然

浸
wu la ran（wu mi ren）
乌拉然（乌米任）

露水	浸湿了	裤	腿。
si la he	wu la ra	yi si tan	ha er gan man
斯拉和	乌拉然	衣斯坦	哈尔杆曼

泡
wu mi qie ren
乌米切任

把	衣服	泡一下	再洗
ta re	te te ke wo	wu mi qie ha	si li kei ran
塔热	特特克沃	乌米切哈	斯里剋然

淹
qie po qia
切坡恰

整个	房屋	给	大水	淹了。
wei si mo	jiu wu er ba	ta re	mu da	qie pi qia
危斯莫	纠乌尔巴	塔热	姆达	切批恰

沉
qie po ren
切坡任

船	沉	海	底。
lao te ka	qie po ren	mao re	he re lan
劳特卡	切坡任	毛热	和热兰

木头	在	水里	不	沉。
mao ao	ta re	mu du	e wo kei	qie po re
毛敖	塔热	姆杜	厄沃剋	切坡热

浮
ke pan nen
克判恁

木头	浮在	水	面上
mao ao	ke pan nen	mu wu	ao yao lin
毛敖	克判恁	姆乌	敖要林

流
e ya nen（e ya en jie ri）
厄亚恁（厄亚恩介日）

这条	小溪的	水	是	流	水。
e re	te wo ke qia en	mu wu	bi hei	e ya en jie ri	mu
厄热	特沃克恰恩	姆乌	比黑	厄亚恩介日	姆

贝尔茨河	流入	额尔古纳河。
bei si ta ri ai	e ya en nen	e re gu ne la
贝斯塔日埃	厄亚恩恁	额热古讷拉

动
ha wa er lan
哈瓦尔兰

站着	别	动。
yi li gei ma ka er	e ne	ha wa er la
衣里给马卡尔	厄讷	哈瓦尔拉

躺着	别	动
hu ke la ke er	e ne	ha wa er la
呼克拉克尔	厄讷	哈瓦尔拉

动作	灵活。
ha wa er li yin	hei yi ma
哈瓦尔里因	黑衣玛

行进
e ne jie ren
厄讷介任

沿	路	行进。
wu jia na	hao kao tao wo	e ne jie ren
乌加纳	好考涛沃	厄讷介任

滑动
si run jie ren
斯闻介任

爬犁	在	冰上	滑动。
tao er gao kei	ta re	wu mu hu li	si run jie ren
涛尔高剋	塔热	乌姆呼里剋	斯闻介任

沿着	山	坡	向下	滑动
wu jia na	wu re	tu ku ti ri lin	e ai si ka kei	si run nen
乌加纳	乌热	图库提日林	厄埃斯卡剋	斯闰恁

跳动

he te ku jie ren（ha wa er jia ran）
和特库介任（哈瓦尔加然）

脉搏	跳动。
oue yi kei ta	he te ku jie ren
欧厄伊剋塔	和特库介任

他的	心脏	停止了	跳动。
nong an ta ri	mie wan nei yin	e er qia	ha wa er la
农安塔日	咩万内因	厄尔恰	哈瓦尔拉

飘动

ke pa er li ren
克帕尔里任

白云	在	天空中	飘动。
tu hu	ta ri	bu e a li	ke pa er li ren
图呼	塔日	布厄阿	克帕尔里任

摇摆

a re pu li wei ran（mai ye na ren）
阿热扑里为然（麦叶纳任）

柳	枝	随风	摇摆
si ta ke	ga ran	e di yin du	mai ye na ren
斯克塔	嘎然	厄地因杜	麦叶纳任

颤抖

si li gei yin jie ren
斯里给因介任

冷得			直颤抖。	
hei kei ti re wo ha			si li gei yin jie ren	
黑尅提热沃哈			斯里给因介任	

吓得			直颤抖。	
e a le li ha			si li gei yin jie ren	
厄阿勒里哈			斯里给因介任	

他	愤怒得	浑身	颤抖。	
nong an	ti ku li ha	man te yin	si li gei yin jie ren	
农安	提库里哈	曼特因	斯里给因介任	

颠簸
he ke qie ren（si kei si yi jie ren，ka qia qi）
和克切任（斯尅斯伊介任，卡恰其）

路	不	平，	车	颠簸得	厉害。
hao kao tao	e qie	de ke si	ma si na	he ke qie ren	eng e nei mo te
好考涛	厄切	得克斯	马斯纳	和克切任	鞥厄内莫特

转动
po ri hei nen（po ri wo qie ren）
坡日黑恁（坡日沃切任）

转动	身子
po ri hei nen	man mi
坡日黑恁	曼米

旋转
po ri jie ren（po ri hei nei wei kei）
坡日介任（坡日黑内危尅）

旋转	门
po ri jie ri	wu re ke
坡日介日	乌热克

滚动	
hu ke li wei ka nen	
呼克里危卡恁	

滚动	木头
hu ke li wei ka nen	mao ao wa
呼克里危卡恁	毛敖瓦

拍打	
ta pa ta ran (ta po ta jia ran)	
塔怕塔然（塔坡塔加然）	

拍打	身上的	雪。
ta pa ta ran	man du ke	yi man na wa
塔怕塔然	曼杜克	伊曼纳瓦

弹起	
he te ke nen	
和特克恁	

球	弹起来了。
ma qiu ke	he te ke nen
玛秋克	和特克恁

碰撞	
na er di li di qia	
纳尔地里地恰	

两辆	汽车	碰撞了
jiu wu ri	ma si na	na er di li di qia
纠乌日	玛斯纳	纳尔地里地恰

相遇	
ba ka er di ran	
巴卡尔地然	

偶然	相遇
e mi si ke	ba ka er di ran
厄米斯克	巴卡尔地然

遇到

ba ka er di mo（yi qie er di mo）
巴卡尔地莫（衣切尔地莫）

我	在路上	遇到了	他。
bi	hao kao tao du	yi qie er di mo	nong an man
毕	好考涛杜	衣切尔地莫	农安曼

错过

yi li te en mu ren
衣里特恩姆任

不要	错过	良	机。
e ke er	yi li te en mu re	a ya	wei ren mo wo
厄克尔	衣里特恩姆热	阿牙	危任莫沃

掠过

kei ri qun nei na
剋日群内纳

燕子	掠过	水	面	飞。
wei li kan	kei ri qun nei na	mu	ao yao lin	de er en
卫里坎	剋日群内纳	姆	敖要林	得厄任

畅通

e ne wo ri（e ne bo gen）
厄讷沃日（厄讷波根）

道路	很畅通。
hao kao tao en	e ne bo gen
好考涛恩	厄讷波根

卡住
ka ai ran（kang e a da ran）
卡埃然（抗厄阿达然）

卡住	不	放。
ka ai ran	ba ran	ti yi ne
卡埃然	巴然	提伊讷

枪膛	被弹壳	卡住了。
bo re	gei li su du	kang e a da ran
波热	给里苏杜	抗厄阿达然

阻塞
li pei kei wei qia
里培剀为恰

道路	阻塞。
hao kao tao	li pei kei wei qia
好考涛	里培剀为恰

透
te po en nei ren
特坡恩内任

衣服	湿	透了。
te te ke	wu la po tan	te po
特特克	乌拉坡坦	特坡

渗
wu ti wo jie ren（mu ren jie ren）
乌提沃介任（姆任介任）

房	顶	渗	水。
jiu wu	hao rao nei yin	wu ti wo jie ren	mu
纠乌	好扰内因	乌提沃介任	姆

漏
sha ba da ran
沙巴达然

帐篷	漏雨。
ba la te ka	sha ba da ran
巴拉特卡	沙巴达然

屋	顶	漏了。
kiu wu	hao rao nei yin	hu qie ke qi
纠乌	好扰内因	呼切克其

邻接
da e a er ta
达厄阿尔塔

中国	和	俄罗斯	邻接。
du lu gu kan	bi ren	lu qia niu en	da e a er ta
杜录古坎	比任	鲁恰妞恩	达厄阿尔塔

接壤
ba ka er di qia ran
巴卡尔地恰然

中国	和	朝鲜	接壤。
du lu gu kan	bi ren	ka ri ainiu en	ba ka er di qia ran
杜录古坎	比任	卡日埃妞恩	巴卡尔地恰然

接近
da e a li wo ran（da e a ma ran）
达厄阿里沃然（达厄阿玛然）

接近	群众
da e a li wo ran	na rao ao te niu en
达厄阿里沃然	纳扰敖特妞恩

离开			
he re ke ren（he re ke qia）			
和热克任（和热克恰）			

离开	故乡		
he re ke qia	bi jia ke mie si te wei		
和热克恰	比加克灭斯特为		

离开	根河		
he re ke re	ge an du ke		
和热克任	格安杜克		

他	永远	离开了	我们。
nong an	wu ye du wei	he re ke ren	mu ne
农安	乌叶杜	和热克任	姆讷

远离			
gao rao lao he re ke			
高扰劳和热克			

她	孤身	一	人
nong an	ma ri kei te	e mu kei yin	bo ye
农安	玛日剋特	厄姆剋因	波叶

远离	家园。	
gao rao lao he re ke	jiu du kei wei	
高扰劳和热克	纠杜剋为	

围		
wu ku li hei nen		
乌库利黑恁		

一大群	人	围住了	他。
ta re ba ke te	bo ye	wu ku li hei yin qia	nong an man
塔热巴克特	波叶	乌库利黑因恰	农安曼

用树杆	围起来	作	驯鹿	圈。
mao ao er j	wu ku li hei nen	ao ran	ao rao en	ku ri ai wo
毛敖尔吉	乌库利黑恁	敖然	敖饶恩	库日埃沃

圈
ha ku（ku ri ai）
哈库（库日埃）

把驯鹿	圈到	圈里
ao rao en mo	di ti ren	ku ri ai du
敖饶恩莫	地提任	库日埃杜

环绕
wu ku li hei yin qie ren（wu ku le jie ren，hao rao li hei nan）
乌库利黑因切任（乌库勒介任，好扰利黑南）

这里	群山	环绕
e du	wu re er	wu ku li hei yin qie ren
厄杜	乌热尔	乌库利黑因切任

人	造	卫星	环绕	地球	运行。
bo ye	ao nan	ou hei kei ta	wu ku le jie ne	dun e wo	e ne ren
波叶	敖南	欧黑剋塔	乌库勒介讷	盾讷沃	厄讷任

交叉
he de er di kei ti（he de er di ri）
和得尔地剋提（和得尔地日）

道路	交叉。
hao kao tao	he de er di ri
好考涛	和得尔地日

复合
wu mu nu bu gei wo qia
乌姆奴布给沃恰

复合	肥料
wu mu nu bu gei wo qia	wu da bie ri lie nie ye
乌姆奴布给沃恰	乌达别日列涅耶

混合

shou li wei qia（shou li wei ran）
收利为恰（收利为然）

水	和	油	是	混合	不起来的。
mu wu	de	yi mu ren	bi ri	shou li po ta	e wo kei li
姆乌	得	伊姆任	比日	收利坡塔	厄沃剋里

沉淀

te e he mo re（te e qia）
特厄和莫热（特厄恰）

食油里	有	沉淀。
yi mu ren du	bi hei	te e he mo re
伊姆任杜	比黑	特厄和莫热

沉积

te e qia
特厄恰

河	底	沉积了	大量	泥沙。
bei ri a	he re dun	te e wo qia	ke te	si ri gei
贝日阿	和热盾	特厄沃恰	克特	斯日给

28. 事 态 jie la ao en bi hei yin
　　　　　介腊　敖恩比黑因

扩散

de le qia
得勒恰

倒场

浓烟	在	扩散。
sa eng nie en	ta ri	de le jie ren
萨鞥涅恩	塔日	得勒介任

隔离
he re ke er ta wo ren
和热克尔塔沃任

隔离		传染	病	人。
he re ke wo ren da wo er di		wo ka	e nu kei qi	bo ye wo
和热克沃任		达沃尔地沃卡	厄奴剋其	波叶沃

形成
ao jia kei yin（ao qia）
敖加剋因（敖恰）

地球	是	何时	形成的。
dun e	bi qia	ao kei yin	ao jia kei yin
盾讷	比恰	敖剋因	敖加剋因

组成
ao ran（ai li wo ran）
敖然（埃里沃然）

组成	小组
ao ran	gu ru wu po
敖然	故如乌坡

起作用
pao er sa qi
泡尔萨其

这	药	止	痛	起作用。
e re	bo e	ai ri du	e nu hei wo	pao er sa qi
厄热	波厄	埃日杜	厄奴黑沃	泡尔萨其

失灵
er qia
尔恰

听觉　　　失灵。
dao li di re　　er qia
到里地热　　尔恰

嗅觉　　　失灵。
a mo ta re　　e er qia
阿莫塔热　　厄尔恰

未定
e qin ti po ke ne
厄芹提坡克讷

选　　　　谁　　　我　　还　　　未定。
si yin ma ran　ni wo　　bi　　yi suo　　e qin ti po ke ne
斯因玛然　　　尼沃　　毕　　伊索　　　厄芹提坡克讷

团结
du ru si ne yi ti
杜如斯讷伊提

团结　　　　　一致
du ru si ne yi ti　wu mu kuan du li
杜如斯讷伊提　　乌姆宽杜里

分裂
he re ke er ta qia
和热克尔塔恰

家庭的　　　　分裂。
xie mie ya en　　he re ke er ta qia
协灭亚恩　　　　和热克尔塔恰

分开

he re ke er ta ren
和热克尔塔任

我们	分开	已经	很	久了。
bu wu	he re ke er ta nen	ao qia	shao ma	gao rao ao
布乌	和热克尔塔恁	敖恰	少玛	高扰敖

分散

he re ke er ta wo qia
和热克尔塔沃恰

驯鹿	都	分散了。
ao rao en	wei si	he re ke er ta wo qia
敖饶恩	危斯	和热克尔塔沃恰

领先

jiu lu gu
纠录古

他	领先	登上了	山	顶。
nong an	jiu lu gu	tu kei ti ren	wu re	hao rao en du lan
农安	纠录古	图剋提任	乌热	好扰恩杜兰

落后

a ma ri gu（shou pi ti wei qia）
阿马日古（收批提为恰）

他	跑在	后面,	落后了
nong an	tu ha jia ran	a ma ri du	shou pi ti wei qia
农安	图哈加然	阿马日杜	收批提为恰

实行

ao li wei qia
敖里为恰

实行	计划
ao li wei qia	pei lan ma
敖里为恰	培兰玛

完成

e te wo ren
厄特沃任

按期	完成	工作。
wei ren mo jin	e te ren	ge re ba wo
危任莫劲	厄特任	格热巴沃

实现

e te wo e a te
厄特沃厄阿特

实现	计划
e te wo e a te	pei lan ma
厄特沃厄阿特	培兰玛

耽搁

a man nei wo ran
阿曼内沃然

事情	不容	耽搁。
jie la	eng e a te	a man nei wo ri a
介腊	鞥厄阿特	阿曼内沃日阿

推迟

a ma re gu ri qia
阿玛热故日恰

推迟	婚	期。
a ma re gu ri qia	hu ya ne ri	wei ren mo wan
阿玛热故日恰	呼亚讷日	危任莫万

缓期

a man nei wo na（a ma re qia na）
阿曼内沃纳（阿玛热恰纳）

缓期	付	款。
a man nei wo na	bu ren	meng e wu en mo
阿曼内沃纳	布任	蒙厄乌恩莫

到期

yi si qia
伊斯恰

时间	到期了
wei ren mo en	yi si qia
危任莫恩	伊斯恰

过期

yi li te en qia
伊里特恩恰

这个	药	已经	过期了
e re	bo e	e hei le	yi li te en mu qia
厄热	波厄	厄黑勒	伊里特恩姆恰

你的	通行	证	已经	过期了。
si yi ni	e ne wo en	bo ye te	e hei le	yi li te en qia wei ren mo en
司伊尼	厄讷沃恩	波叶特	厄黑勒	伊里特恩恰危任莫恩

29. 境遇　ao ran tu ru wu te na
　　　　　敖然图如乌特纳

丢失

sa mo e yi qia
萨莫厄伊恰

丢失了		钱。
sa mo e yi qia	meng e wu en mo	
萨莫厄伊恰	蒙厄乌恩莫	

迷失

kai yi qia
开伊恰

迷失	道路。
kai yi qia	hao kao tao wo
开伊恰	好考涛沃

迷失	方向。
kai yi qia	yi ri ti ka kei wan
开伊恰	伊日提卡剋万

失踪

sa mo ni wo qia
萨莫尼沃恰

小孩	失踪了。
kong e a kan	sa mo ni wo qia
孔厄阿坎	萨莫尼沃恰

这个	人	失踪了
e re	bo ye	sa mo ni wo qia
厄热	波叶	萨莫尼沃恰

胜利

kei yi qia（ti re wo ren，pa bie da）
剋伊恰（提热沃任，怕别达）

我们	胜利了。
bu wu	kei yi qia
布乌	剋伊恰

胜利地	完成了	生产	任务。
pa bie da	e te wo ren	ge re ba	bi hei wan
怕别达	厄特沃任	格热巴	比黑万

失败

kei yi wei qia（kei yi wei ran，du pei wei ren）
剋伊危恰（剋伊危然，杜培为任）

计划	失败了。
pei lan ma	du pei wei ren
培兰玛	杜培为任

比赛	失败。
da bi di yin nei ha	kei yi wei ran
达比地因内哈	剋伊危然

成功

e te wo ren（wu da qia）
厄特沃任（乌达恰）

祝	你	成功
e ya te en	si ne	e te da si
厄亚特恩	司讷	厄特达斯

成功的	道路	有	很	多。
e te wo kei ti	hao kao tao	bi hei	shao ma	ke te
厄特沃剋提	好考涛	比黑	少玛	克特

垮台

ti kei te en（nie er qiu re ge qia，pa ri a wa li qi）
提剋特恩（涅尔秋热格恰，怕日阿瓦里其）

他	迟早	要	垮台。
nong an	ao kei yin ma er	bi ri	ti kei te en
农安	敖剋因玛尔	比日	提剋特恩

暴露
sa wo ka nen（yi qie wo ka nen）
萨沃卡恁（衣切沃卡恁）

暴露　　　　真相。
sa wo ka nen　te jie mo wan
萨沃卡恁　　　特介莫万

走漏（泄漏）
sa wo ka en qia（te de wo qia）
萨沃卡恩恰（特得沃恰）

走漏了　　　消息。
sa wo ka en qia　dao li di yin ma（yi zi wei si ji ye）
萨沃卡恩恰　　　到里地因马（伊兹危斯基叶）

不　　知　　谁　　走漏了　　风声
e qie　sa wo ri a　ni ke　te de wo qia　dao er di yin ma（si lu he）
厄切　萨沃日阿　尼克　特得沃恰　到尔地因马（斯录合）

受骗
wu luo kei wei qia
乌罗剋危恰

受骗上当
wu luo kei qi wei qia
乌罗剋其危恰

谨防　　　　　受骗
se ren qie wo ren　wu luo kei wei ri yi wo
色任切沃任　　　乌罗剋危日伊沃

受损
hu ke qia ka
呼克恰卡

修复	受损	路	面。
jiu kei ran	hu ke qia ka er	hao kao tao	ao yao wo en
纠剋然	呼克恰卡尔	好考涛	敖要沃恩

洪水	造成	交通	严重	受损。
mu da du	ao qia	hao kao tao er	eng e nei mo	hu ke qia ka
姆达杜	敖恰	好考涛尔	厄内莫	呼克恰卡

30. 始 末 e le ke si tu ke   mu dan du lan
         厄勒克斯图克   姆丹杜兰

开始
ao er jia ran
敖尔加然

开始　　　　下雨了。
ao er jia ran　　ti gei de
敖尔加然　　　提给得

夏天	正	开始。
jiu e a	e du ke	ao ran
纠厄阿	厄杜克	敖然

八	点	开始	工作。
jia pu kun	qia si tu	ao er lan	ge re ba wo
加普坤	恰斯图	敖尔兰	格热巴沃

一切	从头	开始。
wei si	e le ke si tu ke	ao li wei ran
危斯	厄勒克斯图克	敖里危然

着手
ao li wei ran
敖里危然

着手	工作。			
ao li wei ran	ge re ba wo			
敖里危然	格热巴沃			

从何	着手？
yi du ke	ao li wei ran
伊杜克	敖里危然

出发

e ne hei nen

厄讷黑恁

我们	明天	早上	出发。
bu wu	ti mi	te e er te ne	e ne hei nen
布乌	提米	特厄尔特讷	厄讷黑恁

收拾	行 装	准备	出发。
de re pu se te en	hu er la te te ke wo	bo le ke ha	e ne hei nen
得热扑色特恩	呼尔拉 特特克沃	波勒克哈	厄讷黑恁

结束

e te ren（e te po te en）

厄特任（厄特坡特恩）

驯鹿	接羔期	结束了。
ao rao en	eng ne kang kei qin	e te po te en
敖饶恩	鞥讷抗剋芹	厄特坡特恩

停止

yi li qia（e er qia）

伊里恰（厄尔恰）

停止	工作。
e er qia	ge re bo re
厄尔恰	格热波热

呼吸	停止。
e ri re	e er qia
厄日热	厄尔恰

中断
po hei ri ge qia（er le qia，ai li qia）
坡黑日格恰（尔勒恰，埃里恰）

中断	交往。
er le qia	e ma hei li ldi re
尔勒恰	厄玛黑利地热

交通	中断。
e ne er di kei ti	ai li wei qia
厄讷尔地剋提	埃里危恰

切断
qi ku li ran
奇库利然

大树	拦腰	切断。
yi ri a ke te wo	dou lin du lin	qi ku li ran
伊日阿克特沃	斗林杜林	奇库利然

把绳子	切断。
wu hei kan mo	qi ku li ran
乌黑坎莫	奇库利然

搁浅
ka ri gei qia
卡日给恰

货	船	搁浅。
yi de e	lao te ka	ka ri gei qia
衣得厄	劳特卡	卡日给恰

进行
ao wo jia ran
敖沃加然

工作	进行得	怎么样？
ge re ba wo	ao wo jia ran	ao en bi qia
格热巴沃	敖沃加然	敖恩比恰

流逝
yi li te en jie ren（ma na wo jia ran）
伊里特恩介任（玛纳沃加然）

时光	流逝。
wei ren mo	ma na wo jia ran
危任莫	玛纳沃加然

重复
da kei yin ta na
达尅因塔纳

语句	重复。
tu ran nei yin	da kei yin ta na
图然内因	达尅因塔纳

不要	再	重复	这种	错误。
e ke er	ou pie ti	da kei yin na	e re ge qin	e ru wo
厄克尔	欧撇提	达尅因纳	厄热格芹	厄如沃

循环
hao rao li wei ran（po ri wo ren，wu ku li wo ren）
好扰里危然（坡日沃任，乌库里沃任）

循环	运动。
po ri wo jie ne	e ne wo jie ren
坡日沃介讷	厄讷沃介任

循环		不已。	
hao rao li wei ran		e ne e te re	
好扰里为然		厄讷厄特热	

31. 变化　hong tu lu qiao（hong tu ao qia）
　　　　洪图录乔（洪图敖恰）

变成
ao qia
敖恰

水	变成了	冰。
ao	mu wo qia	wu mu hu
姆	敖沃恰	乌姆呼

天空	变成	蓝色。
bu e a	ao qia	qiu ri li
布厄阿	敖恰	秋日里

变得
ao ran
敖然

天气	变得	更	冷。
bu e a	ao ran	si te ri yi	yi ni ni hei
布厄阿	敖然	斯特日伊	衣尼尼黑

成为
ao da（ao ri yi）
敖达（敖日伊）

成为	有	用的	人。
ao da	bi hei	na da qi	bo ye
敖达	比黑	纳达其	波叶

变化
hong tu lu qia
洪图录恰

这个	地区的	变化	很	大。
e re	mie si te en	hong tu lu ne en	shao ma	he ge di
厄热	灭斯特恩	洪图录讷恩	少玛	和格地

改变
hong tong run（jiu kei ran）
洪铜闰（纠剋然）

改变	计划。
hong tong run	pei lan ma
洪铜闰	培兰玛

改变	旧	思想
jiu kei ran	gao rao pi ti	jia er wa
纠剋然	高扰批提	加尔瓦

轮流
jiu e la ne er
纠厄拉讷尔

轮流	参加	劳动。
jiu e la ne er	bi wo ren	ge re ba du
纠厄拉讷尔	比沃任	格热巴杜

轮流	休息。	
jiu e la ne er	de re mo kei ren	
纠厄拉讷尔	得热莫剋任	

更换
jiu e er di ren
纠厄尔地任

更换	衣裳。
jiu e er di ren	te e te ke wo
纠厄尔地任	特厄特克沃

更新

ao ma ke ta li wo ka nen
敖玛克塔里沃卡恁

更新	设备。
ao ma ke ta li wo ka nen	se pi li bo
敖玛克塔里沃卡恁	色批里波

扩大

he ge di li wei ka nen
和格地里危卡恁

扩大	牧场	面积。
he ge di li wei ka nen	ao eng kao wo kei ti	bi hei wan
和格地里危卡恁	敖鞥考沃剋提	比黑万

延长

gao rao wu re ran
高扰乌热然

延长	假	期。
gao rao wu re ran	de re mo kei ri	wei ren mo wo
高扰乌热然	得热莫剋日	危任莫沃

延长	工作	时间。
gao rao wu re ran	ge re bo ri	wei ren mo wan
高扰乌热然	格热波日	危任莫万

湿透

wu ti wei qia（wu mo po qia）
乌提为恰（乌莫坡恰）

衣服　　　　湿透了。
te e te ke　　wu ti wei qia
特厄特克　　乌提为恰

晾干
ao li gei ran
敖利给然

晾干　　　　衣服。
ao li gei ran　te e te ke wo
敖利给然　　特厄特克沃

干透
ao lao gao qiao
敖劳高乔

衣服　　　　还　　　　没有　　　　干透。
te e te ke　yi suo　　e qin　　　ao lao gao qiao
特厄特克　伊索　　　厄芹　　　敖劳高扰

增加
ha wa ran
哈瓦然

增加　　　　数量。
ha wa ran　　tang e wu wan
哈瓦然　　　堂厄乌万

增加　　　　人员
ha wa ran　　bo ye wan
哈瓦然　　　波叶万

增长
ha wo pu qia ran（ke te er jie ren）
哈沃普恰然（克特尔介任）

人口	急剧	增长。
bo ye er	e hei e re	ke te er jie ren
波叶尔	厄黑厄热	克特尔介任

减少
ou wu ku er jia ran
欧乌库尔加然

驯鹿	正在	减少。
ao rao en	ao jia ran	ou wu ku te ma ri
敖饶恩	敖加然	欧乌库特玛日

减去
ha di li ga ran
哈地里嘎然

减去	一部分。
ha di li ga ran	ha di li ba ti yin
哈地里嘎然	哈地里巴提因

淘汰
niao da ran
鸟达然

这些	旧	家具	早该	淘汰了。
e ri li	gao rao pi t	jiu se pei li	ka ya ha ke	niao da wo e a te
厄日里	高扰批提	纠色培里	卡亚哈克	鸟达沃厄阿特

上升
wu e le qia（wu e le ren）
乌厄勒恰（乌厄勒任）

水	位	上升。
mu	bi hei yin	wu e le qia
姆	比黑因	乌厄勒恰

飞机	很快	上升。
de yi wo en	e hei e re	wu e le ren
得伊沃恩	厄黑厄热	乌厄勒任

温度	上升了。
niang ma hei yin	wu e le qia
酿玛黑因	乌厄勒恰

上涨

mu da qia（gou ge da er qia）
姆达恰（勾格达尔恰）

河	水	上涨。
bei ri a	mu ne	mu da qia
贝日阿	姆讷	姆达恰

提高

gou gu da er qia
勾故达尔恰

价格	提高。
ta ma en	gou gu ta er qia
塔玛恩	勾故达尔恰

水	位	提高
mu	bi kei qin	gou gu da er qia
姆	比剋芹	勾故达尔恰

退去

mu qiu wu qia（mu qiu wo ran）
姆秋乌恰（姆秋沃然）

上涨的	水	位	已	退去了。
mu da ne en	mu	bi kei qin	e hei le	mu qi wu qia
姆达讷恩	姆	比剋芹	厄黑勒	姆秋乌恰

下降
he re ge le qia（ou wu ku lu qia）
和热格勒恰（欧乌库录恰）

生活	水平	下降。
bi de en	gou ge dan	he re ge le qia
比得恩	勾格丹	和热格勒恰

人口	下降
bo ye lin	ou wu ku lu qia
波叶林	欧乌库录恰

物	价	下降
yi de e	ta ma en	he re ge le qia
伊得厄	塔玛恩	和热格勒恰

降落
dao ao ran（ti kei qie ren）
到敖然（提尅切任）

飞机	缓缓地	降落下来。
de yi wo en	a ri a ku kan	dao ao jia ran
得伊沃恩	阿日阿库坎	到敖加然

赶快
hei ma kun ji
黑玛坤基

赶快	走	赶快	做
hei ma kun ji	e ne ren	hei ma kun ji	ao ran
黑玛坤基	厄讷任	黑玛坤基	敖然

加快
hei ma te ma ri ti
黑马特玛日提

加快	发展	生产。
hei ma te ma ri ti	ke te li wei ren	ge re ba wo
黑马特玛日提	克特里危任	格热巴沃

放慢
a ri a ku li wei ran
阿日阿库里危然

速度	放慢一点。
hei ma wan	a ri a ku li wei ka nen
黑玛万	阿日阿库里危卡恁

减轻
yi ni mi ku li wo ren
伊尼米库里沃任

减轻	工作
ni yi mi ku li wo ren	ge re ba wo
尼伊米库里沃任	格热巴沃

减轻	负担
yi ni mi ku li wo ren	yi nei wo
伊尼米库里沃任	伊内沃

缓和
de ke si wei ka nen (jiu kei wei ka nen)
得克斯危卡恁（纠剋危卡恁）

缓和	矛盾
jiu kei wei ka nen	ai dan mo
纠剋危卡恁	埃丹莫

改善
jiu kei wo ran
纠剋沃然

撮罗子

仓库

桦树皮圆盒

桦书皮画

改善	生活
iu kei wo ran	bi de wo
纠剋沃然	比得沃

改进
jiu kei wei ran (jiu kei ran)
纠剋危然（纠剋然）

改进	工作
jiu kei wei ran	ge re ba wo re
纠剋危然	格热巴沃热

改进	设备
jiu kei ran	se pi li bo
纠剋然	色批里波

好转
a yao jia ran (a ya er qia)
阿要加然（阿牙尔恰）

病情	好转
e nu kei yin	a yao jia ran
厄奴剋因	阿要加然

加重
wu re ge er qia
乌热格尔恰

病情	加重
e nu kei yin	wu re ge er qia
厄奴剋因	乌热格尔恰

加重	负担
wu re ge er qia	ge re ban
乌热格尔恰	格热班

恶化

e ru er qia（e ru te mo re）
厄如尔恰（厄如特莫热）

病情	恶化
e nu kei yin	e ru er qia
厄奴剋因	厄如尔恰

兴起

you li wei qia（ke te li wei qia）
有利为恰（克特利为恰）

春	雨	过后，
neng nie	ti ge de	re kei yin
能涅	提格得	热剋因

万	物	兴起。
wei si mo	bi hei li	you li wei qia（ke te li wei qia）
危斯莫	比黑里	有利为恰（克特利为恰）

复兴

ke te li wei ka nen（he ge di li wei ka nen）
克特利为卡恁（和格地里危卡恁）

复兴	民族
ke te li wei ka nen	na rao te wa
克特利为卡恁	纳扰特瓦

经济的	复兴
yi de e le bo	ke te li wei ren
伊得厄勒波	克特利为任